••• Títulos relacionados

ADGD0108 GESTIÓN CONTABLE Y GESTIÓN ADMINISTRATIVA PARA AUDITORÍA

[DISPONIBLE CERTIFICADO COMPLETO]

AF274180

ADGG0308 ASISTENCIA DOCUMENTAL Y DE GESTIÓN EN DESPACHOS Y OFICINAS

[DISPONIBLE CERTIFICADO COMPLETO]

Solicítalos en:
- Librería
- www.paraninfo.es
- Solicitudes nacionales +34 914 463 350
- Solicitudes fuera de España +34 913 308 907, +34 913 308 919

Recopilación y tratamiento de la información con procesadores de textos

Óscar Sánchez Estella

© 2024 Ediciones Paraninfo, S. A.
© 2024 Óscar Sánchez Estella.

Diseño y maquetación: Ediciones Nobel
ISBN: 978-84-283-6470-6
Depósito legal: M-3666-2024
Impresión: Liberdigital (Casarrubuelos, Madrid)

Impreso en España

Cualquier forma de reproducción, distribución, comunicación pública o transformación de esta obra solo puede ser realizada con la autorización de sus titulares, salvo excepción prevista por la ley. Diríjase a CEDRO (Centro Español de Derechos Reprográficos, www.cedro.org <http://www.cedro.org>) si necesita fotocopiar o escanear algún fragmento de esta obra.

Óscar Sánchez Estella es un profesional del sector administrativo-comercial con una dilatada trayectoria tanto como profesor asociado en la Universidad de Zaragoza y como profesor técnico de Formación Profesional en diversos institutos de Educación Secundaria, en las materias de Procesos de gestión administrativa y Procesos comerciales.

Ha impartido numerosos seminarios y cursillos enfocados fundamentalmente a la formación en sistemas de gestión de calidad y nuevas tecnologías.

Ha publicado en coautoría y como coordinador numerosos títulos destacados como *Operaciones auxiliares de montaje y mantenimiento de sistemas microinformáticos* o *Gestión contable,* entre otros.

Índice

Introducción normativa

La Ley Orgánica 3/2022, de 31 de marzo, de ordenación e integración de la Formación Profesional, contiene una disposición derogatoria única que afecta a la regulación de los certificados de profesionalidad, ahora denominados **Certificados Profesionales**. La referida normativa deroga la Ley Orgánica 5/2002, de 19 de junio, de las Cualificaciones y de la Formación Profesional, y abre un escenario de cambios que se irán implementando progresivamente.

La Ley Orgánica 3/2022, de 31 de marzo, de ordenación e integración de la Formación Profesional implica que toda la formación es acumulable. La oferta formativa se estructura de forma escalonada, siendo los Certificados Profesionales un nivel intermedio (Grado C) de una escala que va desde el Grado A hasta el E.

En los artículos 35 a 38 de la Ley 3/2022 se describe en qué consisten estos Certificados Profesionales: su oferta, formación asociada, estructura, duración, acceso, titulación y validez. Posteriormente, esta normativa se completa con lo dispuesto en el Real Decreto 659/2023, de 18 de julio, que desarrolla la ordenación del sistema de Formación Profesional. Concretamente en los artículos 67 a 81 es donde se hace referencia a la oferta formativa de Grado C, correspondiente a los Certificados Profesionales.

Están agrupados en 26 familias profesionales con características comunes del sector. En la actualidad hay más de medio millar de Certificados Profesionales incluidos en el Repertorio Nacional. Esta cifra no deja de crecer. Además, cada certificado está específicamente regulado por un real decreto.

Un Certificado Profesional corresponde al Grado C de la oferta del Sistema de Formación Profesional. Es un documento oficial, con validez en todo el territorio nacional y debe constar en el Catálogo Nacional de Ofertas de Formación Profesional, que certifica la capacitación para el desarrollo de una actividad profesional.

Debe detallar los módulos profesionales superados y los estándares de competencia profesional asociados a él e incluidos en el **Catálogo Nacional de Estándares de Competencias Profesionales**, así como su correspondencia con el Marco Español de Cualificaciones.

Despliegan su validez en un doble ámbito, laboral y académico:

- En el contexto laboral tienen validez profesional, porque acreditan las competencias en una determinada profesión. Para poder trabajar en algunas profesiones, se exigen determinadas cualificaciones, y los certificados sirven para acreditarlas.

- Asimismo, tienen validez académica, puesto que permiten continuar un itinerario formativo siempre que se cumplan los requisitos de acceso para cursar la titulación deseada. De tal modo que, los Certificados Profesionales que sean parte de un Grado D permitirán la matrícula modular para completar los módulos establecidos en el currículo y obtener el correspondiente título de técnico básico, técnico o técnico superior con validez en todo el territorio nacional.

Para obtener un Certificado Profesional (Grado C) es preciso cumplir con los requisitos de acceso para realizar la formación.

Estructura de los Certificados Profesionales

I. Identificación: denominación, familia y área profesional a la que pertenecen; nivel de cualificación profesional (1, 2 o 3); cualificación profesional de referencia; entorno profesional y módulos formativos que esté previsto cursar junto con la duración de cada uno de ellos.

II. Perfil profesional: incluye las competencias profesionales requeridas en el mercado laboral. En todas ellas se concretan las realizaciones profesionales y los criterios de realización.

III. Formación: describe los módulos formativos que esté previsto cursar para adquirir las competencias requeridas. En cada uno de ellos se indican las capacidades que se pretende alcanzar y la duración del módulo de prácticas no laborales —PNL—, para el que cabe solicitar exención si se cumplen determinados requisitos.

IV. Prescripciones de las personas formadoras.

V. Requisitos mínimos de espacios, instalaciones y equipamiento.

Los Certificados Profesionales se identifican con una denominación concreta y un código alfanumérico propio, y sirven para acreditar una determinada cualificación profesional. Cada certificado está asociado a una relación de unidades de competencia que, a su vez, se vinculan con una serie de módulos formativos específicos. Algunos módulos están integrados por unidades formativas y tanto unos como otras son, en ocasiones, transversales, lo que significa que se trata de contenidos incluidos en más de un Certificado Profesional.

Los Certificados Profesionales se articulan en tres niveles de competencia profesional (1, 2 y 3) conforme a lo dispuesto en el que será el Catálogo Nacional de Estándares de Competencias Profesionales, anteriormente Catálogo Nacional de Cualificaciones Profesionales (CNCP), según los criterios establecidos de conocimientos, iniciativa, autonomía y complejidad de las tareas, en cada una de las ofertas de Formación Profesional.

La oferta formativa dirigida a la obtención de los Certificados Profesionales tiene carácter modular para favorecer la acreditación parcial acumulable de la formación recibida y posibilitar así el avance en el itinerario de Formación Profesional para cualquiera que sea la situación laboral de cada persona en cada momento.

En definitiva, el Grado C constituye la oferta, parcial y acumulable, del sistema de Formación Profesional, de varios módulos profesionales del catálogo modular de Formación Profesional por razón de su significado en el mercado laboral y conducente a la obtención de un Certificado Profesional.

Las ofertas de Grado C de Formación Profesional tendrán por objeto módulos profesionales incluidos previamente en el catálogo modular de formación profesional y asociados al Catálogo Nacional de Estándares de Competencias Profesionales.

Finalidad de los Certificados Profesionales

- Contribuir a la ordenación de un Sistema de Formación Profesional al servicio de un régimen de formación y acompañamiento profesionales que sea capaz de responder con flexibilidad a los intereses, expectativas y aspiraciones de cualificación profesional de las personas a lo largo de su vida.

- Combinar escuela y empresa situando a la persona en el centro del sistema.

- Facilitar el aprendizaje permanente de toda la ciudadanía mediante una formación abierta, flexible y accesible, estructurada de forma modular, a través de la oferta formativa asociada al certificado.

- Acreditar las cualificaciones profesionales o las unidades de competencia recogidas en estas, independientemente de su vía de adquisición, bien sea través de la vía formativa, o mediante la experiencia laboral o vías no formales de formación.

- Favorecer, tanto a nivel nacional como europeo, la transparencia del mercado de trabajo.

- Contribuir a la calidad de la oferta de Formación Profesional.

Este libro

El presente libro desarrolla la Unidad Formativa denominada *Recopilación y tratamiento de la información con procesadores de texto,* UF0327.

Dicha unidad formativa es transversal y está asociada a la Unidad de Competencia UC0986_3 Elaborar documentación y presentaciones profesionales en distintos formatos, que forma parte del Módulo Formativo MF0986_3 *Elaboración, tratamiento y presentación de documentos de trabajo,* y que se incluye en los Certificados de Profesionalidad denominados ADGG0108 *Asistencia a la dirección* y en el ADGG0308 *Asistencia documental y de gestión en despachos y oficinas,* ambos de la familia profesional de Administración y gestión.

Según el Real Decreto 1210/2009, de 17 de julio, modificado por el RD 645/2011, de 9 de mayo, los contenidos que en esta obra se recogen se corresponden con una formación de 60 horas de duración.

Tanto la estructura como el desarrollo del libro se ajustan a los citados reales decretos y más concretamente a los contenidos de la Unidad Formativa 0327 que le da título *Recopilación y tratamiento de la información con procesadores de texto.*

Por decisión del autor, y debido únicamente a razones metodológicas y didácticas, se realizan algunos cambios en el orden de los contenidos que se detallan a continuación recogidos en los citados Reales Decretos, sin que ello suponga obviar ninguno de los elementos curriculares.

Contenidos

1. Recopilación de la información con procesadores de texto
    — Metodologías de búsqueda de información.
    — Identificación de fuentes de información especializada: sitios web, institucionales, páginas personales, foros y grupos de noticias.
    — La recuperación de la información:
        • Manejo de las herramientas de recuperación de la información.
        • Motores de búsqueda generales.
        • Motores de búsqueda especializados.
        • Pasarelas y bibliotecas virtuales.
        • Directorios y catálogos temáticos.

- Selección, discriminación y valoración de la información.
  - Criterios de evaluación de la calidad de las fuentes de información.
- Búsqueda de documentos.
  - Especificación de una vía de búsqueda.
  - Uso de comodines para especificar parte de un nombre de archivo.
  - Especificación de criterios de búsqueda avanzados.
  - Búsqueda de archivos en base a la información del resumen.
  - Visualización de otra información.
  - Trabajo con múltiples archivos y/o ventanas.
- Ética y legalidad.
  - Normas sobre propiedad intelectual y derechos de autor.
  - Protección de datos.
- Presentación de información con tablas.
- Gestión de archivos y bancos de datos:
  - Creación de una base de datos.
  - Apertura, cierre, compactación y reparación de una base de datos.
  - Cifrado y descifrado de una base.
  - Conversión de una base de datos.
  - Los índices.
  - Importación, vinculación y exportación de tablas.
  - Relaciones entre las tablas.
- Grabación de archivos en distintos formatos:
  - Solo texto.
  - Enriquecidos.
  - Web.
  - Imágenes.
  - Sonidos.
  - Vídeos.
- Protección de archivos.
- Creación, utilización y asignación de tareas automatizadas.

2. Mecanografía. Técnicas específicas para el asistente a la dirección
- Composición del teclado:
  - Mayúsculas.
  - Signos ortográficos.

- Signos numéricos.
- Tabuladores.
— La técnica dactilográfica:
  - Línea dominante.
  - Línea inferior.
  - Línea superior.
— Configuración del teclado.
— La trascripción de textos. Fórmulas, jergas, idiomas y galimatías.
— Ergonomía postural: posición del cuerpo, brazos, muñecas y manos.
— El dictado. La toma de notas:
  - Volcado de voz y grabaciones.

3. Tratamiento de la información con procesadores de texto: conceptos generales y características fundamentales del programa de tratamiento de textos
   — Entrada y salida del programa.
   — Descripción de la Interfaz del procesador de texto.
   — Ventana de documento.
   — Barra de estado.
   — Ayuda de la aplicación de tratamiento de textos.

4. El aspecto de los caracteres
   — El tipo y el tamaño de letra.
   — Incorporación de efectos a las letras.

5. El aspecto de un párrafo
   — La alineación, el interlineado y el espaciado anterior y posterior.
   — Sangrías en el texto.
   — Trabajo con tabuladores.
   — Trabajo con la regla.
   — Bordes y sombreados.
   — Listas numeradas y viñetas. Cambio de estilo.
   — Partición de palabras.

6. Formato del documento
   — Configuración de página.
   — Bordes de página.
   — Formateo de columnas.
   — Autoformato.

- — Autocorrección.
- — Revisión de un documento: el corrector ortográfico y gramatical.
- — El diccionario de sinónimos.
- — Uso de «Contar palabras».
7. Edición de textos
- — Búsqueda y sustitución de textos.
- — Configuración de encabezados y pies de página.
- — Configuración de notas a pie de página en secciones diferentes de texto.
- — Procedimientos de trabajo intertextual.
8. Presentación de información con tablas
- — Creación de una tabla.
- — Movimiento y edición de una tabla.
- — Personalización de una tabla.
- — Propiedades de formato de una tabla.
- — Fórmulas, conversiones de texto y tablas y otras opciones.
9. Inserción en ediciones de texto
- — Imágenes.
- — Objetos: formas, cuadros de texto y letra capital.
- — Aplicación y ajustes de los formatos de imágenes u otros objetos insertados.
- — Gráficos.
- — SmartArt.
- — Rótulos: WordArt.
- — Ecuaciones.
- — Gestión de hipervínculos.
10. Inserción en ediciones de texto
- — Los estilos.
- — Asignación, creación, modificación y borrado de estilos.
- — Marcadores.
- — Referencias cruzadas.
- — Títulos numerados.
- — Índice terminológico.
- — Tablas de contenido.
- — Tablas de ilustraciones.

■ Nota del Editor

En Ediciones Paraninfo estamos comprometidos con la calidad de la formación e intentamos que nuestros materiales respondan fielmente y con rigor a las necesidades de todos cuantos confían en nuestro sello editorial.

Tratamos de dar respuesta a los currículos de las unidades formativas y de los módulos que integran los distintos Certificados Profesionales, equilibrando la parte teórica con la práctica para que los procesos de aprendizaje se conviertan en experiencias gratificantes, tanto para docentes como para las personas inmersas en los procesos formativos.

Nuestros objetivos son contribuir de forma decisiva a afianzar aprendizajes, ayudar a adquirir destrezas que tengan significado para el empleo y conseguir potenciar el desarrollo personal.

Para lograrlo contamos con excelentes autores, expertos en las materias que abordan, en la mayoría de los casos docentes de dichas especialidades con dilatada experiencia tanto profesional como académica, porque buscamos perfiles familiarizados con los contextos laborales concretos a los que se refieren nuestros manuales.

Confiamos en poder serte de ayuda y esperamos tus impresiones acerca de nuestro trabajo. Sean positivas o negativas, serán muy bien recibidas y, sin duda, nos ayudarán a seguir mejorando y trabajando con ilusión para continuar siendo un referente en formación para el empleo.

Agradecemos tu confianza en nuestros manuales. Todo nuestro equipo queda a tu total disposición. Puedes contactar con nosotros en esta dirección de correo electrónico:

info@paraninfo.es

1. Recopilación de la información con procesadores de texto

Introducción

Desde finales del siglo XIX se comenzó a utilizar la máquina de escribir, evolucionando con el paso del tiempo a su versión eléctrica. En los años ochenta apareció el procesador de textos, que a su vez ha ido evolucionando hasta las modernas herramientas ofimáticas que hoy conocemos. Aunque lo explicaremos más detenidamente en la unidad 3, debes tener en cuenta que el uso básico de los procesadores de texto es la elaboración de documentos, pero también hay otros usos muy importantes, como la recuperación de documentos ya almacenados o bien la búsqueda de otros nuevos.

La cantidad de información disponible para el usuario puede ser muy elevada, puesto que existen múltiples tipos de archivos (audio, vídeo, texto, imágenes, o bien documentos que engloban algunos o todos estos elementos), por eso según el tipo de datos que estemos buscando debemos establecer unos criterios de búsqueda. Si realizamos búsquedas *online,* la cantidad de datos puede ser infinita, así que se hace necesario discriminar esa información para encontrar la que necesitamos en un momento concreto. Para ello se utilizan los buscadores, una herramienta muy útil que nos permite buscar documentos con un determinado contenido.

Existen múltiples procesadores de texto, tanto gratuitos como de pago. Los más populares son Microsoft Word, como el OpenOffice o el LibreOffice, entre otros. En todos ellos el funcionamiento es similar, variando un poco el aspecto de la interfaz de usuario, pero en los aspectos básicos de funcionamiento son sumamente parecidos.

A lo largo de esta unidad veremos los aspectos relacionados con la búsqueda de información para conseguir acceder a ella de forma rápida y eficaz.

Contenido

1.1. Metodologías de búsqueda de información

En la actualidad cada vez es más importante tener una información puntual, cualquiera que sea el lugar donde esta se produzca. De ahí el gran auge que en los últimos tiempos ha tenido el mundo de las comunicaciones y, concretamente, el intercambio de datos entre ordenadores.

De todas formas, es importante tener en cuenta que ese intercambio de información entre ordenadores puede ser realizado entre dos equipos o muchos más, dando así lugar a una tipología de redes diferente.

La clasificación y características de las redes son las que se pueden ver en la siguiente tabla.

SIGLAS	NOMBRE	CARACTERÍSTICAS	EJEMPLOS
LAN	Área local	Se conectan entre sí varios equipos informáticos con líneas de alta velocidad mediante cable, y suele abarcar, como mucho, un edificio. Ejemplo: una pyme.	
WLAN	Área local inalámbrica	Es lo mismo que la anterior, pero la conexión se realiza de forma inalámbrica.	
MAN	Área metropolitana	Los equipos informáticos están distribuidos en varios edificios, que pertenecen a la misma organización. Este tipo de redes se utiliza normalmente para unir redes de área local. Ejemplo: central del Banco y sus sucursales, ayuntamiento.	
WAN	Área extensa	Los equipos informáticos se hallan conectados entre sí a gran distancia, ya que pueden estar incluso en continentes distintos. Ejemplo: internet.	

Figura 1.1. Tipos de redes.

Como ya sabrás, las necesidades de información de una empresa o una organización no son las mismas que las de una persona individual.

En relación a las empresas u organizaciones, las necesidades de información se sitúan en dos entornos diferentes:

- El más próximo, que incluye a la clientela, la competencia, los suministradores, los inversores..., con los que la empresa debe tratar a diario

- Un entorno más lejano, delimitado por la política, la economía, la sociedad y la tecnología, que es preciso que las empresas y organizaciones analicen con objeto de identificar los cambios y tendencias que van a exigir una adaptación de sus estrategias a medio y largo plazo.

Las necesidades de información de las personas se presentan en todos los aspectos de la vida cotidiana: en el hogar, en el trabajo, en las relaciones familiares… También se presentan por curiosidad o por necesidad.

Existen dos vías para satisfacer estas necesidades de información:

- La información obtenida de la experiencia y que es acumulada en el cerebro de la persona.

- La información que se encuentra registrada en cualquier soporte fuera del cerebro de la persona (por ejemplo, internet).

A la hora de buscar información, debemos tener claro qué es lo que estamos buscando exactamente. Una información precisa es importantísima a la hora de tomar decisiones, y una búsqueda imprecisa puede aportar demasiados resultados, con lo que el consumo de tiempo para verificarlos puede ser excesivo. En segundo lugar, debemos establecer la ubicación de los datos; pueden estar en nuestro equipo, en nuestra red de trabajo, en internet, o puede que en una unidad de almacenamiento (como un disco duro externo).

Para conseguir realizar una búsqueda eficaz y eficiente necesitamos seguir una serie de pasos y, de esta forma, poder obtener resultados con el menor consumo posible de recursos:

- *Reflexión previa*: antes de realizar la búsqueda, debemos reflexionar sobre qué es exactamente lo que estamos buscando (información estadística, económica, científica o reglamentaria) y ¿lo tenemos? o ¿lo buscamos en internet?

- *Definir los conceptos importantes de la búsqueda*: elige una palabra representativa del contenido del documento buscado. Si no es posible, elige varias palabras o una frase; puede ser también el nombre o parte del nombre del archivo o del título del documento.

- *Establecer la ubicación de los datos*: una vez que sabemos exactamente qué buscamos, debemos decidir dónde lo buscamos: en nuestro equipo, en nuestra intranet o red de trabajo, en internet o en alguna unidad de almacenamiento.

- *Abrir el buscador*: ya sabemos qué datos buscamos y dónde, ahora necesitamos una herramienta de búsqueda. Por ejemplo, si buscamos en internet, podemos utilizar Google.

- *Utilizar una técnica de búsqueda adecuada*: debemos decidir cómo utilizamos el buscador, qué operadores lógicos, de posición o de sustitución vamos a usar (los veremos en detalle más adelante).

- *Analizar los resultados*: ya tenemos una serie de documentos que contienen los parámetros de búsqueda, ahora debemos revisarlos hasta encontrar los datos o documentos buscados.

- *Considerar la validez de los datos obtenidos*: en internet la información es gratuita. Esto tiene ventajas e inconvenientes. El principal inconveniente es la imposibilidad, en la mayoría de los casos, de establecer quién es el autor de la información y si esta es verídica o no. Así pues, nunca debemos tomar al pie de la letra la información obtenida de la web, por lo que siempre debemos contrastarla.

1.2. Identificación de fuentes de información especializada: sitios web, institucionales, páginas personales, foros y grupos de noticias

Cuando buscamos una información, si esta se encuentra en nuestros archivos, resulta fácil acceder a ella; pero si buscamos una información de la que no disponemos, debemos acudir a otras fuentes externas. Existen múltiples fuentes, pero hoy en día la más habitual es **internet**, por su contenido prácticamente ilimitado y por su rapidez. Dada la amplitud de datos a los que tenemos acceso, encontrar algo en concreto puede ser tedioso y lento, pero si utilizamos bien el buscador, la tarea se simplifica. Debemos delimitar la búsqueda para hacerla más sencilla y rápida.

Una forma de acotar la búsqueda puede ser elegir en qué sitios o tipos de sitios vamos a buscar, siendo algunas de las posibilidades las siguientes:

- *Sitios web*: un sitio web es un espacio dedicado habitualmente a un tema específico, contiene múltiples páginas a las que se accede por un dominio común. No debemos confundir un sitio web o *web site* con una página web. El *web site* contiene múltiples páginas web, sería el equivalente a un bosque, y una página web sería un árbol de ese bosque.

- *Fuentes institucionales*: las instituciones políticas, sociales, culturales, deportivas, etc., a través de sus gabinetes de comunicación, mantienen sitios web con información relativa a ellas, por ejemplo, las universidades, los ministerios, la Seguridad Social, la Agencia Tributaria... Debemos tener en cuenta que las webs institucionales están controladas por esa misma institución y por tanto los contenidos son «políticamente correctos», es decir, no sería lógico que la web de un equipo de fútbol ofreciera información contraria a ese equipo.

- *Páginas personales*: se trata de la información personalizada de un usuario en un servidor de internet. Cualquiera de nosotros puede tener una, aunque debemos tener en cuenta la intimidad y la seguridad de la información que se pone a disposición de desconocidos.

- *Foros de internet*: son aplicaciones web que dan soporte a comentarios o discusiones en línea entre los lectores de ese foro. Su estructura es en árbol, y cada foro puede tener subforos; en cada uno de ellos se puede mantener una línea de discusión sobre un determinado tema. Son extremadamente útiles a la hora de solventar problemas, pues seguro que algún otro usuario los ha sufrido antes y aportará soluciones o consejos para solventarlos. Tienen moderadores, que son una especie de superusuarios que revisan el contenido para eliminar aquellos que pudieran ser impropios.

- *Grupos de noticias* (newsgroup): también llamados *foros de discusión*. Son un medio de comunicación donde los usuarios leen y envían mensajes, son diferentes de los foros pero con un funcionamiento similar. No debemos confundir un grupo de noticias con una web de noticias. Utilizan el protocolo *Usenet*, donde la comunicación se produce mediante mensajes en tablones en distintos servidores; hay programas cliente que permiten leer y escribir estos mensajes.

1.3. La recuperación de la información

Desde la antigüedad se utilizan sistemas de recuperación de la información, pero donde realmente se desarrollan es en las bibliotecas; los primeros procedimientos se utilizaron de forma sistematizada para localizar libros y documentos almacenados. Como en otros campos, el uso militar de las herramientas de búsqueda de información impulsó notables avances, los más importantes con la aparición de internet.

Podemos considerar la recuperación de información como la búsqueda de grandes cantidades de información en una base de datos utilizando unos criterios de selección de la información y con una ordenación de los resultados. Esta búsqueda puede ser dentro de nuestros equipos informáticos, en bases de datos, en la intranet de nuestra empresa o en internet.

Es preciso que tengas en cuenta que los metadatos son muy importantes: son datos sobre datos, es decir, información sobre datos (el equivalente en una biblioteca a las fichas de los libros). Podemos considerarlos como índices de datos, y dado el inmenso volumen de ellos que encontramos en la red, el uso de metadatos se extiende cada día más. Los metadatos se utilizan para simplificar las búsquedas, reduciendo así el tiempo empleado.

Si en una búsqueda obtenemos pocos resultados, se considera silencio documental; si, por el contrario, obtenemos excesivos resultados, se considera ruido documental.

1.3.1. Manejo de las herramientas de recuperación de la información

Las herramientas de búsqueda utilizan fragmentos de información relevantes para encontrar documentos. Para realizar esta búsqueda la herramienta tiene en cuenta varios aspectos:

- Identifica las fuentes de información disponibles que son relevantes para la búsqueda.
- Investiga esas fuentes y el contenido de los documentos que contienen.
- Analiza las preguntas del usuario para establecer criterios de comparación.
- Compara los contenidos de esas fuentes con los requisitos de búsqueda.
- Selecciona la información relevante que resulta de la comparación de las preguntas del usuario y los contenidos disponibles.
- Presenta la información seleccionada al usuario de forma ordenada según su relevancia.
- Mejora la búsqueda con el *feedback* (retroalimentación) del usuario.

Para la búsqueda de información en la web se utiliza un navegador, o explorador web, que es una aplicación de *software* que permite al usuario recuperar y visualizar documentos de hipertexto, comúnmente escrito en HTML, desde servidores web de todo el mundo a través de internet.

La función básica de un navegador web es la visualización de documentos de texto, en muchas ocasiones con recursos multimedia incrustados. Los documentos pueden estar ubicados en el ordenador del usuario, pero también pueden estar en cualquier dispositivo que esté conectado a este o a través de internet, y que tenga los recursos necesarios para la transmisión de los documentos (servidor web). Tales documentos, denominados sitios web, poseen hipervínculos que enlazan una porción de texto o una imagen a otro documento o a otro sitio web.

Al seguimiento de enlaces de un sitio web a otro, ubicado en cualquier ordenador conectado a la red, se llama navegación, que es de donde proviene el nombre de *navegador*.

Muchos internautas asocian el navegador con Internet Explorer y, aunque hay que reconocer que es de los más utilizados, han ido apareciendo navegadores que están ocupando su porción en el mercado, como por ejemplo Mozilla Firefox, Netscape, Opera y Google Chrome. Además, con la llegada de Windows 10, el navegador que este sistema operativo trae por defecto, además de Internet Explorer, es Microsoft Edge.

Todos ellos cuentan con elementos comunes por lo que no merece la pena realizar un análisis exhaustivo de ellos, de modo que nos centraremos en explicar Microsoft Edge puesto que Internet Explorer ya no dispone de soporte.

Es conveniente conocer las distintas zonas que componen la ventana de Microsoft Edge y que a continuación pasamos a detallar:

- **Barra de direcciones**. Es un espacio en el que se puede escribir y mostrar la dirección de una web.

- **Botón favoritos**. Facilita el acceso a los sitios web que hemos añado a favoritos.

- **Pestañas de navegación**. Permiten navegar por direcciones distintas a la vez, cada una en una pestaña.

- **Ventana de exploración**. Zona del documento donde se muestra la información solicitada, es decir, el contenido de la web que se desea ver.

- **Barra lateral**. Permite acceder a herramientas y funciones en paralelo dentro del navegador, como el acceso a Compras, Herramientas, Juego u Office. Esta barra es configurable por el usuario, por lo que se pueden personalizar los elementos que en ella aparecen.

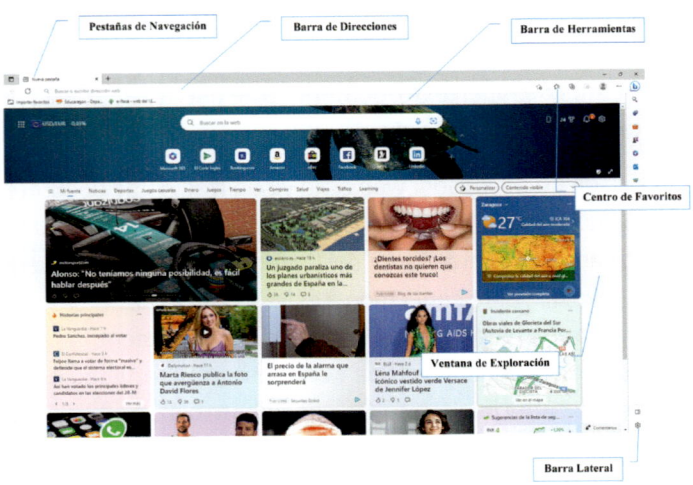

Figura 1.2. Ventana de Microsoft Edge.

1.3.2. Motores de búsqueda generales

Ante la gran cantidad de documentos existentes en internet y el aparente caos que ello supone, se hace necesario disponer de herramientas que permitan localizar la información deseada de forma rápida y sencilla, para ello se utilizan los buscadores o metabuscadores.

Un buscador es un sitio web cuya función principal es proporcionar un medio para recolectar y proporcionar información del contenido de otros sitios en internet. Podríamos decir que un buscador es una extensa base de datos a la que se puede tener acceso mediante sus métodos de búsqueda.

Los buscadores más conocidos son los siguientes:

Figura 1.3. Buscadores web más conocidos.

1.3.3. Motores de búsqueda especializados

Además de los buscadores generalistas que hemos visto en el apartado anterior, existen muchos otros especializados en una rama específica o en un campo en particular como por ejemplo los libros, el cine, la música, coches, hoteles, viajes, informática, cultura, leyes, literatura, matemáticas, entre otros. Es decir, estos buscadores se centran en un tema, ignorando el resto.

Algunos de los motores de búsqueda especializados son:

- www.imdb.com: dedicado a las películas, los directores, actores, guionistas, películas en cartelera, mensajes, listas y otros muchos contenidos.

- www.ipl.org: dedicado a búsqueda de documentación y libros, pensado para bibliotecarios.

- www.virtualtourist.com: nos ofrece datos de todo tipo de información sobre turismo, guías turísticas, fotografías, hoteles, restaurantes, cosas que hacer, ocio nocturno y muchas otras posibilidades.

- www.booking.com: buscador especializado de hoteles en español, también ofrece la posibilidad de leer los comentarios de otros viajeros sobre ese hotel y fotografías del mismo.

- www.rentalcars.com: si deseamos alquilar un coche para viajar, esta una de las opciones disponibles.

- www.iconfinder.com: buscador especializado en iconos, que nos permite encontrar iconos para nuestro ordenador.

- ...

Hemos visto que existen infinidad de motores de búsqueda especializados que nos permiten encontrar todo tipo de servicios o documentos. Si necesitamos encontrar algo, seguro que existen varios que nos aportarán resultados, tanto si queremos hacer un viaje como localizar un coche de segunda mano o bien maquinaria agrícola.

1.3.4. Pasarelas y bibliotecas virtuales

Una biblioteca virtual es un centro de recursos informáticos disponibles en distintos formatos como .PDF, .DOCX, .JPG, .MKV, .MP4, entre otros. Se accede a ellos a través de dispositivos conectados a la red, como ordenadores o móviles. Puede contener tanto periódicos, documentos, libros, revistas, archivos de audio, imágenes, mapas, o cualquier otro contenido susceptible de ser almacenado y transmitido en la red.

Hay tres conceptos básicos para considerar una colección de recursos como una biblioteca virtual:

1. Ha de ser una colección global de recursos que sean importantes para la investigación, enseñanza y aprendizaje.

2. Ha de tener un fácil acceso para todos los usuarios (tanto los más expertos como los más novatos).

3. Ha de estar gestionada por profesionales.

Una pasarela es un sistema de interoperabilidad y de intercambio de datos por medios electrónicos. Muchas organizaciones como las Administraciones públicas administran estas pasarelas; en este caso en concreto se utiliza por el derecho del ciudadano a no aportar una documentación que ya está en poder de otra Administración pública, de esa forma obliga a la Administración a compartir información y documentación a través de estas pasarelas.

1.3.5. Directorios y catálogos temáticos

Son conocidos por directorios, catálogos o buscadores por categorías. Los buscadores utilizan robots informáticos de búsqueda automática; en el caso de los directorios esa búsqueda la realizan las personas, clasificando el contenido de forma manual por categorías.

Con un buscador las páginas son dinámicas, es decir, creadas durante la consulta, pero en los directorios las páginas están creadas previamente. Los resultados en un directorio o catálogo temático son muy precisos, aunque no tan exhaustivos. Los directorios están formados por listas de recursos informáticos organizados por categorías temáticas, cuya estructura jerárquica (en forma de árbol de contenidos) nos permite ver esos contenidos avanzando desde el más general, en las ramas centrales, a los más concretos, situados en las ramas más alejadas. Cada categoría nos permite acceder a una serie de enlaces que nos llevan a otras páginas, nos ofrece también una breve descripción del contenido de cada enlace, para que nos hagamos una idea de la información que vamos a encontrar en él. Algunos directorios nos ofrecen varias posibilidades para la búsqueda de información, una consiste en ir navegando de categoría en categoría hasta alcanzar los contenidos, y otros directorios incluyen también un buscador que nos lleva al contenido deseado mediante palabras clave, pero siempre buscando dentro de ese directorio.

Su estructura se divide en dos partes, una formada por una base de datos que incluye un listado de las páginas y los recursos que contienen, y una segunda parte que consiste en una organización jerárquica (como comentábamos, en árbol o pirámide). Presentan una serie de desventajas con respecto a un buscador general, y es que por requerir tanta intervención manual suelen estar desactualizados, a veces no listan todos los recursos disponibles y algunas páginas pueden no estar categorizadas correctamente. Como ventaja del directorio sobre el buscador podemos destacar que requiere menos recursos informáticos y suele tener un coste inferior. Las terminaciones de las páginas son una guía para saber si son directorios o catálogos: mientras en los buscadores predomina el .com, en estas páginas predominan otro tipo de terminaciones como .org.

1.4. Selección, discriminación y valoración de la información

Algo que deberían saber todas las personas es que no toda la información publicada en internet es fiable. Pero, al realizar una búsqueda, ¿quién nos dice si la información encontrada es válida o no? Muchas veces nos dejamos llevar por la intuición o por la posición de los resultados.

Es preciso tener en cuenta que, hoy en día, cualquiera puede publicar lo que quieran en la web. Por lo tanto, es muy difícil determinar la autoría de las fuentes de información, incluso si aparece el nombre de quien lo ha escrito, pues eso no quiere decir que lo que ha publicado represente a esta persona de una manera honesta, o incluso, la mayoría de las veces simplemente representan la opinión de esa persona.

Por ejemplo, la Wikipedia es una enciclopedia libre y editada de manera colaborativa. Sin embargo, hay personas que piensan que la información que se publica en la plataforma no reúne los requisitos como para ser considerada una fuente confiable por la falta de autoría en sus artículos, e incluso por su falta de objetividad; pero, por otro lado, están los que dan mayor importancia a la participación colectiva para la creación de los contenidos ubicados en ella, así como a su rápida actualización.

1.4.1. Criterios de evaluación de la calidad de las fuentes de información

Algunos consejos para evaluar la calidad y confiabilidad de la información disponible en la web son:

- No te quedes con el primer resultado ofrecido por el buscador. Busca, compara y revisa.

- Comprueba quién ha escrito la información. Trata de ver las credenciales del autor y su reputación.

- Ten en cuenta el medio en el cual se ha publicado el contenido, por si pudiera haber algún sesgo en la información.

- Revisa que el contenido es actual, original, está bien escrito, tiene un razonamiento lógico y cita las fuentes de información.

En conclusión, hay que ser muy críticos con la información encontrada en la web, examinando cuidadosamente cada una. Debemos comparar la información elegida de acuerdo a nuestras necesidades informativas, pues no todas las webs son de ayuda para un determinado propósito. Por ejemplo, la misma web que puede estar bien para encontrar información general sobre alguna enfermedad, puede no ser de calidad para un trabajo académico de un estudiante de enfermería.

1.5. Búsqueda de documentos

En este apartado nos centraremos en analizar en profundidad la búsqueda de documentos tratando de reducir al máximo el ruido documental, consiguiendo así un uso eficaz y eficiente de nuestros recursos.

1.5.1. Especificación de una vía de búsqueda

En primer lugar debemos saber dónde queremos realizar la búsqueda, ya que es muy diferente buscar información que se encuentre en nuestro ordenador o buscarla en internet.

Para buscar documentos que se encuentran en nuestro ordenador, lo ideal es utilizar el buscador que incluye el propio sistema operativo, estando disponible en la Barra de tareas. En la figura siguiente puedes observar el aspecto que tiene el buscador en Windows 10.

Figura 1.4. Buscador de Windows 10.

Si lo que deseamos es buscar información en internet, debemos utilizar algún buscador de los vistos anteriormente, por ejemplo Google. A partir de su pantalla principal podemos acceder a prácticamente toda la información que circula por internet. Además, desde esta misma pantalla podemos configurar el buscador a nuestro gusto mediante la modificación de una serie de preferencias.

Cuando accedemos a Google (https://www.google.es) nos aparece una ventana como la que se muestra en la siguiente figura.

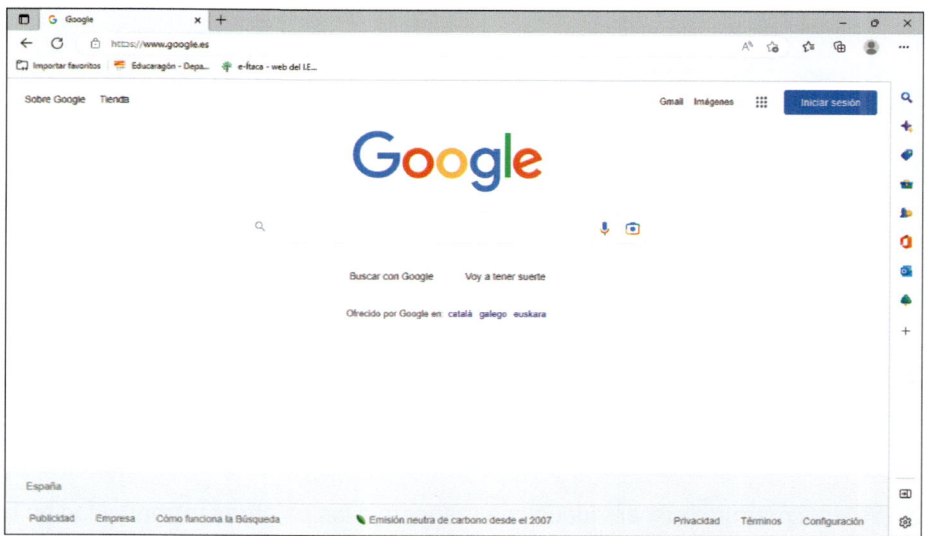

Figura 1.5. Ventana principal del buscador Google.

Esta ventana se compone de:

1. La **casilla de búsqueda**, que es el espacio dónde introducimos la/las palabras a buscar.

2. **Buscar con Google**, botón que, al pulsarlo, comienza la búsqueda de los términos escritos en la casilla de búsqueda.

3. **Voy a tener suerte**, al pulsar este botón, se carga el primer sitio web jerarquizo por Google, sin mostrar el resto de resultados. Así ahorramos tiempo y accedemos directamente a la web más relevante.

Una vez que se ha escrito el término a buscar (por ejemplo, Google), nos aparecen todas las páginas relacionadas con la palabra introducida, tal y como se aprecia en la figura siguiente.

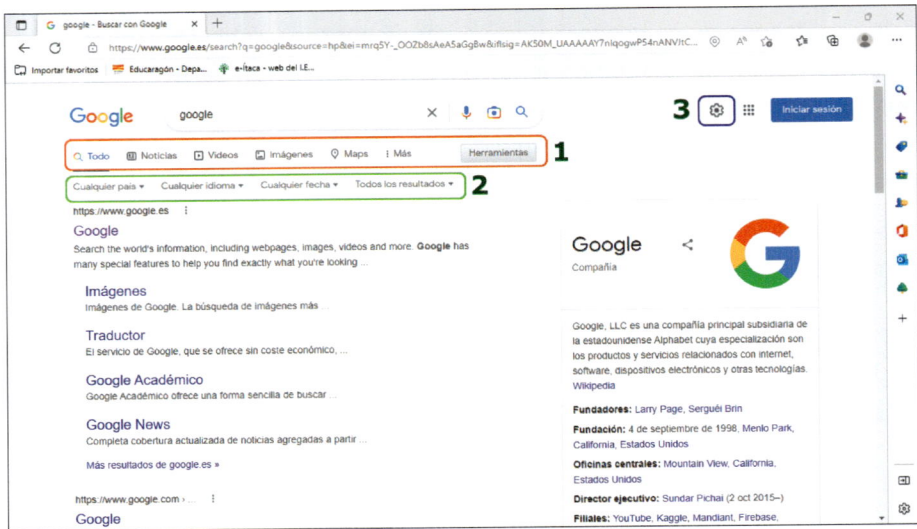

Figura 1.6. Zonas del buscador Google.

La **zona número 1** se compone de:

1. Todo: permite hacer búsquedas en todos los sitios web de internet.

2. Noticias: permite acceder a las noticias más relevantes recopiladas de muchas fuentes de información.

3. Vídeos: permite buscar vídeos con respecto a las palabras introducidas en la casilla de búsqueda.

4. Imágenes: permite buscar imágenes con respecto a las palabras introducidas en la casilla de búsqueda.

5. Maps: permite visualizar el mundo a través de imágenes vía satélite, imágenes de mapas o combinar estas dos. Gracias al buscador, podemos buscar lugares de todo el mundo y poder visualizarlo de forma efectiva.

6. Más: desde aquí podemos acceder a todos los servicios y aplicaciones de Google.

7. Herramientas: al pinchar sobre esta opción, se nos abren una serie de opciones que explicamos a continuación.

La **zona número 2**, donde podemos elegir dónde realizar nuestras búsquedas:

1. En cualquier país o solamente en España.

2. En webs en cualquier idioma o con contenido en español (páginas en español).

3. En webs de cualquier fecha o delimitando un intervalo de fechas.

La **zona número 3**, donde podemos seleccionar, entre otras, opciones más avanzadas de búsqueda y configuración de Google.

Como conclusión podemos decir que, aunque Google no sea el único buscador existente, sí podemos decir que es el **más usado** y uno de los **más rápidos y fiables**. Además, con Google podemos encontrar prácticamente cualquier tipo de información que esté presente en la red, con la ventaja de poder complementarse con alguno de los servicios añadidos que ofrece.

Este buscador tiene cuatro grandes **ventajas**:

1. Dispone de un sistema sencillo de búsqueda, pero muy potente.

2. Busca no solo las páginas principales, sino dentro de todas las páginas de millones de webs. Si no está en Google, no está en internet o son unas páginas que se quieren mantener privadas.

3. Ordena los resultados por importancia, presentando en primer lugar las más importantes.

4. Presenta en primer lugar las webs que mejor pueden responder a la búsqueda del usuario.

1.5.2. Uso de comodines para especificar parte de un nombre de archivo

Antes de empezar, debemos señalar que no todos los operadores están incluidos en cada uno de los buscadores, aunque la mayoría contemplan los más básicos.

Algunos de los criterios y operadores de búsqueda más elementales son:

- **Y (AND).** Sirve para unir palabras por medio de una conjunción, es decir, que el sistema buscará las páginas que contengan los dos términos de la conjunción.

- **O (OR).** Se utiliza cuando cualquiera de los términos de búsqueda unidos por el operador deba aparecen en los resultados.

- **Comillas ("").** Si escriben palabras entrecomilladas, obtendremos una frase. Esta frase es el conjunto de palabras que van entre comillas, las cuales sirven para indicar a la búsqueda que encuentre solo las palabras tal y como están dentro de las comillas. La frase debe tener comillas al inicio y al final de la misma.

1.5.3. Especificación de criterios de búsqueda avanzados

En este apartado aprenderemos cómo realizar una búsqueda avanzada que nos permita ajustar y reducir el número de resultados a fin de economizar tiempo y esfuerzo. Debes tener en cuenta que su uso es más intuitivo que el de los comodines.

Usando la web de Google como ejemplo para realizar una búsqueda avanzada, debemos pinchar en la opción *Configuración* que está disponible en la esquina inferior derecha de su web, tal y como puedes ver en la siguiente figura.

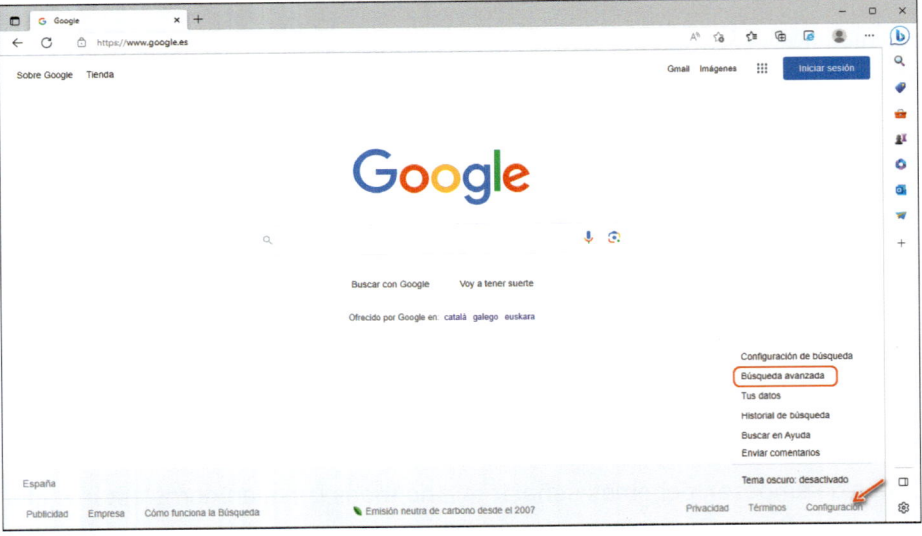

Figura 1.7. Acceso a la búsqueda avanzada en Google.

Al seleccionar la opción de *Búsqueda avanzada,* la pantalla que nos aparece es la siguiente:

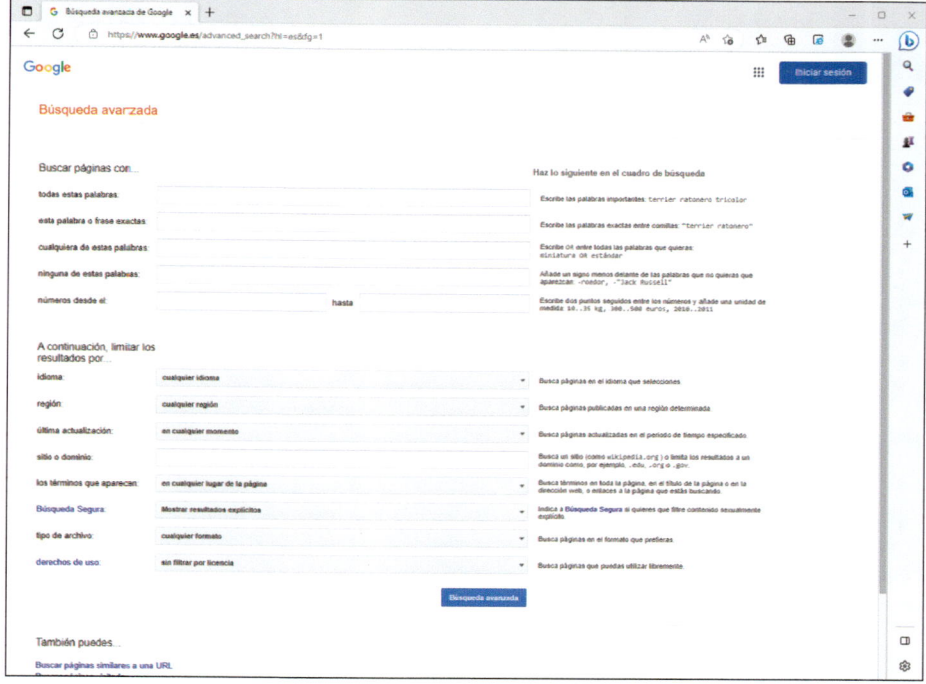

Figura 1.8. Opciones en la búsqueda avanzada de Google.

El bloque de cajas de texto nos permite especificar, a través de diversas vías, qué es lo que estamos buscando y cómo debe hacerlo Google, siendo muy intuitivo su uso.

1.5.4. Búsqueda de archivos en base a la información del resumen

Localizar una información dentro de un archivo si este es extenso, imaginemos un documento de quinientas páginas, puede ser largo y tedioso, pero utilizando opciones de nuestro procesador de texto o de nuestro buscador podemos realizar la tarea rápida y eficazmente.

Muchos de los procesadores de textos tienen la posibilidad de establecer determinadas **Propiedades** al documento que se está elaborando. En Word 2019, el acceso a estas propiedades, o metadatos del documento, se realiza a través de la ficha *Archivo*, opción *Información,* tal y como puedes ver en la siguiente figura.

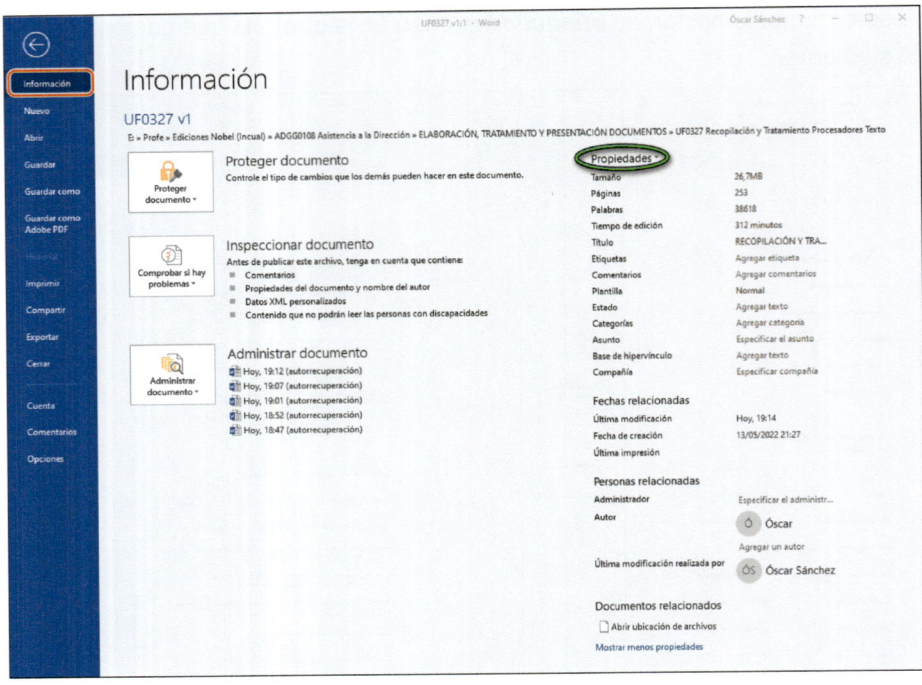

Figura 1.9. Propiedades o metadatos de un documento en Word 2019.

Los buscadores especializados en buscar metadatos realizan una búsqueda de las palabras clave para economizar recursos, analizan estas propiedades o metadatos en segundos para ofrecernos el resultado más ajustado posible.

1.5.5. Visualización de otra información

A través del **Explorador de archivos** puedes visualizar mucha información de un documento; solo tienes que situar el cursor encima del archivo y hacer clic con el botón secundario del ratón, eligiendo la opción *Propiedades.* Aparecerá un cuadro de diálogo, como el que puedes ver en la figura de la derecha, que permite ver la fecha de creación, modificación, último acceso…

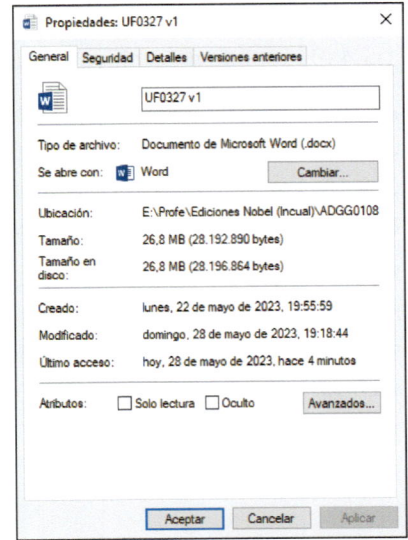

Figura 1.10. Propiedades del documento a través del Explorador de archivos.

1.5.6. Trabajo con múltiples archivos y/o ventanas

Como ya sabes, Windows es un sistema operativo multitarea, es decir, que permite ejecutar varios programas al mismo tiempo. Sin embargo, una vez abiertos, movernos de uno a otro no es precisamente lo más intuitivo.

Por lo general, cuando tenemos abierta más de una aplicación, utilizamos la **Barra de tareas** para acceder a cada una de ellas. Sin embargo, esto puede ser una gran incordio y pérdida de tiempo cuando tenemos muchas ventanas abiertas.

Si tenemos varias ventanas abiertas, al pulsar la combinación de teclas **Alt + TAB** podrás ir desplazándote de una ventana a otra. En la siguiente figura puedes ver qué sucede cuando se pulsan estas dos teclas y tienes varias aplicaciones abiertas.

Figura 1.11. Combinación Alt + TAB en Windows 10.

Sin embargo, desde la aparición de la versión 10 de Windows, se dispone del **Historial de actividades**, que aparecerá cuando pulsemos la tecla de Windows y la tecla de tabulador, tal y como puedes ver en la siguiente figura.

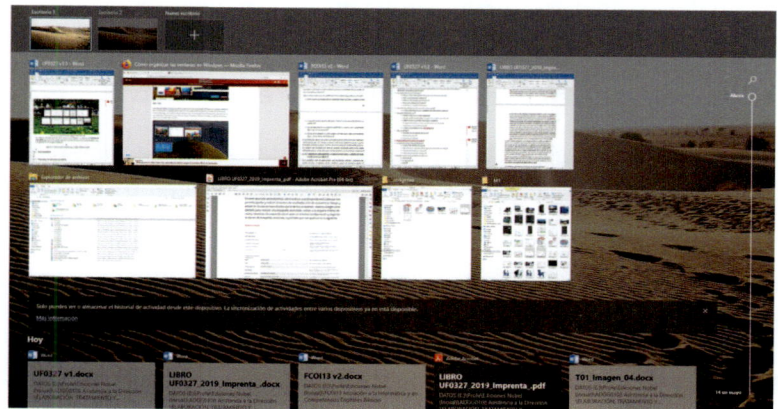

Figura 1.12. Combinación tecla Windows + TAB en Windows 10.

1.6. Ética y legalidad

En el mundo actual con accesos a internet cada vez más rápidos y asequibles, donde la disponibilidad de contenidos es prácticamente ilimitada y las barreras de acceso a la información son como mínimo permeables y difusas, se nos plantean dilemas éticos como: ¿Está bien acceder a este contenido? ¿Dónde está el límite entre libertad de expresión y comunicación y los derechos de los autores o creadores de esos contenidos? ¿Es razonable que una canción disfrute de una protección de 70 años tras la muerte del autor y una patente de, por ejemplo, un corazón artificial sea de 20 años y con un coste elevado? ¿Resulta ético que descargue música, películas o juegos gratis en vez de pagarlos? Si puedo acceder a ellos gratis, ¿por qué pagar? El dilema ético es evidente, oportunidad frente a principios éticos, como el respeto a los bienes ajenos.

Vivimos en un Estado de derecho, eso quiere decir que nos regimos por normas legales que obligan a todos. No podemos pretender que respeten nuestros derechos si nosotros no respetamos los de los demás. Como ciudadanos no solo tenemos derechos, sino también obligaciones, quizás la más importante es la de obedecer las leyes; cuando una ley no nos gusta podemos intentar cambiarla siguiendo los cauces legales que nuestro sistema democrático establece para ello, incluso podemos proponer leyes por iniciativa ciudadana reuniendo un número de firmas que varían en función del tipo de ley que queremos cambiar o establecer.

1.6.1. Normas sobre propiedad intelectual y derechos de autor

Entendemos por propiedad intelectual un conjunto normativo con el que se pretende proteger los intereses de los autores e inventores en relación con sus obras, sean estas creativas, expresiones de ideas o aplicaciones prácticas de esas ideas.

Hay dos corrientes diferentes en la protección de estos derechos:

- En España y los países de la Europa continental se utiliza el **sistema de derecho de autor**, que reconoce la propiedad intelectual como un derecho de la persona.

- En Estados Unidos, Inglaterra y otros países se utiliza el sistema del *copyright*, que protege las creaciones.

Las bases de uno y otro son diferentes: uno protege al autor y el otro la obra, pero ambos persiguen lo mismo, estimular la creación de nuevas obras.

La normativa española distingue en los derechos que conforman la propiedad intelectual entre:

- **Derechos morales**: a diferencia del sistema jurídico anglosajón, la normativa española es una firme defensora de los derechos morales reconocidos para los autores y para los artistas intérpretes o ejecutantes. Estos derechos son irrenunciables e inalienables, es decir, no se puede renunciar a ellos y no se pueden ceder o vender, acompañarán al autor durante toda su vida, y a su muerte pasan a sus herederos y así sucesivamente. Entre ellos destaca el derecho al reconocimiento de la condición de autor de la obra o del reconocimiento del nombre del artista sobre sus interpretaciones o ejecuciones, y el de exigir el respeto a la integridad de la obra o actuación y la no alteración de estas.

  La infracción más común de estos derechos es el plagio, es decir, la copia en todo o en parte del contenido de una obra sin el consentimiento del autor y haciéndola pasar por propia. Sin embargo, podemos usar las ideas y argumentos en diferentes obras, pues el plagio no cubre las ideas en sí sino su forma de expresarlas.

- **Derechos de carácter patrimonial**: son de dos tipos:

  — Los derechos relacionados con la explotación de la obra, que comprenden aquellos que implican la exclusividad, es decir, el autor puede autorizar o prohibir la explotación de su obra e incluso decidir en qué condiciones y qué retribución recibirá por la explotación de esta. Otro tipo de derechos diferentes a los de exclusividad son los de remuneración; en este caso el autor no puede autorizar o prohibir la explotación de la obra, pero sí obligan a pagar al autor una cantidad de dinero que puede estar establecida por ley.

  — Los derechos compensatorios, como puede ser el derecho por copia privada, compensa los derechos de propiedad intelectual dejados de percibir por razón de las reproducciones de las obras o prestaciones protegidas.

La regulación de estos derechos de propiedad intelectual y derechos de autor se realiza principalmente a través del Real Decreto Legislativo 1/1996, de 12 de abril, por el que se aprueba el Texto Refundido de la Ley de Propiedad Intelectual.

El sistema del *copyright*, traducido literalmente como derecho de copia, es una protección sobre las creaciones literarias, artísticas, musicales o científicas, que prohíbe la reproducción o copia sin consentimiento del autor; se representa con el símbolo (©) y su presencia indica que no podemos copiar libremente ese contenido. La ausencia del símbolo no implica que el contenido no esté protegido.

En el entorno digital hay otros conceptos importantes a tener en cuenta, como el *copyleft*, que es el término utilizado para referirse a obras con licencia libre. Se puede definir como un grupo de licencias con el objetivo de que las personas que reciben una copia de la obra puedan modificar, usar y distribuir las variaciones de la obra que creen. Hay varios tipos de licencias *copyleft*: *Creative Commons*, donde el autor permite el uso de la obra pero esta permanece protegida; *Coloriuris*, que es un sistema de origen español basado en un sistema mixto de autogestión y cesión de derechos, y *GPL* o Licencia Pública General. Todos estos tipos de licencias tienen subtipos con sus características particulares.

1.6.2. Protección de datos

La protección de las personas físicas en relación con el tratamiento de datos personales es un derecho fundamental protegido por nuestra Constitución (artículo 18).

La protección de datos se refiere a los derechos de las personas cuyos datos se recogen, se mantienen y se procesan, de saber qué datos están siendo retenidos y usados y de corregir las inexactitudes.

La Ley Orgánica 3/2018, de 5 de diciembre, de Protección de Datos Personales y garantía de los derechos digitales, establece diversas obligaciones y responsabilidades que deben ser observadas por las organizaciones que traten datos personales. Entre ellas se encuentran brindar información suficiente a los titulares sobre el tratamiento de sus datos personales, así como obtener su consentimiento.

La Agencia Española de Protección de Datos es la autoridad pública independiente encargada de velar por la privacidad y la protección de datos de la ciudadanía.

Para demostrar a los ciudadanos y a las demás empresas que se siguen rigurosamente los estándares de calidad en cuanto a protección de datos se utiliza una certificación ISO, que es ni más ni menos que una acreditación de que se siguen unas normas de calidad determinadas. En el caso de la gestión de datos de carácter personal la más importante es la ISO/IEC 27002, que se obtiene contratando a una empresa autorizada y homologada para que realice un estudio de los riesgos de seguridad en nuestra empresa; si seguimos sus recomendaciones y nuestras prácticas se adecuan a la normativa, se nos concede esa certificación ISO. El coste es elevado, incluye auditorías externas periódicas por parte de la empresa contratada, pero los beneficios son obvios en cuanto a la confianza que otorga a las personas y empresas con las que nos relacionamos.

Otro motivo por el que se solicitan estas ISO es para acceder a ayudas económicas de la Administración o bien para conseguir homologaciones para cualquier actividad que requiera el manejo habitual de datos de carácter personal.

1.7. Presentación de información con tablas

Una tabla es una forma de presentar los datos organizados en filas y columnas. Se hace así para facilitar la comprensión y consulta rápida por parte de los usuarios de esa información; es una manera de representar visualmente la información.

Las partes de una tabla son el título, que consiste en una palabra o palabras que resumen su contenido; el cuerpo de la tabla, que contiene los datos; el encabezado de filas y columnas, que nos indica qué datos figuran en esa fila o columna; y existe la posibilidad de poner notas al pie para explicar alguno de los contenidos. En definitiva, el uso de tablas combina las opciones visuales de una hoja de cálculo o base de datos, pero todo ello dentro de un documento de Word.

En la unidad 8 te explicaremos detalladamente cómo insertar una tabla en un documento de Word 2019 y muchas de las opciones que se pueden realizar con ellas.

1.8. Gestión de archivos y bancos de datos

Cada vez más se están usando grandes volúmenes de datos, siendo este uno de los rasgos más característicos de nuestra época, hasta el punto de que, desde hace una veintena de años, se la ha bautizado como *Era de la información y de la comunicación*.

Sin darnos cuenta, en nuestra vida familiar y laboral dedicamos buena parte del tiempo a compilar, intercambiar y recuperar datos, de ahí que sea tan necesario disponer de herramientas que permitan almacenar cantidades considerables de información que puedan consultarse y gestionarse con la mayor eficacia y rapidez posibles.

La principal característica de cualquier base de datos es la interrelación existente entre los datos que la componen, de manera que permite a un usuario acceder a uno de ellos por múltiples caminos, utilizando claves diferentes según el caso. Existen diferentes tipos de bases de datos, aunque la más extendida es la base de datos relacional.

Las bases de datos son poderosas herramientas para almacenar, catalogar y consultar información. Imaginemos los libros contenidos en una biblioteca. Para gestionar la biblioteca (buscar un libro, gestionar el préstamo, registrar una devolución, fichar las nuevas adquisiciones) sería precisa una aplicación que nos permitiese almacenar la información relevante del libro (título, autoría, editorial, fecha y lugar de edición, ISBN), de los usuarios y usuarias de la biblioteca (nombre, número de carné, dirección, teléfono, correo electrónico), así como de los movimientos de préstamos y devoluciones. Pero, más aún que la capacidad de almacenar dicha información, lo que nos interesará en esta aplicación será la posibilidad de consultarla rápida y eficazmente. Todas estas funciones son posibles mediante el uso de las bases de datos.

La mayor parte de las bases de datos almacenan la información mediante tablas. La información de las diversas tablas, además, está relacionada entre sí; por ello, en la gestión de la biblioteca bastará escribir el número de carné del usuario o el ISBN del libro para obtener todos sus datos. A este tipo de bases de datos se las denomina bases de datos relacionales, y su historia se remonta a comienzos de la década de 1970.

1.8.1. Creación de una base de datos

Existen varias formas de crear una base de datos y varían en función del programa que utilicemos. En nuestro caso vamos a utilizar Microsoft Access 2019.

La aplicación se abre haciendo clic en botón *Inicio> Access*.

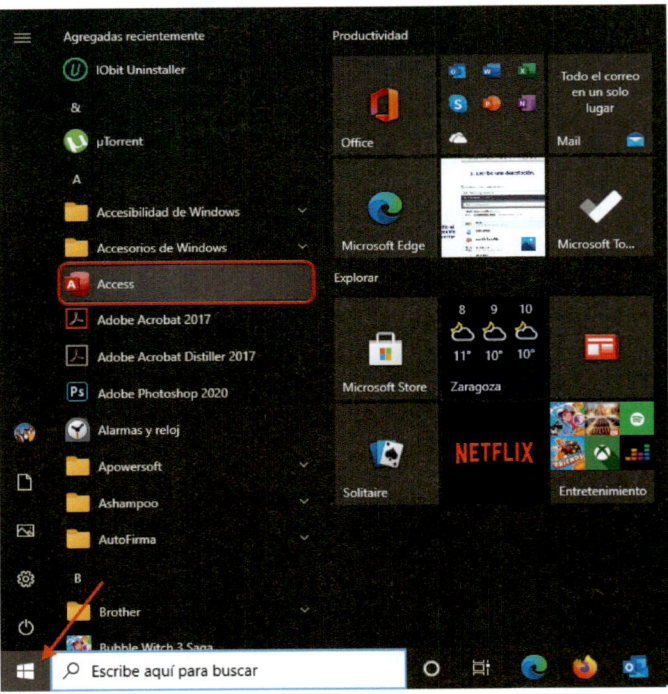

Figura 1.13. Acceso a Microsoft Access 2019.

Antes de ver las distintas formas de creación de una base de datos, es conveniente tener en cuenta que los ficheros de bases de datos de Access 2019 tienen extensión .accdb; al igual que ocurre con las otras aplicaciones de Office 2019, este formato ha cambiado con respecto a las versiones anteriores de Office (2003, 2000, XP, 97, etc.), cuya extensión era .mdb. La nueva versión de Access puede interpretar los ficheros de las anteriores, pero no ocurre a la inversa: el formato .accdb no podrá ser leído por las versiones antiguas, por lo que si queremos compartir nuestra base de datos de Access con otras personas, deberemos asegurarnos de que tienen la última versión o, en caso contrario, exportar la base de datos al formato .mdb.

Dos son las formas de crear una base de datos:

- Base de datos en blanco. En este caso, como su nombre indica, se crea una base de datos sin ningún tipo de información para que seamos nosotros los que la diseñemos a nuestra conveniencia.

- Base de datos desde una plantilla. La instalación de Access 2019 viene con una serie de plantillas, que nosotros podemos utilizar para crear nuestra base de datos. Si lo hacemos así, nos encontraremos con tablas, consultas, formularios, etc., ya realizados.

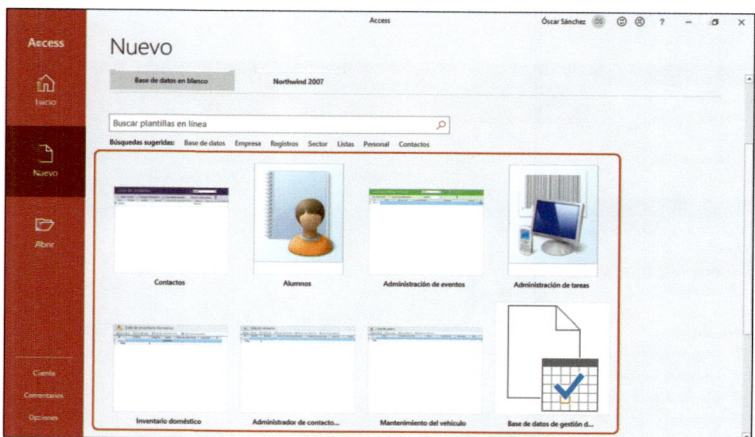

1.8.2. Apertura, cierre, compactación y reparación de una base de datos

La apertura de una base de datos de Access se realiza de la misma forma que la realizada en cualquier aplicación de Office.

Cuando accedemos a Access nos aparecen en la parte izquierda de la ventana los últimos archivos que se han abierto. Si sobre el que nosotros queremos trabajar figura en la lista, no tenemos más que hacer clic sobre él. Si no figura en la lista, disponemos de la opción *Abrir* para seleccionar la unidad y el fichero que deseamos abrir.

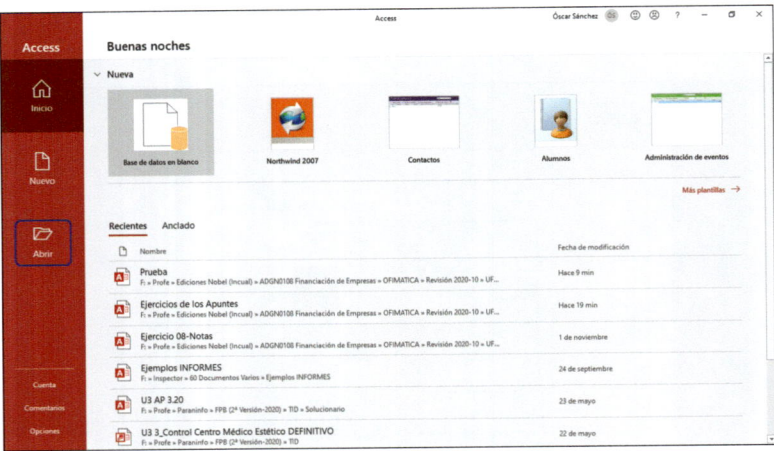

Por lo que se refiere al cierre de la aplicación, al igual que sucede con la mayoría de las aplicaciones que giran bajo entorno Windows, varias son las posibilidades existentes para salir del programa:

- Icono cerrar de la barra de título.

- Hacer clic en la parte superior izquierda de la *Barra de título* y seleccionar la opción *Cerrar*.

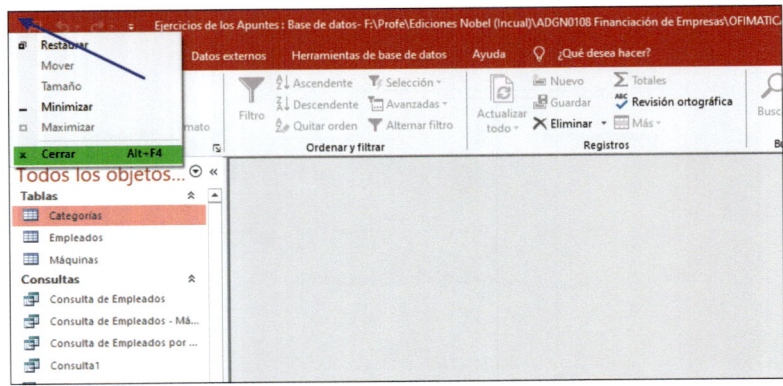

Por último, a medida que se agregan y actualizan los datos, y cambia su diseño, aumenta el tamaño del archivo de base de datos. Este aumento se produce por la incorporación de nuevos datos, pero también por otros motivos:

- Access crea objetos temporales ocultos para realizar diversas tareas. Algunas veces, esos objetos temporales permanecen en la base de datos cuando Access ya no los necesita.

- Cuando se elimina un objeto de la base de datos, el espacio en el disco que ocupaba el objeto no se recupera automáticamente: el archivo de la base de datos sigue utilizando ese espacio en el disco aunque se haya eliminado el objeto.

Cuando el archivo de la base de datos se llena con los restos de los objetos temporales y eliminados, puede mermar su rendimiento. Puede que los objetos se abran más lentamente, que las consultas tarden más de lo normal en ejecutarse y que las operaciones habituales duren más tiempo.

En algunas circunstancias, puede que un archivo de la base de datos resulte dañado, aunque es poco frecuente que se pierdan datos cuando el archivo se daña. Normalmente, esta pérdida se limita a la última acción realizada por un usuario, es decir, a un único cambio en los datos. Cuando un usuario empieza a cambiar datos y el cambio se interrumpe (debido, por ejemplo, a que se pierde el servicio de red), Access marca el archivo de la base de datos como dañado. El archivo se puede reparar, pero es posible que falten algunos datos cuando finalice la reparación.

Para solucionar estos dos problemas se puede utilizar la opción *Compactar y reparar base de datos*, seleccionando la ficha **Archivo**, en la opción *Información*.

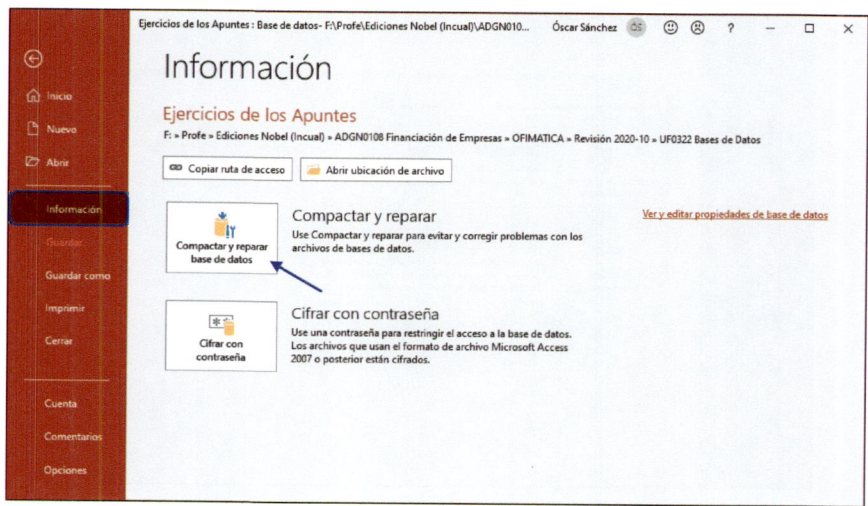

1.8.3. Cifrado y descifrado de una base de datos

Con cifrar una base de datos nos referimos a protegerla para que solo los usuarios autorizados tengan acceso a ella. Para ello, establecemos una contraseña que se pedirá a los usuarios para abrirla.

Establecer una contraseña es muy sencillo, y basta con abrir la base de datos en modo exclusivo, desde ficha **Archivo**, opción *Abrir*, seleccionamos la base y en vez de abrirla utilizamos la flecha desplegable del botón *Abrir* y seleccionamos *Abrir en modo exclusivo*, tal y como se muestra en la siguiente figura.

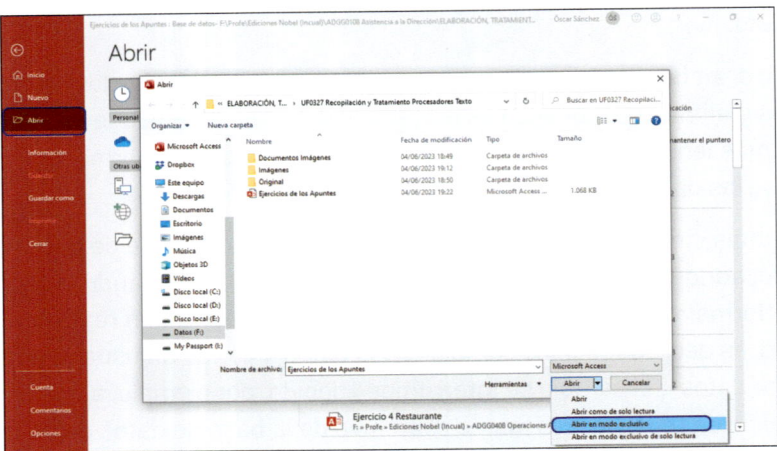

Una vez abierta en modo exclusivo vamos a la ficha **Archivo**, opción *Información*, y pulsamos sobre el botón *Cifrar con contraseña*.

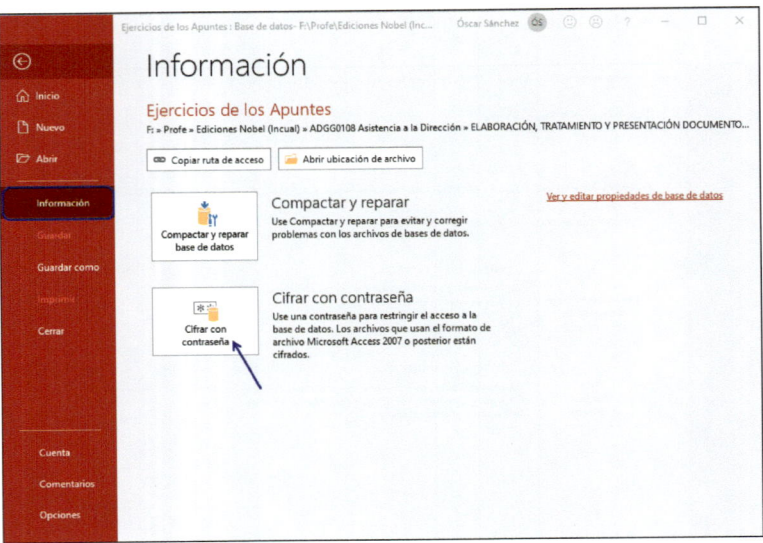

Al pulsar sobre el botón, nos aparecerá un cuadro de diálogo en el que tendremos que introducir (y repetir) la contraseña deseada.

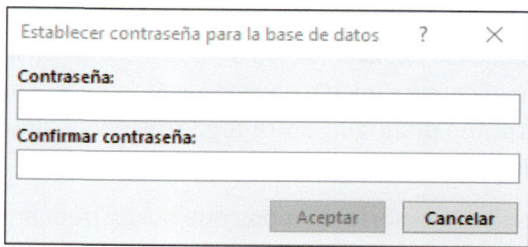

Ya tenemos cifrada la base y datos y, cada vez que la intentemos abrir, nos solicitará la contraseña.

Para descifrar la base de datos deberemos realizar las mismas operaciones que las mencionadas anteriormente.

1.8.4. Conversión de una base de datos

Tal y como se ha dicho anteriormente, Access 2019 utiliza el formato .accdb. Si queremos compartir nuestra base de datos con otras personas, y estas no disponen de esta versión, deberemos convertirla.

La realización de la conversión se realiza de la siguiente forma:

1. Con la base de datos abierta pulsamos en la ficha *Archivo*.

2. Seleccionamos *Guardar como* y, a continuación, elegimos de las opciones disponibles en que tipo la queremos guardar.

3. Finalmente, pulsamos en el botón *Guardar como*.

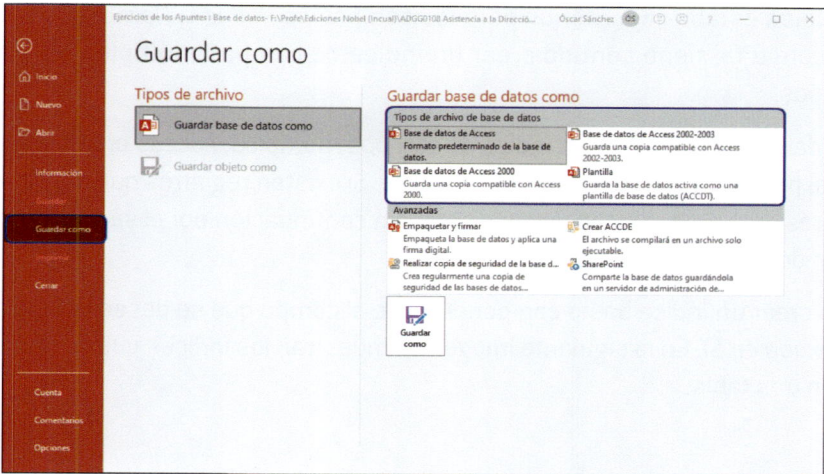

1.8.5. Los índices

Un índice ayuda a Access a encontrar y ordenar registros de forma más rápida. Access utiliza los índices de una tabla como se utiliza un índice de un libro: para encontrar datos, busca la posición de los datos en el índice. Se pueden crear índices basados en un campo único o en campos múltiples. Los índices de campos múltiples permiten distinguir entre registros en los que el primer campo puede tener el mismo valor.

Es probable que se desee indizar campos que busca frecuentemente, campos que ordena o campos que combina con campos de otras tablas de consultas. No obstante, los índices pueden ralentizar algunas consultas de acciones, como las consultas de datos anexados, cuando deban actualizarse los índices de muchos campos para realizar estas operaciones.

La clave principal de una tabla se indiza automáticamente y no es posible indizar un campo cuyo tipo de datos sea *Texto largo*, *Hipervínculo* u *Objeto OLE*. Para otros campos, se debe considerar la indización de un campo si se dan las siguientes condiciones:

1. El tipo de datos del campo es *Texto corto*, *Número*, *Moneda* o *Fecha/Hora*.

2. Se ha previsto buscar valores almacenados en el campo.

3. Se ha previsto ordenar los valores del campo.

4. Se ha previsto almacenar muchos valores diferentes en el campo. Si muchos de los valores del campo son iguales, es posible que el índice no acelere las consultas de forma significativa.

Si crees que buscarás u ordenarás frecuentemente dos o más campos a la vez, se puede crear un índice para esa combinación de campos. Por ejemplo, si sueles establecer criterios para los campos *Apellidos* y *Nombre* de la misma consulta, tiene sentido crear un índice de campos múltiples en ambos campos.

Al ordenar una tabla por un índice de campos múltiples, Access ordena primero por el primer campo definido para el índice. Si existen registros que duplican los valores del primer campo, Access ordena a continuación por el segundo campo definido para el índice, etc.

Para crear un índice basta con poner sobre el campo que se desee la propiedad *Indexado* en *Sí*. En la siguiente imagen se muestran los índices que se han creado en una tabla.

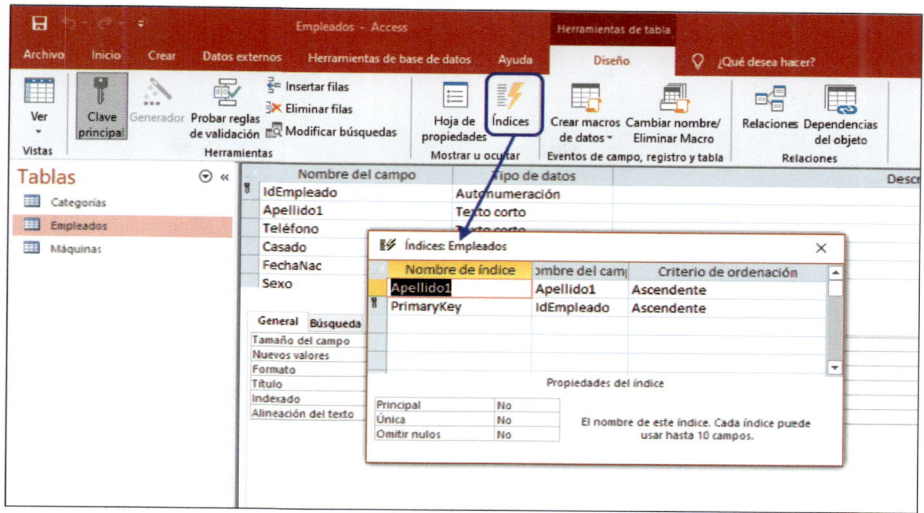

1.8.6. Importación, vinculación y exportación de tablas

Las tablas son el objeto principal de la base de datos. En sus columnas se distribuyen los campos de la tabla; en sus filas, los registros.

Aunque Access permite añadir tablas nuevas, también puede utilizar tablas de otros sistemas de bases de datos como base de datos ODBC, Excel o archivo de texto, entre otras. Las tres funciones que pueden realizarse con respecto a esto son las de importar, vincular y exportar las tablas:

- Importar consiste en traer a Access datos de otro programa, pudiendo añadir tanto los datos como la estructura, según sea el archivo importado.

- Vincular consiste en que la información se mantiene en el otro programa, de tal forma que todo lo que se modifique en él, automáticamente se modificará en Access.

- Exportar es la operación contraria: enviar la información de nuestra tabla a otra base de datos, o a un archivo de otro tipo, por ejemplo, hoja de cálculo o texto.

Las funciones de importar y exportar se encuentran en la ficha *Datos externos* desde donde podremos llevar a cabo estas acciones pinchando en el icono deseado.

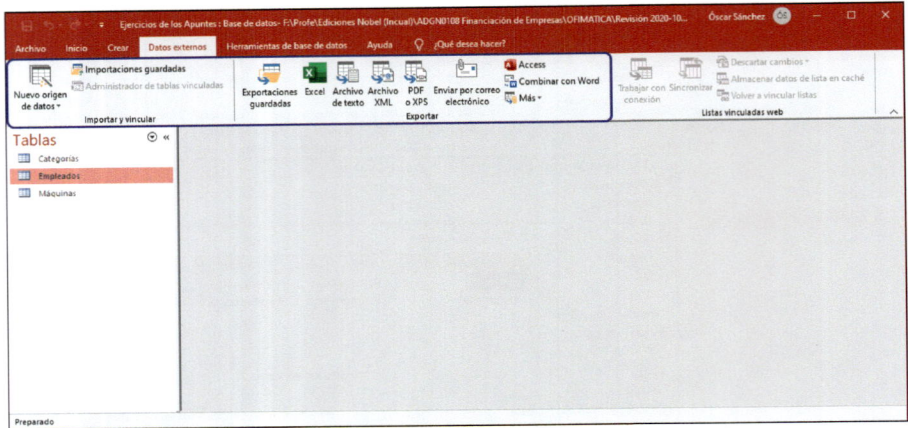

También se pueden exportar e importar tablas desde el *Panel de exploración*, pulsando sobre el botón derecho del ratón en una tabla.

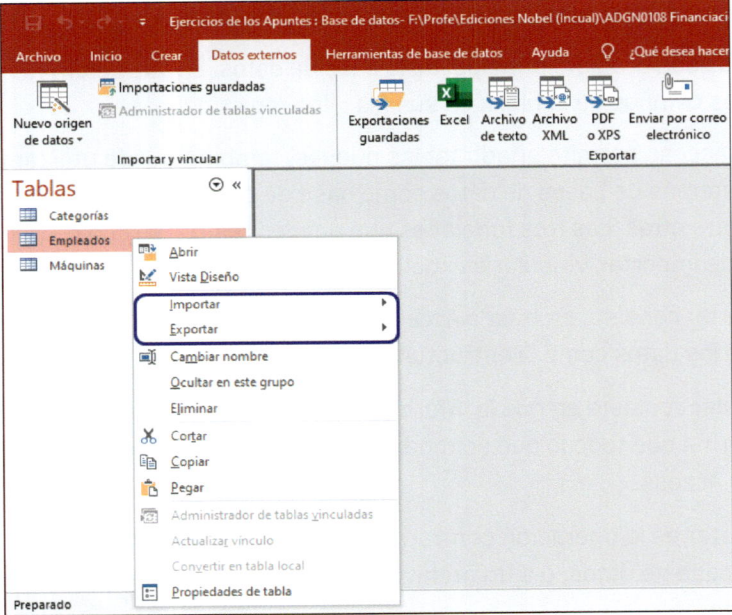

1.8.7. Relaciones entre las tablas

Access es una base de datos relacional y, por ello, podemos utilizar datos de varias tablas al mismo tiempo. Después de crear tablas en nuestra base de datos y definir la clave principal de cada tabla, podemos crear relaciones entre ellas. Una relación puede ayudar a Access a asociar los datos en cualquier consulta nueva, formulario o informe que incluya las tablas relacionadas.

Antes de crear una relación entre dos tablas, las tablas deben contener campos coincidentes, es decir, aunque el nombre del campo no tiene que ser igual, sí ha de serlo la información que contiene (tipo de datos y tamaño). La relación está formada por los campos que forman la clave principal en la tabla principal (en la parte «uno» de la relación) con un campo en la tabla relacionada. El campo de la tabla relacionada a veces recibe el nombre de clave externa.

A diferencia de la clave principal, que ha de crearse de manera especial, la clave externa es cualquier campo utilizando, en la relación. Al coincidir los valores de la clave principal y la externa en ambas tablas, se relacionan entonces dos registros.

Debes tener en cuenta que todo lo explicado en este apartado implica tener conocimientos de Microsoft Access, no siendo objeto de este libro una explicación más detallada.

1.9. Grabación de archivos en distintos formatos

Grabar (guardar) un documento en un formato distinto al actual en nuestro procesador de texto es sencillo, basta con ir a la ficha *Archivo* y seleccionar la opción *Guardar como*, seleccionando la opción deseada.

En ocasiones tenemos que trabajar con imágenes, vídeos o sonicos, así que eso nos obligará a utilizar diferentes programas, pero casi todos permitirán cambiar el formato del archivo a través de la opción *Guardar como*. Existen múltiples herramientas, muchas de ellas gratuitas, que nos permiten cambiar el formato de un archivo, pero lo habitual es utilizar el propio programa de edición que usamos para trabajar con esos archivos.

Veamos, según el tipo de archivo que tenemos, cuáles son las opciones más comunes.

1.9.1. Archivos de solo texto

Es un formato que solo admite texto plano sin formato, admitiendo como únicas variaciones las mayúsculas y minúsculas. Aunque es el más sencilo y el más compatible, hoy en día se utiliza poco.

Una de las ventajas de estos archivos es que se pueden abrir con los editores de texto más básicos como el Notepad (incluido en Windows). La extensión más habitual de estos archivos es .txt, aunque también son válidas .HTM, .INF, .DAT, .HLP, etc.

1.9.2. Archivos enriquecidos

Utilizan el formato .RTF de texto enriquecido desarrollado por Microsoft para correo electrónico, con la intención de que fuese compatible con otros sistemas operativos como Linux o Mac, y con los diferentes *hardware* existentes.

El texto enriquecido soporta negrita, cursiva, subrayado, diversas fuentes, colores e incluso, en algunos casos, imágenes.

Este formato surge con la intención de ser universal, permitiendo un texto visualmente agradable independientemente de con qué sistema operativo trabajemos y de qué procesador de texto dispongamos.

1.9.3. Archivos web

Son los documentos en formato .HTML, creados para ser visibles por cualquier navegador y bajo cualquier sistema operativo. Utilizan el lenguaje HTML (*Hypertext Markup Language*) y se usan como lenguaje estándar para elaborar páginas web.

Es un formato de solo texto, referenciando los contenidos como imágenes o animaciones y su ubicación, dejando al navegador la tarea de mostrar correctamente esos contenidos. Es preciso tener en cuenta que, al ser de solo texto, pueden escribirse en editores de texto básicos como el Notepad.

1.9.4. Archivos de imagen

Muchos de los procesadores de texto permiten guardar imágenes dentro de los documentos. No obstante, si estamos trabajando con un editor de imágenes, como por ejemplo el Paint, nos permite a través de la opción *Guardar como* elegir entre los formatos más habituales (.JPG, . JPEG, .PNG, .BMP, .TIF...).

Estos formatos juegan con las características de percepción del ojo humano, que es mucho más sensible a los cambios de brillo (luminancia) que a los cambios de color (crominancia) y también con el tamaño del archivo, comprimiendo más o menos los datos.

1.9.5. Archivos de sonido

Son archivos que almacenan audio en forma de datos y, según la compresión de esos datos, tenemos un formato u otro.

Hay muchos formatos diferentes con características distintas, aunque el más habitual es el .WAV, pues es el formato universal, no está comprimido y tiene un gran tamaño, aunque con la introducción de la informática este tipo de archivos es sustituido progresivamente por versiones más modernas comprimidas como el .MP3

Para cambiar entre formatos de audio existen múltiples herramientas, tanto *online* como para instalar y, por supuesto, gratuitas y de pago.

1.9.6. Archivos de vídeo

En estos archivos almacenamos datos de imagen y sonido comprimidos con distintos códec. Estos códec son codificadores-decodificadores de datos.

Los formatos más utilizados de vídeo son .AVI, .MPEG, .MOV, .WMV y .MKV, aunque hay muchos más. Para cambiar de formato de vídeo podemos utilizar una de las muchas herramientas que tenemos a nuestra disposición *online* o bien descargarnos una herramienta gratuita para hacerlo.

1.10. Protección de archivos

La protección de archivos frente a daños accidentales o intencionados se articula de muchas formas, siendo la seguridad diferente si somos el único usuario de un equipo o bien si existen varios usuarios, y por supuesto si el archivo está en internet.

La seguridad en un sistema compartido empieza por los permisos que se dan al usuario por parte del administrador de la red. Se establecen permisos para ver, modificar o borrar los archivos, de ahí que determinados archivos solo nos permitan leerlos sin poder modificarlos o directamente no nos permiten abrirlos según qué permisos tengamos. Este es el funcionamiento estándar de las empresas con datos compartidos en la intranet (es evidente que un trabajador del departamento de marketing no tiene por qué acceder a los archivos relativos a las nóminas de personal y mucho menos tener capacidad para modificarlos).

Existen diversos métodos para proteger los archivos, algunos de ellos muy complejos y que requieren de personas con conocimientos en administración de datos. Sin embargo, también existen formas mucho más sencillas, como poner contraseña a un archivo, tal y como hemos explicado anteriormente en las bases de datos (esta opción también está disponible en el resto de aplicaciones Office) o utilizar aplicaciones para cifrar y proteger datos.

1.11. Creación, utilización y asignación de tareas automatizadas

Cuando tenemos que trabajar con tareas repetitivas podemos crear una macro. Una macro es una macroinstrucción, es decir, un conjunto de instrucciones que se almacenan para desencadenar su ejecución con una sola orden. Podemos crear macros en casi cualquier programa ofimático.

En la unidad 16 te explicaremos detalladamente cómo utilizar las macros en un documento de Word 2019.

Ejercicios prácticos

ACTIVIDAD 1.1

Te proponemos una serie de preguntas que deberás responder utilizando el buscador Google. Deberás realizar un documento de texto en el que contestar.

1. ¿En qué país existe una Catedral de Sal? ¿Qué longitud tiene?

2. ¿Qué nacionalidades tuvo Albert Einstein a lo largo de su vida?

3. Tradicionalmente se consideraba a Graham Bell el inventor del teléfono pero ¿a quién se le atribuye en la actualidad la invención de este aparato?

4. ¿En qué provincia española se encuentra Cenizate? ¿Cuántos habitantes tiene aproximadamente?

5. Consigue el nombre de un hotel de Zaragoza que esté cerca de la estación de ferrocarril.

6. ¿Qué rey español sucedió a Carlos I?

7. ¿Cuál es el plato típico de Cuenca? Consigue la receta para elaborarlo.

8. Escribe el nombre de tres de los edificios más altos del mundo.

9. ¿Qué significa la expresión «duelos y quebrantos» y en qué famosa novela aparece en su primer párrafo?

10. ¿Qué pintor es el autor del cuadro *Saturno devorando a sus hijos*?

ACTIVIDAD 1.2

Utiliza Google para encontrar las siguientes imágenes en internet y guárdalas en una unidad de almacenamiento.

1. Un mapa físico de España.

2. Una fotografía de un glaciar.

3. Una fotografía de un ornitorrinco.

4. El cuadro *La fragua de Vulcano* de Velázquez.

5. El cuadro *Los girasoles* de Van Gogh.

6. Un dibujo de Garfield.

7. Una obra del pintor Sol LeWitt.

8. Una imagen de alguna de las *Pinturas negras* de Goya.

9. Una fotografía de un perro de raza pastor belga.

10. Una fotografía de una actriz que haya ganado un óscar.

ACTIVIDAD 1.3

Busca información de cinco antivirus gratuitos y cinco que sean de pago. ¿Cuáles son las diferencias fundamentales entre ellos? ¿Y el precio de los de pago?

ACTIVIDAD 1.4

Ayudándote de internet, busca noticias sobre ciberacoso. ¿Qué edad tenían las personas que lo sufrían? ¿Por qué crees tú que la mayor parte de ciberacosos se dan en la juventud? ¿Qué medidas propondrías para evitar el ciberacoso?

2. Mecanografía. Técnicas específicas para el asistente a la dirección

Introducción

El uso de un procesador de textos está al alcance de cualquier usuario de un equipo informático, pero para lograr un rendimiento óptimo maximizando el texto producido y minimizando el cansancio, debemos utilizar técnicas mecanográficas avanzadas. En esta unidad veremos que no solo es importante la práctica sino también la postura ergonómica y la posición de manos y dedos sobre el teclado. Asimismo, veremos la importancia de la escritura al tacto sin mirar el teclado.

Hoy en día ya existen múltiples herramientas informáticas gratuitas que traducen la voz a texto; también existen escáneres con una OCR (reconocimiento óptico de caracteres), que permiten trasladar imágenes de texto directamente al procesador como texto. Esto hace que las posibilidades de generar documentos con rapidez estén al alcance de cualquier usuario con unos conocimientos básicos de informática.

Contenido

2.1. Composición del teclado

En los ordenadores de sobremesa el teclado suele estar dividido en cinco zonas diferentes (en los ordenadores portátiles el teclado es más compacto y carece de algunas teclas de las que sí disponen los teclados de sobremesa), tal y como puedes ver en la siguiente imagen:

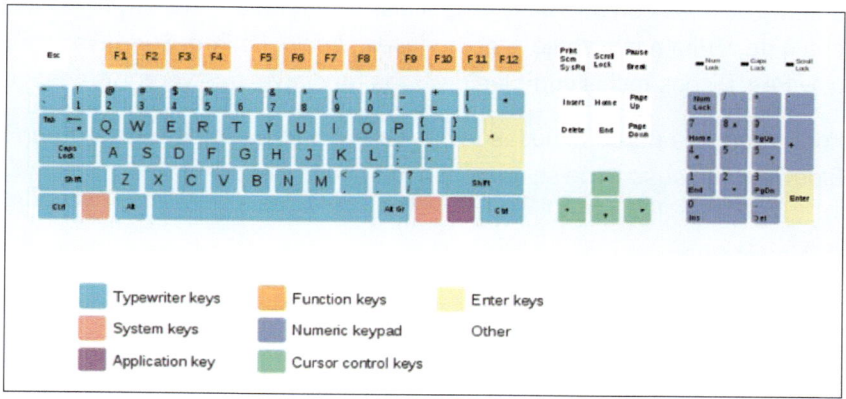

Figura 2.1. Cómo es el teclado en un ordenador.

1. La parte central del teclado la forma el denominado teclado alfanumérico, muy similar al de una máquina de escribir. La disposición de las letras es la denominada disposición *qwerty*, así llamada por la combinación de letras de la fila superior, justo debajo de la fila de números. Diseñada en 1868, se trata de la combinación para caracteres latinos más extendida en el mundo, aunque no es la más eficiente.

    En la parte izquierda del teclado alfanumérico disponemos de las teclas *Tabulador*, *Bloqueo de mayúsculas*, *Mayúsculas* (denotada habitualmente con el símbolo ⇧) y *Control*. A la izquierda de la barra espaciadora, la tecla *Alt* y, a la derecha, la tecla *AltGr*. En la parte derecha del teclado alfanumérico, de arriba hacia abajo, disponemos de la tecla *Retroceso*, la tecla *Retorno*, *Enter* o *Entrar* y, nuevamente, las teclas *Mayúsculas* y *Control*.

2. En la fila superior del teclado se disponen las teclas de función, numeradas desde *F1* a *F12*, que permiten acceder a través del teclado a diversas operaciones de las aplicaciones que ejecutemos o del sistema operativo. A la izquierda de dicha fila se halla la tecla *Esc* (escape), con la que podremos, por ejemplo, cerrar muchos de los cuadros de diálogo que abran las aplicaciones.

3. A la derecha del teclado se encuentra el teclado numérico, muy útil para introducir cifras y operadores matemáticos básicos. En él también hay una tecla *Retorno*, que cumple las mismas funciones que la del teclado

alfanumérico. Para que el teclado numérico se comporte como tal debe estar encendida la luz *BloqNum* (o su equivalente *NumLock*).

4. Entre el teclado numérico y el alfanumérico hay dos bloques de teclas. En la parte inferior están las teclas de movimiento del cursor, etiquetadas con flechas hacia arriba, abajo, derecha e izquierda.

5. Encima de ellas hay otro bloque de teclas etiquetadas —de izquierda a derecha y de arriba hacia abajo— como *Insert*, *Inicio*, *Re Pág*, *Supr*, *Fin* (o *Final*) y *Av Pág*. Dichas teclas cumplen diversas funciones que veremos enseguida.

6. Por último, a la derecha de las teclas de función hay tres teclas (*ImprPant*, *BloqDespl* y *Pausa*) que se usan con muy poca frecuencia.

2.1.1. Mayúsculas

El teclado posee tres teclas para las mayúsculas: *Bloq Mayús* a la izquierda; a derecha e izquierda *Mayús* o *Shift* (varía según el fabricante del teclado y a qué país va dirigido), aunque, tal y como hemos dicho anteriormente, se denota habitualmente con el símbolo ⇧.

Su uso es simple:

• *Bloq Mayús:* bloquea las mayúsculas y, mientras está activado, todo lo que se escribe estará en mayúsculas. Debes tener en cuenta que, habitualmente, cuando está activado, se enciende una luz en el teclado.

• *Mayús:* se utiliza para poner en mayúscula la primera letra de una palabra. Si la letra se escribe con la mano izquierda, usaremos la tecla de la derecha, es decir, el opuesto; y si la letra se escribe con la mano derecha, se usa la izquierda.

Debes recordar que el autocorrector, si está configurado para ello, cambia automáticamente la primera letra tras un punto a mayúsculas. Además, también existe la posibilidad de seleccionar un fragmento de texto y cambiarlo de una vez a mayúsculas desde la ficha **Inicio**, grupo **Fuente**, botón (Aa).

2.1.2. Signos ortográficos

Algunas teclas disponen de dos o tres caracteres distintos asociados a ellas, que obtendremos pulsando diversas combinaciones. Así, por ejemplo, en la tecla de la imagen, escribiremos las comillas («) (») pulsando *Mayús* + 2 y el símbolo de la arroba (@) pulsando *AltGr* + 2.

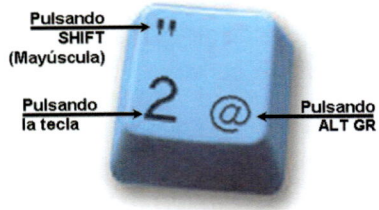

2.1.3. Signos numéricos

Nuestro teclado tiene los números en la fila superior, ordenados del 1 al 0 y de izquierda a derecha. Son las teclas generalmente utilizadas cuando estamos desarrollando textos y tenemos que introducir una dirección o similar, pero cuando hemos de trabajar con documentos con múltiples números, o con herramientas como una hoja de cálculo o una base de datos, utilizaremos el teclado numérico, que se encuentra a la derecha del teclado y ligeramente separado de este por velocidad y comodidad.

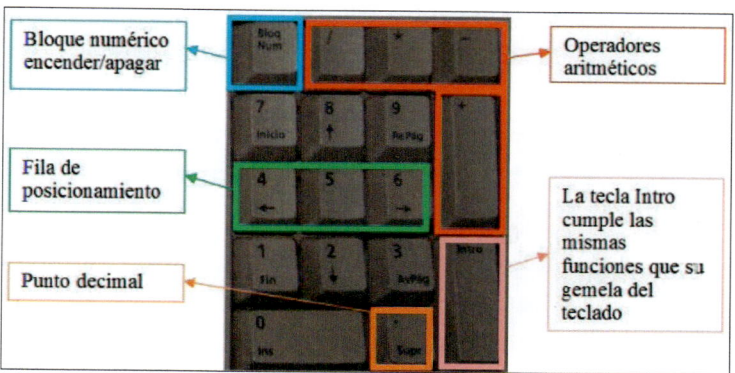

Figura 2.2. Teclado numérico.

La primera consideración para usar el teclado numérico es si está activado o no el bloqueo numérico, la primera tecla de la fila superior (*BloqNúm*) activa y desactiva el mismo, lo sabemos por una luz que se enciende cuando está activado. Si el teclado numérico no está activado, sus funciones cambian y se pueden utilizar como flechas para mover el cursor o bien las que indiquen en su icono. Con el bloque numérico activado sus funciones son las mismas que si usásemos las teclas de la primera fila del teclado alfanumérico de la parte izquierda del teclado en lo que a números se refiere.

La posición de la mano derecha sobre el teclado es en la línea central 4, 5, 6; en el 4 se sitúa el índice, en el 5 el dedo corazón y en el 6 el anular. En la tecla 5 se aprecia una protuberancia para saber que nuestra mano está b en situada sin necesidad de mirar. Cuando las cifras contienen decimales se utiliza el punto decimal del teclado numérico (en inglés el símbolo para los decimales es un punto, por ello se usa aunque en español utilicemos la coma). La tecla *Entrar, Enter, Retorno* o *Intro* del teclado numérico tiene las mismas funciones que su gemela del teclado alfanumérico, su posición facilita el cambio de registro o fila en bases de datos y hojas de cálculo.

2.1.4. Tabuladores

El tabulador ⌨ es la primera tecla por la izquierda de la segunda fila del teclado alfanumérico. Su función es «saltar» de una columna a otra o bien introducir los espacios necesarios para hacerlo. En un texto para introducir una sangría de primera línea basta con pulsar el tabulador.

Veremos con mucho más detalle el uso de los tabuladores en la unidad 3.

En resumen:

- El teclado de un ordenador contiene letras, números y una tecla para dejar un espacio.

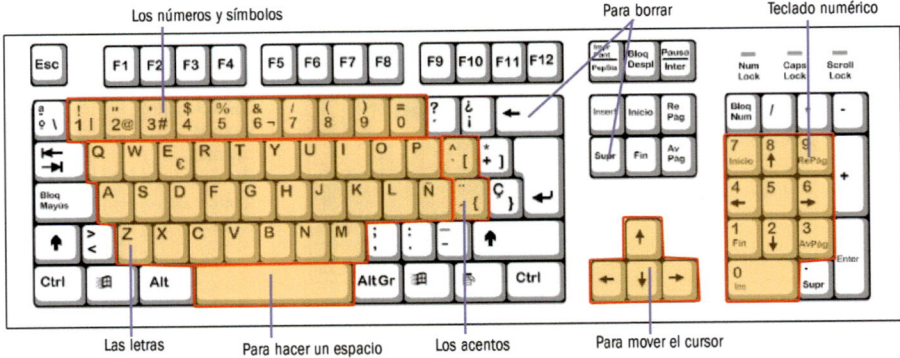

Figura 2.3. Elementos fundamentales del teclado.

- Además de estas teclas también hay otras que realizan operaciones especiales, tal y como se muestra en la figura siguiente.

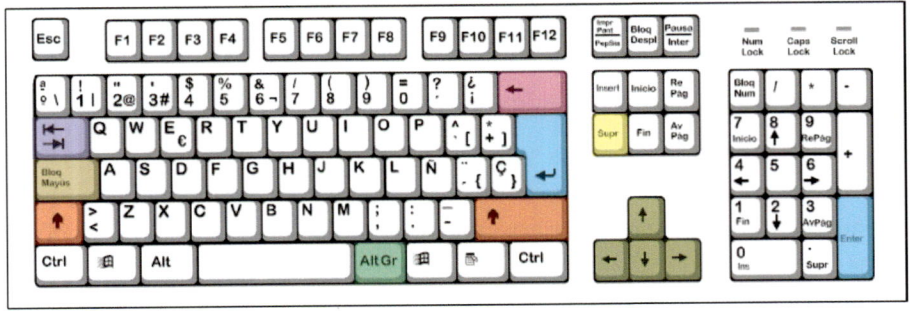

Figura 2.4. Teclas especiales del teclado.

2.2. La técnica dactilográfica

Cuando escribimos utilizamos técnicas dactilográficas aun sin ser conscientes de ello. El objetivo que se pretende lograr es escribir sin pensar, es decir, conseguir una escritura automatizada, lograr desarrollar una memoria muscular que permita no mirar el teclado y a la vez escribir con rapidez; puede parecer difícil, pero si nos paramos a pensar seguro que ya poseemos esa destreza en parte. Un ejemplo claro suele ser la contraseña de nuestro correo o del acceso a las redes sociales; al introducir la contraseña, lo hacemos muy rápido y sin pensar, eso es la memoria muscular o mecánica que buscamos.

Conseguirlo es fácil: con repeticiones y más repeticiones, es lento y engorroso pero los resultados son progresivos y evidentes. Existen aplicaciones mecanográficas, algunas de ellas gratuitas como, por ejemplo, Mecanet.

La clave está en practicar y repetir, no obstante es necesario considerar otras cuestiones como la posición de la mano y los grupos de teclas asignadas a cada dedo. Los dedos deben estar prácticamente pegados a las teclas de la línea dominante. La experiencia indica que una separación excesiva perjudica tanto la velocidad como el cansancio, factor a tener en cuenta cuando escribimos mucho. Una buena técnica dactilográfica no solo aumenta la velocidad, sino que también disminuye el cansancio.

Para conseguir velocidad y precisión a la hora de utilizar el teclado alfanumérico es necesario posicionar las manos de una forma concreta que ha sido analizada y estudiada a lo largo del tiempo para maximizar los resultados minimizando el tiempo empleado; es cierto que podemos escribir de cualquier manera, seguro que todos hemos visto a alguien escribiendo con dos dedos, pero en la era de la información eso ya es impensable y menos para alguien con conocimientos de mecanografía.

La posición de los dedos es, empezando por la mano izquierda, dedo meñique hacia la derecha ASDF-JKLÑ (cuando situamos los dedos índices sobre la F y la J notaremos una pequeña protuberancia para saber que los dedos están bien posicionados sin mirar).

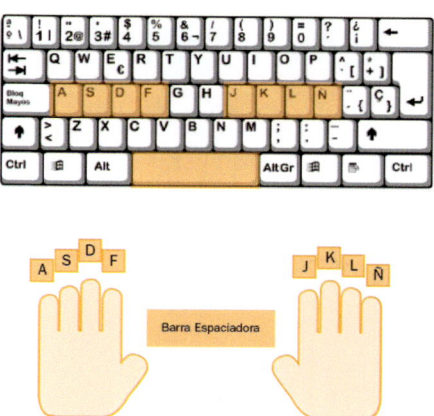

Figura 2.5. Colocación de los dedos en la fila central.

A partir de ahí las teclas se reparten por dedos en columnas, como podemos apreciar en la siguiente figura.

Figura 2.6. Pulsación de teclas con cada dedo.

El color morado corresponde a los dedos índice de cada mano, el color naranja corresponde al dedo corazón de cada mano, el color azul al dedo anular, el verde a los dedos meñiques y el rosa corresponde al pulgar, que podemos usar indistintamente uno u otro (como norma general si somos diestros usaremos el pulgar derecho y si somos zurdos el izquierdo).

Si lo que tenemos que grabar son números, en la siguiente figura se muestra cómo hay que colocar los dedos de la mano derecha en el teclado numérico.

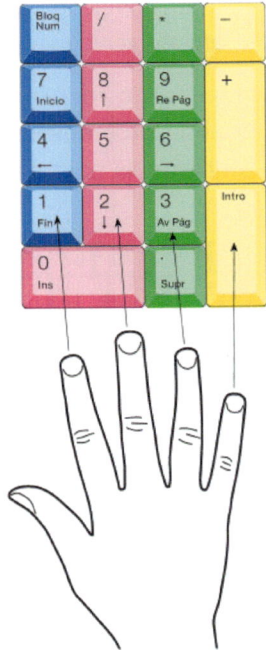

Figura 2.7. Colocación de los dedos en el teclado numérico.

2.2.1. Línea dominante

Se considera como tal la línea central donde reposan nuestros dedos de forma habitual, es la línea base de la cual parten los dedos buscando las demás teclas.

Figura 2.8 Línea dominante.

Recordemos que la posición del dedo índice de la mano izquierda es sobre la F, notaremos una pequeña protuberancia que nos indica que estamos bien posicionados sin mirar el teclado, el índice de la mano derecha se sitúa sobre la J, que tiene la misma protuberancia que la F.

2.2.2. Línea inferior

Consideramos línea inferior la que está inmediatamente debajo de la línea dominante.

Figura 2.9. Línea inferior.

2.2.3. Línea superior

Es la línea inmediata por arriba de la línea dominante.

Figura 2.10. Línea superior.

Evita los malos hábitos, posiciona bien las manos, evita usar dedos distintos de los recomendados para cada tecla. No mires el teclado, no te apresures, —la velocidad llega con la repetición—, evita corregir los errores antes de evaluarlos para así aprender de ellos. Intenta utilizar siempre el mismo teclado, recuerda que utilizar un portátil suele ser perjudicial para la velocidad y precisión por su reducido tamaño.

2.3. Configuración del teclado

Los teclados como interfaz de entrada de datos al ordenador se pueden configurar, debiendo tener en cuenta no solo el idioma y país en el que se usan, sino también aquellas funciones que se asignan a determinadas teclas que no todos los teclados poseen. Un ejemplo son los teclados especializados para juegos, con funciones especiales destinadas a optimizar el rendimiento y la experiencia de juego.

Hemos visto en un teclado estándar cómo se disponen las teclas en español. Estos teclados básicos son configurables, variando la forma de hacerlo en función del sistema operativo que estemos utilizando. En nuestro caso vamos a ver cómo se configura en Windows 10.

El *Panel de control* es la opción de Windows que reúne las herramientas y opciones que permiten modificar y establecer los parámetros del sistema operativo, incluidos entre ellos la configuración del teclado.

Para acceder al *Panel de control* se pulsa sobre el icono de Windows ubicado a la izquierda de la *Barra de tareas*, dentro de la opción *Sistema de Windows*, tal y como puedes ver en la siguiente figura.

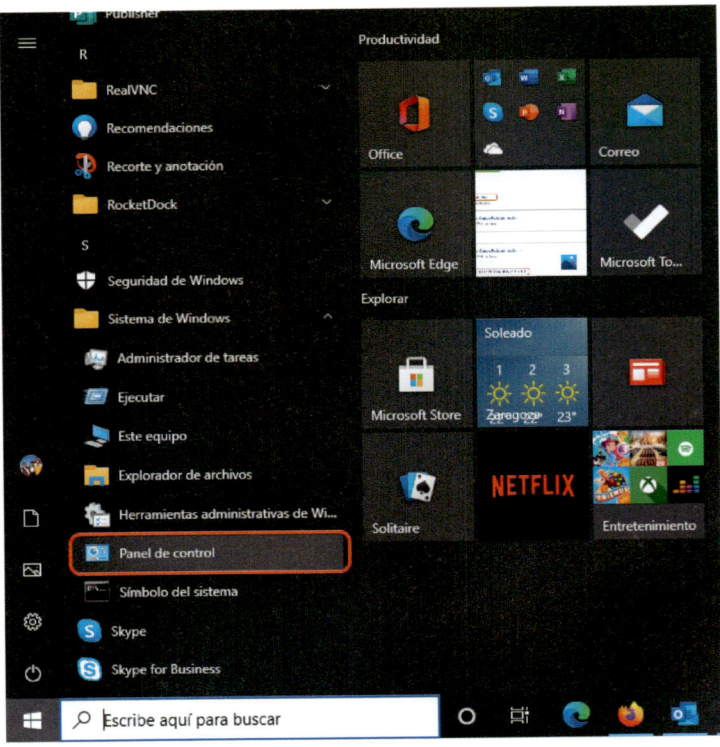

Figura 2.11. Acceso al *Panel de control* de Windows 10.

Cuando se accede a él, aparece una ventana como la que se muestra en la siguiente figura.

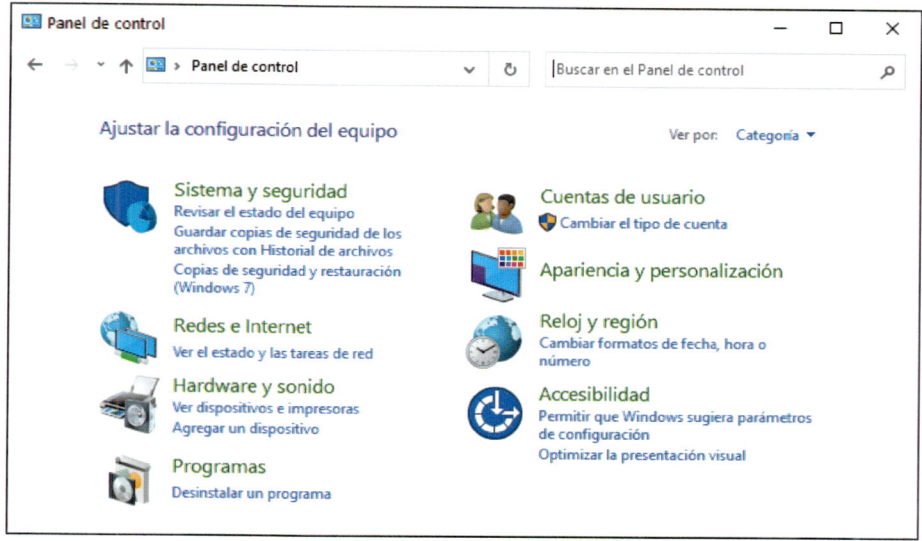

Figura 2.12. Opciones del *Panel de control* (vistas por *Categoría*).

Si en la opción *Ver por:* seleccionamos **Iconos grandes**, podremos ver todas las opciones disponibles en el *Panel de control* de una forma diferente, disponiendo de la opción *Teclado*.

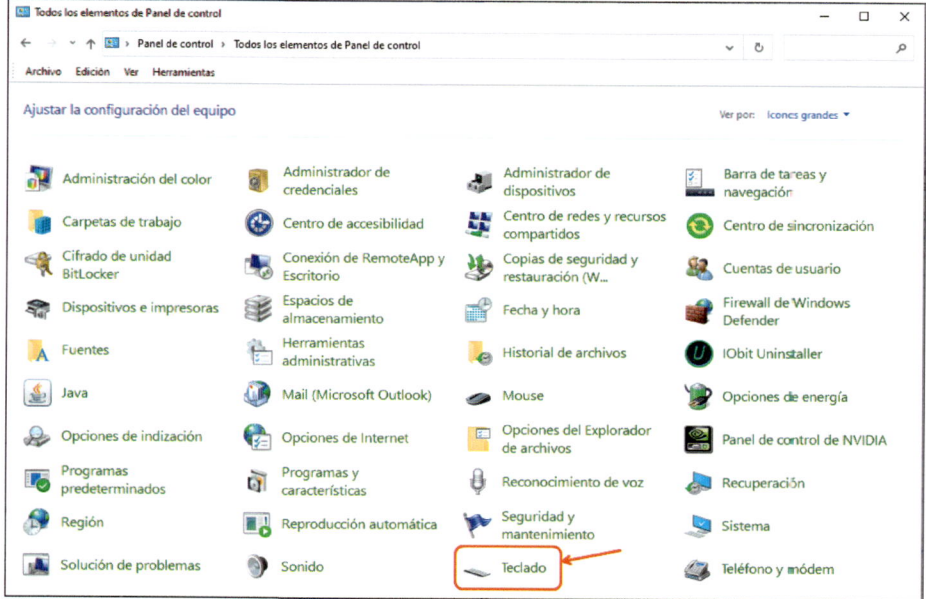

Figura 2.13. Opciones del *Panel de control* (vistas por *Iconos grandes*).

Al pulsar sobre **Teclado** nos aparece un cuadro de diálogo como el que puedes ver en la siguiente figura, desde el que podrás configurar, no solo el retraso en la repetición de caracteres (tiempo que tarde el ordenador en repetir una letra), sino que también podrás configurar a qué velocidad realiza la repetición o la velocidad de intermitencia del cursor.

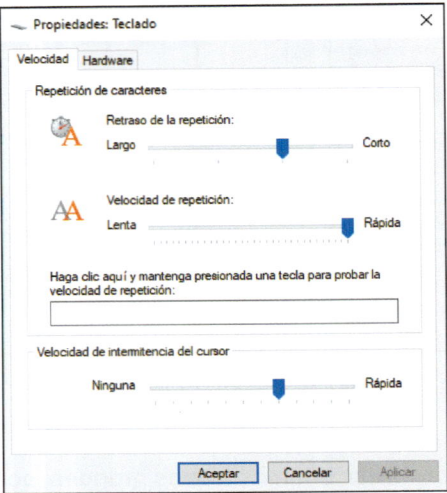

Figura 2.14. Configuración del teclado.

Otra configuración que se puede realizar desde el *Panel de control* es la relacionada con las opciones de la **Región** (formatos de fecha, hora y número, o el idioma), tal y como puedes ver en la siguiente figura.

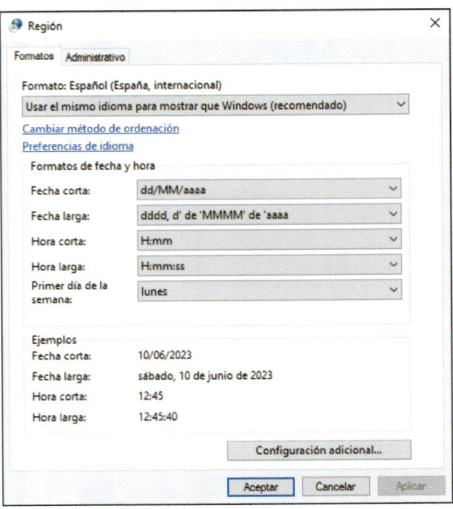

Figura 2.15. Configuración de las opciones de la región.

Además de estas configuraciones de los teclados genéricos, en el mercado tenemos múltiples teclados ergonómicos y especializados, incluso con energía solar. En la figura podemos ver cuatro teclados diferentes.

Figura 2.16. Diferentes teclados.

Como vemos, estos teclados son más complejos que los normales, y algunos de ellos con muchas más teclas, puede que algunas con funciones fijas pero muchas de ellas configurables. Se pueden utilizar como los normales, pero para manejar algunos programas de diseño muy complejos o algún juego de simulación de vuelo pueden ser más versátiles.

Como vemos en la figura, tenemos teclados numéricos independientes, que se utilizan con hojas de cálculo sobre todo. Una de las muchas ventajas que ofrece la configuración del teclado es la capacidad de adaptación para algunas discapacidades motoras, así si el usuario no puede utilizar una mano o varios dedos se puede establecer una configuración que le permita trabajar con total normalidad.

2.4. La trascripción de textos. Fórmulas, jergas, idiomas y galimatías

Según el diccionario de la Real Academia de la Lengua Española, se entiende por *transcribir* «copiar, transliterar o representar elementos fonéticos, fonológicos, léxicos o morfológicos de una lengua o dialecto mediante un sistema de escritura». Entendemos pues que copiar un texto es transcribirlo, pero también transliterar (reflejar la ortografía original mediante un sistema de escritura diferente) o bien poner en forma escrita la forma oral (escribir un dictado o un relato, por ejemplo).

Hay varios tipos de transcripción. Si es de un texto, puede ser transcripción total (que copia todo el documento, habitualmente las transcripciones van entre comillas) o parcial, de un párrafo. Si se trata de una transcripción de audio, tenemos las transcripciones textuales o literales, que recogen todas las palabras, interjecciones, emociones expresadas, toses, risas, suspiros, titubeos, etc. Se utilizan para estudios psicológicos o procesos legales, entre otros. También podemos utilizar la transcripción palabra por palabra, pero en este método se eliminan las muletillas. Otra forma de transcripción es la natural, general o gramaticalmente correcta, en ella se omiten no solo las muletillas e interjecciones, sino todo aquello irrelevante para mostrar el contenido general de la transcripción, además de corregir las palabras pronunciadas incorrectamente (un ejemplo, *pa ir pa lli*, lo transcribiríamos *para ir allí*). Podríamos realizar transcripciones fonéticas utilizando símbolos fonéticos e incluso transcripciones musicales, escuchando una melodía y escribiéndola en un pentagrama. Uno de los ejemplos más claros de transcripción es un periodista que realiza una entrevista, con la grabación de la misma escribe un artículo, y cuando utiliza las palabras literales del entrevistado utiliza comillas.

Es necesario realizar transcripciones para dejar constancia por escrito de lo que se ha dicho y, además, es imprescindible hacerlas para reducir espacio de almacenamiento.

En el mercado tenemos múltiples herramientas informáticas para transcribir; en algunos casos, su fiabilidad no es muy elevada, pero la mayoría se adaptan a nuestra forma de hablar. Muchas de ellas nos piden que leamos textos que ya tienen almacenados para identificar nuestro acento y forma de hablar, en algunos casos nos solicitan que les «traduzcamos» lo que hemos dicho mediante el teclado, y mediante el aprendizaje mejoran la transcripción. Pueden llegar a ser muy útiles si en nuestro trabajo se incluyen este tipo de tareas. Otras herramientas permiten transcribir textos fotografiados mediante un sistema de OCR (reconocimiento óptico de caracteres), eso nos permite transcribir textos que nos facilitan en soporte de papel con un simple escaneado.

Al transcribir nos encontramos con problemas como son las jergas o variaciones del lenguaje, que pueden estar asociados a una clase social o grupo. Un ejemplo claro es el lenguaje que los delincuentes utilizan para ocultar o dificultar la comprensión de este, caracterizado por cambiar palabras o bien su significado. Otro ejemplo es el lenguaje utilizado por los adolescentes para diferenciarse de las generaciones que les preceden.

Otro problema son los galimatías, es decir, audio o textos ambiguos o embrollados, confusos. Un ejemplo que nos encontramos habitualmente son los textos legales, que para los no iniciados en el lenguaje jurídico parecen incomprensibles; la forma de transcribirlos dependerá del tipo de transcripción que estemos realizando. Lo mismo podemos decir en cuanto al argot, si utilizamos una transcripción general, puede eliminarse o transformarse en un lenguaje más refinado si estamos usando una transcripción literal se recogerá tal cual.

Cuando transcribimos textos en otros idiomas, o bien textos en español pero con palabras en otros idiomas, podemos encontrarnos con pequeñas dificultades, como que el autocorrector del procesador de textos reconozca las palabras en otro idioma como incorrectas; para evitarlo solo hemos de cambiar el idioma del autocorrector para que detecte si están bien escritas. Para ello, desde Word 2019, vamos a la ficha *Revisar*, grupo *Idioma*, botón desplegable *Idioma* y elegimos la opción *Establecer idioma de corrección*, o bien ajustamos las opciones en *Preferencias de idioma*, aunque si estamos transcribiendo audio, nuestro dominio del idioma empleado es fundamental para evitar errores graves.

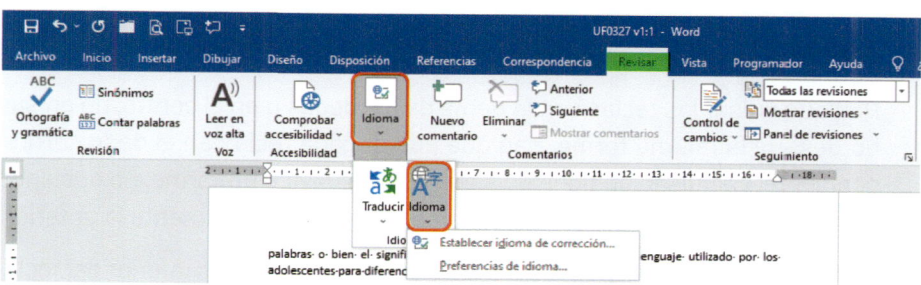

En cuanto a la transcripción de fórmulas, la mayoría de los procesadores de texto nos permiten usar editores de ecuaciones. Son herramientas integradas que facilitan enormemente su escritura. Así por ejemplo se puede insertar desde la ficha *Insertar*, grupo *Símbolos*, botón *Ecuación*, y seleccionamos una de las existentes o *Insertar una nueva ecuación,* que nos desplegará un cuadro para escribirla.

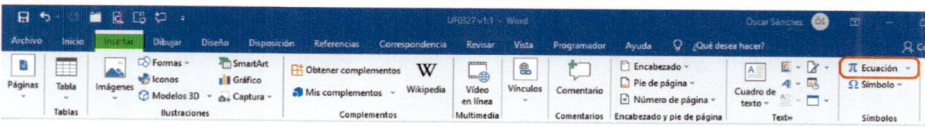

En uno de los apartados de la unidad 3 veremos con mayor profundidad el trabajo con ecuaciones en Word.

2.5. Ergonomía postural: posición del cuerpo, brazos, muñecas y manos

Debes tener en cuenta que la adopción de determinadas posturas durante largos periodos de tiempo, como por ejemplo, durante la utilización de equipos informáticos, debe someterse a estudios ergonómicos cuidadosos, con el fin de lograr una mejor adaptación de la persona a sus tareas y prevenir posibles lesiones.

En la utilización de equipos informáticos, vamos a centrar la atención en dos aspectos muy importantes que hay que tener en cuenta para evitar esas lesiones: cómo escribir y cómo sentarse.

- **Cómo escribir.**

  Desde el principio hay que procurar no mirar al teclado; si se intenta repetir mentalmente las teclas pulsadas, se irá dominando el teclado sin ningún problema ni esfuerzo.

  Durante los primeros días hay que poner un mayor cuidado en todos los detalles de colocación, posición, pulsación y digitación, ya que los defectos del principio subsisten siempre y muy difícilmente se corrigen.

  Hay que pulsar las teclas con la yema de los dedos y en el centro, no en sus bordes. De la misma forma, hay que pulsar cada tecla con el dedo correspondiente. La pulsación tiene que ser rápida, suave y uniforme, no debiendo pulsar una nueva tecla si antes no se ha soltado completamente la anterior.

  No hay que apoyar las palmas de las manos sobre la parte inferior del teclado y hay que tener siempre en cuenta que **son los dedos los que se desplazan, no las manos**.

  Los dedos de las manos no son todos igualmente ágiles ni tienen idéntica fuerza. Generalmente los meñiques y los anulares son los más torpes por ser los que, en los demás menesteres, se usan menos. Por lo tanto, es necesario practicar los ejercicios con insistencia hasta lograr la misma soltura en todos ellos.

  Para pulsar el espaciador se usarán únicamente los pulgares, utilizando cada vez el pulgar de la mano contraria que haya pulsado la última tecla, y cesando rápida y completamente la presión del dedo una vez efectuada la pulsación, pues de lo contrario se seguirá espaciando.

  Es fundamental tener en cuenta que **no hay que ser impaciente y correr demasiado, con la práctica, la velocidad viene sola.**

- **Cómo sentarse.**

  Es importante que el cuerpo mantenga posturas cómodas, no forzadas. Ello no sólo permite mejorar la productividad general, sino también ayudar a prevenir trastornos musculoesqueléticos.

  1. Para **apoyar la espalda**, hay que tener en cuenta lo siguiente (ver figura 2.17):

     — Utilizar una silla que te proporcione apoyo para la zona lumbar (ver el detalle 1).

     — Ajustar la altura de la superficie de trabajo y de la silla para adoptar una postura corporal cómoda y natural (ver el detalle 2).

Figura 2.17. Cómo apoyar la espalda.

  2. Para adoptar **posturas cómodas con las piernas**, hay que tener en cuenta lo siguiente:

     — Retirar los elementos que se encuentren debajo de la mesa para que las piernas se puedan colocar y mover con comodidad.

     — Utilizar un reposapiés si los pies no descansan cómodamente en el suelo.

  3. Para reducir la distancia y adoptar **posturas cómodas con brazos y hombros**, hay que tener en cuenta lo siguiente:

     — Los codos deben quedar a la altura del teclado y el ratón (ver el detalle 3 de la figura 2.18).

     — Al escribir, centrar el teclado con respecto al cuerpo, con el ratón situado cerca del teclado (ver el detalle 4).

— Situar los elementos utilizados con más frecuencia de modo que estén cómodamente al alcance del brazo (ver el detalle 5).

Figura 2.18. Cómo adoptar posturas cómodas con brazos y hombros.

4. Para adoptar **posturas correctas con los dedos y las muñecas**, hay que tener en cuenta lo siguiente:

— Mantener las muñecas rectas al escribir y al utilizar el ratón. Evitar doblar las muñecas hacia arriba, abajo o lateralmente.

— Escribir con las manos y las muñecas flotando sobre el teclado, de modo que se pueda utilizar todo el brazo para alcanzar las teclas distantes en lugar de estirar los dedos.

5. Para **reducir la inclinación y el arqueamiento del cuello**, hay que tener en cuenta lo siguiente (ver figura 2.19).

— Situar la parte posterior de la pantalla a la altura de los ojos (ver el detalle 6).

— Colocar el monitor en una posición centrada con respecto al cuerpo. Si hay que consultar documentos con más frecuencia que el monitor, colocar los documentos justo enfrente y el monitor ligeramente hacia un lado.

— Si es posible, utilizar un atril para colocar los documentos a la altura de los ojos.

Figura 2.19. Cómo evitar dolores de cuello.

6. Para **evitar** en lo posible **la vista cansada**, hay que tener en cuenta lo siguiente:

   — Colocar el monitor de modo que quede a una distancia equivalente a la longitud del brazo una vez sentado cómodamente frente a este.

   — Evitar los reflejos colocando el monitor lejos de las fuentes de luz que los producen o utilizar persianas para controlar los niveles de luz.

   — Las pantallas deben estar limpias.

   — Ajustar el brillo y el contraste del monitor.

   — Ajustar los tamaños de fuente de la pantalla para que puedas ver con mayor comodidad si el programa del equipo cuenta con esta característica.

7. A la hora de escribir sufrimos varios tipos de fuerzas menores, a saber:

   — Fuerza dinámica: fuerza que se ejerce mediante el movimiento como, por ejemplo, presionar las teclas al escribir o hacer clic con los botones del ratón.

   — Fuerza estática: fuerza continuada durante un período de tiempo como, por ejemplo, sujetar el ratón o sostener el teléfono con el hombro.

   — Fuerza de contacto: presión que se produce al descansar sobre un borde o una superficie dura como, por ejemplo, al descansar las muñecas en el borde la mesa.

Para **reducir los efectos de las fuerzas menores** en el cuerpo, hay que tener en cuenta lo siguiente (ver figura 2.20):

— Escribir con toques ligeros, con las manos y los dedos relajados, ya que se necesita un esfuerzo mínimo para activar las teclas del teclado.

— Utilizar un toque ligero al hacer clic con el botón del ratón.

— No apoyar las palmas de las manos o las muñecas sobre ninguna superficie al escribir (ver el detalle 7). Si se dispone de un reposamuñecas, solo debe utilizarse durante las pausas de escritura.

— Relajar los brazos y las manos cuando no se escriba o utilice el ratón. No apoyar los brazos ni manos sobre bordes, como el borde de la mesa.

— Ajustar la silla para que el asiento no ejerza presión sobre la parte posterior de las rodillas (ver el detalle 8).

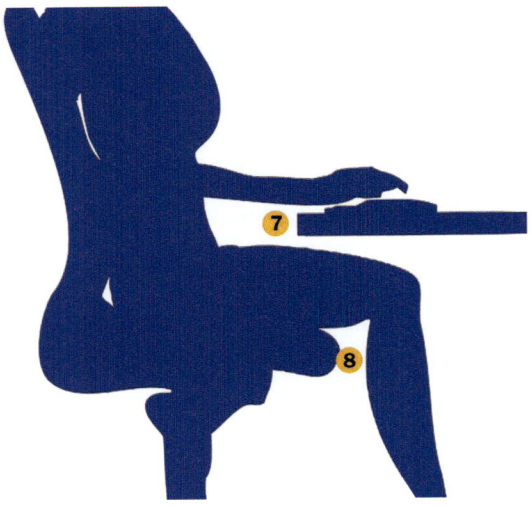

Figura 2.20. Cómo evitar las fuerzas menores.

Para finalizar, y a modo de resumen, en la siguiente tabla mostramos los principales riesgos relacionados con los trabajadores de una oficina.

Tipo de riesgo	Características del trabajo	Elementos de trabajo	Posibles daños para la salud
Carga física	• Movilidad restringida. • Posturas inadecuadas.	• Espacio del entorno. • Sillas de trabajo. • Mesa de trabajo. • Ubicación del ordenador.	• Incomodidad. • Molestias y lesiones musculares. • Trastornos circulatorios en piernas.
Condiciones ambientales	Iluminación.	• Reflejos y deslumbramientos. • Mala iluminación. • Fuertes contrastes.	• Alteraciones visuales. • Fatiga visual.
	Climatización.	• Regulación temperatura. • Excesiva velocidad del aire. • Falta de limpieza.	• Incomodidad. • Trastornos respiratorios. • Molestias oculares.
	Ruido.	• Existencia de fuentes de ruido. • Acondicionamiento acústico.	• Dificultades para concentrarse.
Aspectos psicosociales	• Tipo de tarea. • Organización del trabajo. • Política de recursos humanos.	• Programas informáticos. • Procedimientos de trabajo. • Tipo de organización.	• Insatisfacción. • Alteraciones físicas. • Trastornos del sueño. • Irritabilidad, nerviosismo, estados depresivos. • Fatiga, falta de concentración, etc. • Disminución del rendimiento.

Tabla 2.1. Riesgos del trabajo con equipos informáticos (en la oficina).

En los siguientes sitios web puedes encontrar más información sobre la prevención de riesgos laborales en la oficina:

- http://www.istas.ccoo.es/
- http://www.prevention-world.com/

2.6. El dictado. La toma de notas

El dictado es decir algo con las pausas necesarias para que alguien escriba, según una de sus acepciones. Todos lo hemos hecho como parte de nuestro aprendizaje, ya que es una herramienta muy útil para aumentar las capacidades de los alumnos, en audición, escritura y ortografía.

Nuestro idioma procede de la evolución de la lengua románica y como tal tiene 28 letras. Aunque en un principio se consideraban la «ch» y la «ll» como letras, pero esto cambió para poder adaptarnos a las prácticas internacionales. En las etapas tempranas del aprendizaje de la lengua, aprendemos a asociar una imagen con una palabra, es decir, hacemos una foto mental de la palabra y luego la recordamos. Con los años esto se automatiza; seguro que alguien os ha preguntado alguna vez si una palabra va con «b» o con «v»; si dudáis podéis recurrir a escribirla con «v» y luego con «b» comparando con la imagen grabada en vuestra memoria, con eso ya podéis saber cuál es la correcta.

Hay muchos tipos de dictados:

- Dictado tradicional: que es el más común que hemos realizado en el colegio, en el que el docente dicta un texto y el alumno lo transcribe en el cuaderno.

- Dictado por parejas, en el que los alumnos leen y escriben por turnos, es una forma de ejercitar tanto la capacidad lectora como la auditiva y de comprensión oral.

- Dictado de secretariado, donde el docente lee el texto a velocidad normal y los alumnos deben intentar seguirlo y al final en grupos reconstruir el texto, ayuda a mejorar no solo las capacidades normales de un dictado sino también la memoria.

- Dictado creativo o libre: es una mezcla de redacción y dictado donde se da protagonismo a los alumnos, partiendo de un tema base se hace una redacción individual y luego se incorporan de forma colectiva para hacer un texto coherente.

- Dictado esquemático, en el que el docente lee solo algunas palabras dejando que el alumno complete las lagunas, es un fantástico ejercicio para fomentar la comprensión auditiva.

Tenemos muchos otros tipos de dictados que mezclan la redacción y el dictado; podemos ser creativos en cuanto a las formas, pero todos ellos trabajan las capacidades básicas que necesita cualquier persona en su vida cotidiana.

Así pues, el hecho de dictar apuntes, aunque desagrade al alumno, beneficia claramente sus capacidades, aunque hemos de sopesar si el tiempo empleado en ello facilita o perjudica el seguimiento de la programación del curso.

2.6.1. La toma de notas

Es una técnica de estudio que consiste en resumir una exposición oral o un documento; de forma escrita y rápida, debemos leer o escuchar atentamente y resumir las ideas principales de tal forma que el resultado nos muestre una imagen general del documento o exposición que hemos escuchado.

Es prácticamente imposible que anotemos literalmente las explicaciones de un profesor que esté impartiendo clase a una velocidad normal, así pues resumir es imprescindible, lo haremos con mayor o menor éxito, pero el uso de abreviaturas nos permitirá una mayor velocidad, las más comunes son:

Abrev.	Explicación	Abrev.	Explicación
(pej)	por ejemplo	(=)	igual
(tb)	también	(≠)	desigual, diferente, distinto
(+)	más, afirmativo, además	(≈)	parecido, similar, aproximado
(-)	negativo, no vale, denegado	(<,>)	menor, mayor
(k)	que	(prof)	profesor
(xq)	porque. Si es interrogativa (xq?)	(sol)	solución
(n)	en	(demo)	demostración
(l)	el	(doc)	documento
(xa)	para	(ppio)	principio
(dnd)	donde	(ca)	ciencia
(cnd)	cuando	(esa)	empresa
(tbj)	trabajo	(intr.)	introducción
(exm)	examen	(adm)	administración
(imp)	importante	(c/u)	cada uno
(pblm)	problema	(art)	artículo

Tabla 2.2. Uso de abreviaturas en la toma de notas.

Existen miles más y cada uno puede crear las suyas propias para que le resulten cómodas. La atención es también una parte vital sin la que tomar unas buenas notas será imposible, debemos no solo resumir, sino entender aquello que estamos resumiendo.

Para mejorar la toma de notas podemos seguir una serie de estrategias:

- Antes de empezar podemos leer sobre el tema que se va a tratar en clase, conferencia o exposición. Ten en cuenta que las clases siguen un programa que está al alcance de todos los alumnos, así pues leer sobre el tema con anterioridad a la clase es una ayuda enorme. Podemos revisar los apuntes anteriores para conectar la nueva clase con los contenidos explicados en las clases previas.

- Tener los materiales adecuados para tomar notas y una buena motivación y actitud mejorarán también la calidad de las notas tomadas.

- Durante la exposición o clase podemos guiarnos por el lenguaje gestual y por el tono del profesor o ponente, es decir, fijarnos en los gestos que utiliza para poner énfasis en alguna parte, el tono de voz (que puede elevarse para resaltar la importancia de algún párrafo o palabra), etc.

- Identificar la información importante es la parte del proceso más complicada y la más urgente. Si somos capaces de comprender y sintetizar rápidamente lo que escuchamos, las notas serán mucho mejores.

- Otra acción que podemos realizar en la toma de notas es parafrasear, es decir, transformar lo que el profesor dice y utilizar nuestras palabras o formas de expresarnos para entenderlo. Depende del docente la gradación de ese parafraseo; en un examen no todos los docentes admitirán por igual el uso de nuestras propias palabras para explicar algo, depende en gran medida de la materia impartida, pues muchas tienen su lenguaje propio. Cuanto más técnica, más precisa ha de ser la utilización del lenguaje, para las definiciones es aconsejable utilizar textualmente las palabras utilizadas por el ponente (se llama ponente a la persona que imparte una conferencia o exposición oral).

- Por último, una vez tomadas las notas sería aconsejable revisarlas para corregir cualquier inconsistencia cuando aún está fresca en nuestra memoria la exposición. Una consideración importante es, si podemos elegir, situarnos cerca del ponente o profesor para poder escuchar mejor o ver bien las anotaciones que pueda hacer el ponente. El uso de diferentes colores para remarcar aspectos importantes de las notas puede ser una técnica muy útil junto con el subrayado.

2.6.2. Volcado de voz y grabaciones

Existen dos grandes tipos de grabaciones, analógicas y digitales. Es preciso tener en cuenta que no tiene que ver con el soporte utilizado, sino con el tipo de señal guardado en él; de esta forma, el analógico es similar al sonido original, mientras que el digital se ha transformado en código binario que ya no tiene forma, es solo una sucesión de ceros y unos.

Cuando grabamos un sonido tenemos una señal analógica, si queremos realizar una grabación digital debemos transformar esa señal mediante una herramienta de conversión. Una vez realizado ese cambio, podemos grabar la señal digital en un soporte óptico o magnético.

Como ya hemos comprobado, el audio digital se ha impuesto al analógico a causa de las múltiples ventajas que tiene, pues al copiarse el analógico sufre pérdidas y va generando ruido, mientras que el digital no.

En la actualidad en la mayoría de las oficinas no se utiliza el formato de audio para trabajar, pero aun así hay algunas que poseen archivos de audio en diversos formatos y es necesario que seamos capaces de adaptarnos y utilizarlos si fuese necesario. De entre aquellas que sí utilizan audio de forma habitual, el soporte suele ser informático, almacenado en centros de proceso de datos (espacios de alquiler de almacenamiento) con acceso a través de internet, o bien algunas en sus propios servidores. Los ejemplos más conocidos son las compañías de telefonía, dado que realizan contratos vía telefónica, realizan grabaciones de las conversaciones para que se puedan utilizar como prueba. Cuando un cliente presenta una reclamación muchas veces han de presentar la grabación como prueba, lo habitual es que un empleado realice una transcripción de la conversación, la grabación solo se utilizaría en procesos legales.

En el apartado 2.4 ya hemos visto cuáles son las posibles formas de transcribir una conversación o archivo de audio. No obstante, debemos tener claro cuál es el resultado que esperamos obtener de ella, es decir, debemos saber qué estructura general le daremos al documento generado en la transcripción, detalles tales como si tiene apartados y subapartados, qué tipo de letra utilizaremos en cada uno, formato, tamaño, estilos, márgenes, sangrías, interlineado y demás consideraciones que hacemos con cualquier texto; debemos tener en cuenta que si es una conversación podemos utilizar tipos de letra diferentes para cada interviniente, de tal forma que sea más sencillo diferenciar quién está hablando en cada momento.

Según el tipo de transcripción que estemos realizando y sobre todo según quién sea el ponente, a veces tendremos que rectificar lo dicho para darle sentido; el hecho de ser un profesional cualificado o poseer una titulación universitaria no necesariamente implica que se exprese con propiedad y soltura, por eso hemos de ser sumamente cuidadosos con los cambios, pues podríamos perder matices y darle un sentido diferente a la información. En caso de contar con los ponentes, es mejor preguntarles a ellos directamente. No obstante, sería impensable realizar una consulta sobre normas ortográficas o gramaticales; para ese tipo de consultas utilizaremos otros medios diferentes. Otro punto a tener en consideración es si el ponente habla español pero no castellano, como sería el caso de un ponente latinoamericano, aunque las palabras sean las mismas, el significado o las acepciones de ellas pueden ser totalmente diferentes al uso habitual en castellano.

Por todo ello debemos tener en cuenta el entorno sociocultural del ponente a la hora de realizar la transcripción de la grabación. Si realizamos una corrección debemos estar seguros de ello, pero podemos equivocarnos, si fuese así, jamás debemos decir algo como «me pareció mejor redactarlo así» sino que diremos «creí que se trataba de una pequeña confusión» o algo en esa línea.

Si buscamos en internet programas de volcado de voz, nos daremos cuenta de que existen muy pocos, prácticamente no se encuentran, eso se debe a que el funcionamiento del sistema de reconocimiento de voz que nos facilita nuestro sistema operativo es fantástico, volviendo totalmente innecesaria cualquier otra herramienta.

Esta herramienta está pensada fundamentalmente para personas con discapacidad, pero puede ser extremadamente útil para periodistas, estudiantes y cualquier otra persona que tenga que realizar trabajos o proyectos mecanografiados.

Para acceder a ella debemos ir a *Panel de control* y allí elegiremos, si tenemos la vista por *Iconos grandes,* **Reconocimiento de voz**. Una vez seleccionado, la primera vez debemos dedicar tiempo para configurarlo, si lo ejecutamos directamente puede tener muchos fallos.

Existen otras herramientas de volcado de voz, algunas de ellas *online* y gratuitas, como puede ser *online dictation* al cual puedes acceder a través de https://dictation.io/. Puede ser muy interesante para transcribir clases grabadas o cualquier otro archivo de audio que nosotros queramos, podemos poner un reproductor ante el micrófono y veremos cómo funciona, o bien hablar directamente. Nos permite seleccionar y copiar el texto generado a un documento o bien exportarlo. Su funcionamiento es muy sencillo e intuitivo, solo con tres botones: uno para iniciar/detener el dictado, otro para borrar y un tercero para exportar, para usar esta herramienta necesitamos conexión a internet.

3. Tratamiento de la información con procesadores de texto: conceptos generales y características fundamentales del programa de tratamiento de textos

Introducción

Una aplicación informática de tratamiento de textos, llamada habitualmente procesador de textos, es un programa que permite realizar todo tipo de documentos escritos a los que se les puede aplicar una serie de funciones y efectos, con el fin de obtener un documento atractivo y preciso y, todo ello, de una manera sencilla y fácil de usar.

Las organizaciones lo utilizan para editar, guardar e imprimir documentos que pueden contener texto, imágenes, gráficos y otros objetos que, en muchos casos, ofrece la propia aplicación.

Las funciones básicas que tienen se pueden resumir en:

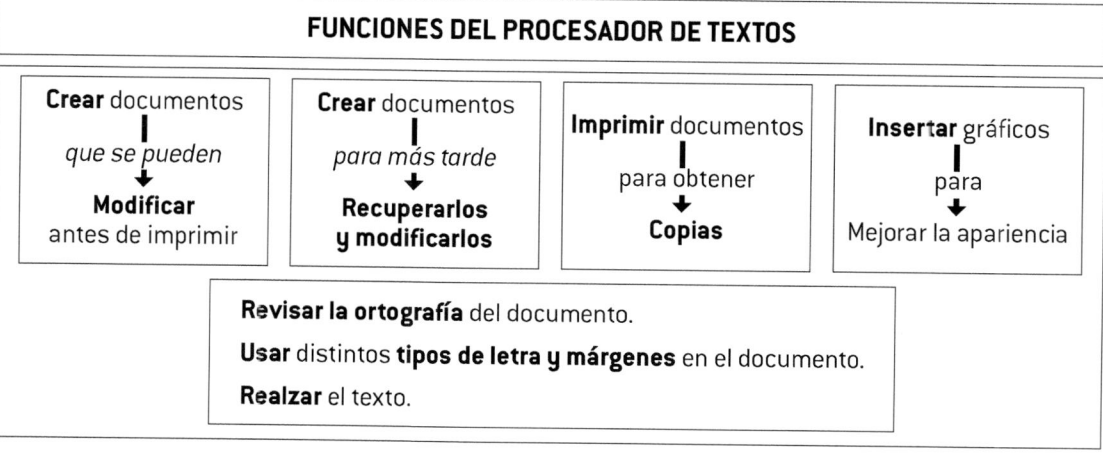

FUNCIONES DEL PROCESADOR DE TEXTOS

Crear documentos
que se pueden
↓
Modificar
antes de imprimir

Crear documentos
para más tarde
↓
**Recuperarlos
y modificarlos**

Imprimir documentos
para obtener
↓
Copias

Insertar gráficos
para
↓
Mejorar la apariencia

Revisar la ortografía del documento.

Usar distintos **tipos de letra y márgenes** en el documento.

Realzar el texto.

Hay muchos procesadores de texto, pudiéndose presentar como aplicaciones independientes o paquetes integrados. Entre todos, se pueden destacar: Wordpad, Wordperfect, Office Writer y Microsoft Word.

Vamos a estudiar Word por ser el que utilizan la mayoría de las organizaciones, ocupándonos de la versión 2019.

Contenido

3.1. Entrada y salida del programa

La aplicación se abre haciendo clic en el menú *Inicio* y seleccionamos la aplicación *Word*.

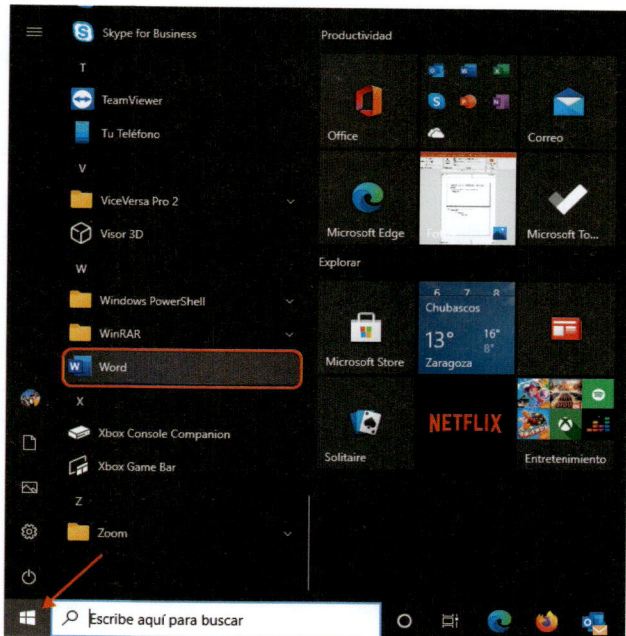

Al igual que sucede con la mayoría de las aplicaciones que giran bajo entorno Windows, varias son las posibilidades existentes para salir del programa:

- Icono cerrar de la *Barra de título*.

- Hacer clic en la parte superior izquierda de la *Barra de título* y seleccionar la opción *Cerrar*.

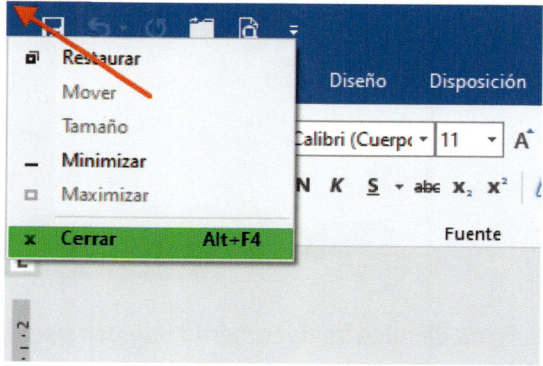

3.2. Descripción de la interfaz del procesador de texto

Los procesadores de texto son seguramente la aplicación informática más intuitiva y sencilla de utilizar. Al abrir la aplicación podemos observar, en la parte central de la pantalla, la representación de una hoja de papel y, en su esquina superior izquierda, un cursor parpadeante. Sin más conocimientos de ofimática que el manejo del teclado podemos comenzar a escribir un documento. Los caracteres que pulsemos se reflejarán en la pantalla.

En el área de trabajo de Word 2019 podemos distinguir los siguientes elementos:

- En la parte superior de la pantalla observamos los nombres de las diversas **fichas** disponibles, fichas que nos permitirán acceder a las diversas funciones del procesador de textos. Cuando pulsamos en una de ellas, se abren diversos botones en una *cinta de opciones* situada bajo los nombres identificativos de las fichas. Dichos botones se concentran en **grupos** con una cierta unidad lógica. Así, por ejemplo, en la ficha *Inicio* disponemos de los grupos *Portapapeles, Fuente, Párrafo,* etc. Se puede especificar que la *cinta de opciones* permanezca siempre visible o que se oculte pulsando con el botón secundario del ratón sobre ella y desactivando o activando la opción *Contraer la cinta de opciones*.

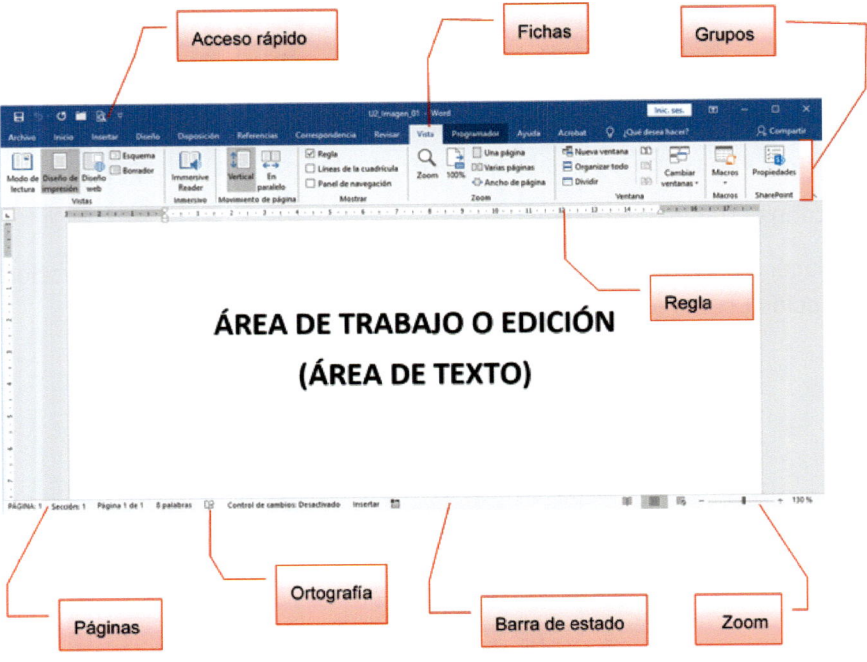

- Rodeando la página de nuestro documento hay dos *Reglas*, una horizontal y otra vertical. Las reglas indican el área imprimible de la página, es decir, delimitan la zona en la que se insertará el texto; también nos informan de las posiciones de las sangrías y las tabulaciones, conceptos que se introducirán más adelante. Se pueden activar y desactivar en la ficha *Vista*.

- En la parte derecha de la ventana —y en la parte inferior de esta si la hoja que estamos visualizando no encaja horizontalmente en dicha ventana— se sitúan las barras de desplazamiento horizontal y vertical; con dichas barras podemos desplazarnos por el documento en ambas direcciones.

- En la parte inferior de la ventana disponemos de la barra de estado —que nos proporcionará información sobre el documento que estemos editando, tal como el número de palabras o la página en la que nos encontramos—, un control para seleccionar los modos de visualización del documento y un control de zoom para seleccionar el grado de ampliación al que deseemos visualizarlo.

3.3. Ventana de documento

Al abrir Word 2019 por primera vez es posible que sorprenda su nuevo aspecto. La mayoría de los cambios se encuentran en la cinta de opciones, el área que se extiende por la parte superior de Word, tal y como puede verse en la siguiente imagen.

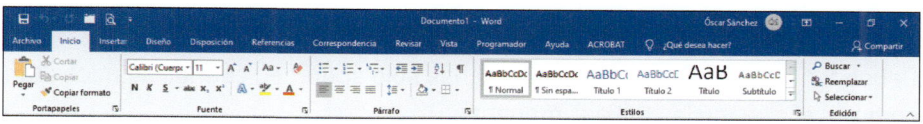

La cinta de opciones presenta los comandos más populares en primer plano, de modo que no se necesita ir en su búsqueda en distintas partes del programa para tareas que realiza constantemente.

El objeto de este cambio es facilitar y agilizar el trabajo.

Existen cinco componentes básicos en la cinta de opciones. Es conveniente saber cómo se llaman para entender cómo se utilizan (figura inferior):

- **Fichas**. Hay diez fichas <u>básicas</u> en la parte superior. Cada una representa un área de actividad.

- **Grupos**. Cada ficha contiene varios grupos que contienen elementos relacionados.

- **Comandos**. Un comando es un botón, un cuadro en el que se escribe información o un menú.

- **Usuario**. Usuario de la cuenta Microsoft utilizada para acceder a servicios como Outlook.com (también conocido como hotmail.com, msn.com, live.com), Office Online, OneDrive, Skype, Xbox Live, Bing, Windows o Microsoft Store.

- **Compartir**. Gracias a esta opción podrás colaborar con otras personas en la realización del documento. Para ello es preciso guardar una copia del archivo en una ubicación en línea.

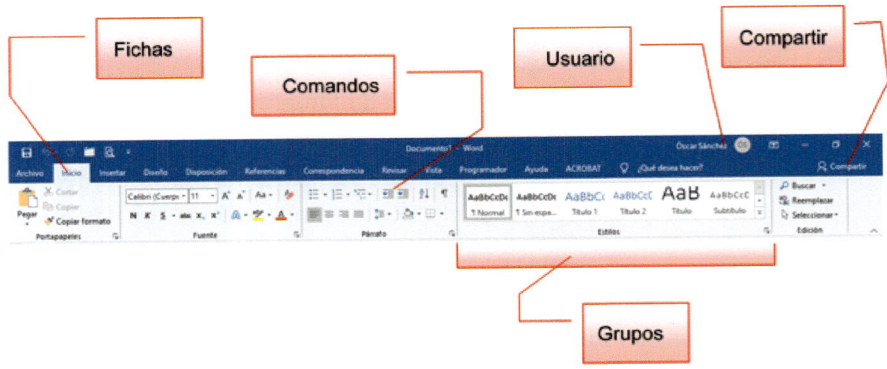

A primera vista, si estás acostumbrado a trabajar con versiones muy antiguas de Word, es posible que no se vea un comando determinado.

¡Tranquilo! Algunos grupos tienen una pequeña flecha diagonal en la esquina inferior derecha ⬓. La flecha se llama *Iniciador de cuadros de diálogo.* Si haces clic en ella, podrás ver más opciones relacionadas con este grupo.

Debes tener en cuenta que algunas fichas solo aparecen cuando se necesitan, como es el caso de las tablas, imágenes.

Algunos comandos de formato son tan útiles que nos puede convenir tenerlos disponibles siempre, independientemente de lo que esté haciendo. En la siguiente figura se puede observar el funcionamiento de la *Minibarra de herramientas*.

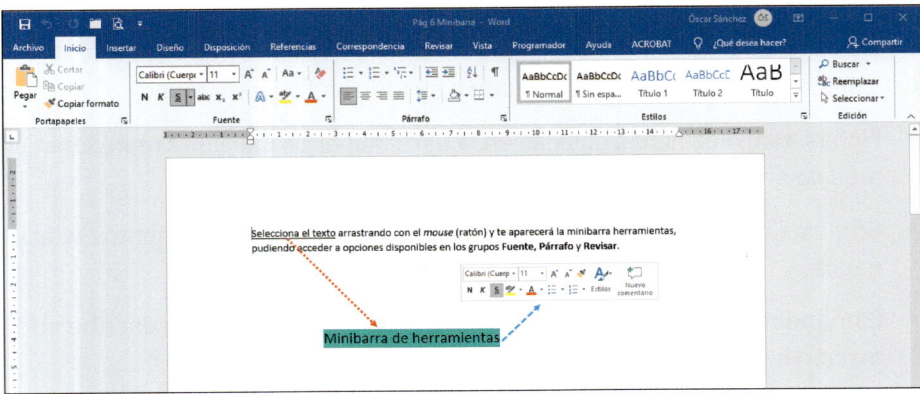

Otro de los elementos muy importante, y que se irá explicando su funcionalidad a lo largo del capítulo, es la *Regla*.

Con la regla se puede cambiar la sangría de los párrafos, ajustar los márgenes, cambiar el ancho de las columnas de texto y tabla.

Si queremos activar la regla solo tenemos que realizar los siguientes pasos:

1. Pincha en la ficha *Vista*.

2. En el grupo *Mostrar* pincha sobre la casilla *Regla*.

3. Podrás ver en pantalla que te ha aparecido la regla en la parte superior del documento.

3.4. Barra de estado

Tal y como se ha indicado anteriormente, la barra de estado nos informa sobre el documento que estamos editando, tal como el número de palabras o la página en la que nos encontramos, un control para seleccionar los modos de visualización del documento y un control de zoom para seleccionar el grado de ampliación al que deseemos visualizarlo.

Esta barra de estado es configurable por el usuario, de tal forma que si se hace clic con el botón derecho del ratón encima de ella, se abre un cuadro de diálogo en el que podremos seleccionar qué componentes queremos visualizar en ella.

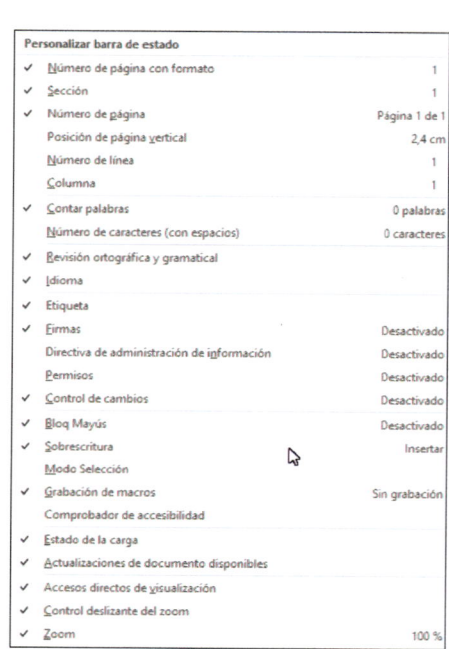

3.5. Ayuda de la aplicación de tratamiento de textos

Gracias a los asistentes, también llamados **Ayudantes,** podemos acceder al servicio de ayuda que nos brindan los procesadores de textos.

El ayudante de Office fue una característica incluida hasta la versión 2003 (incluida esta). A partir de la versión 2007 los ayudantes fueron sustituidos por un nuevo sistema de ayuda.

Esta herramienta era un punto de entrada para el sistema de ayuda de la aplicación, presentando varias funciones de búsqueda de ayuda, al igual que ofrecía consejos.

En la actualidad, al pulsar la tecla *F1* se accede a la ventana *Ayuda* tal y como se muestra en la siguiente figura, en donde seleccionaremos la ayuda que se desea, o bien, escribiremos en qué deseamos que nos ayude.

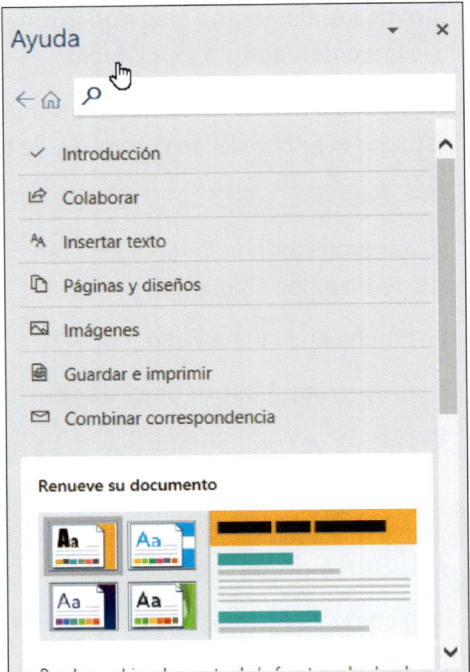

4. El aspecto de los caracteres

Introducción

El aspecto de los caracteres incluye, en general, las operaciones relacionadas con la tipografía (tipo de letra y tamaño), así como los efectos que se les pueden aplicar.

Contenido

4.1. El tipo y el tamaño de letra

4.2. Incorporación de efectos a las letras

4.1. El tipo y el tamaño de letra

Con el formato de carácter controlamos la presentación de los caracteres del documento. Para modificar el formato de carácter disponemos de dos métodos:

1. Activar un formato determinado, escribir el texto que deseamos poner en ese estilo y luego desactivarlo para seguir escribiendo en el formato de partida. Por ejemplo, activaremos la negrita, escribiremos el texto que queremos escribir en ella y luego lo desactivaremos.

2. Una vez escrito el texto, podemos seleccionar el fragmento deseado y aplicarle el formato de carácter que deseemos.

Entre otras, podemos definir las siguientes propiedades:

- *Fuente* o *tipo de letra*. Con esta opción podemos modificar el tipo de letra del texto; seleccionaremos uno de entre los instalados en nuestro sistema operativo.

- *Tamaño de letra*.

- *Color de la fuente* y *color de resaltado*. Con el color de fuente especificamos la «tinta» de las letras; con el color de resaltado, el fondo de la línea, de modo similar a si usásemos un marcador fosforescente.

Para modificar el formato de carácter disponemos en Word 2019 de un conjunto de botones y selectores dispuestos en la ficha *Inicio,* en el grupo *Fuente*. En la fila superior, y de izquierda a derecha, encontramos los siguientes:

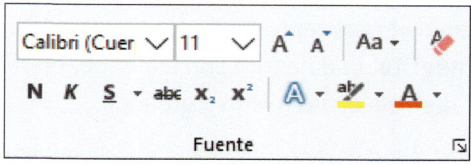

- Selección de tipo de letra (en el ejemplo, está activa la *Calibri (Cuerpo)*). Se puede seleccionar pulsando con el ratón en el triángulo situado en la parte derecha del selector. Si situamos el cursor sobre el título de la fuente seleccionada, podemos también escribir directamente el nombre de la fuente que queremos escoger.

- Tamaño de letra (en el ejemplo, está seleccionado un tamaño de 11 puntos). La selección del tamaño es similar a la de la fuente: seleccionamos de entre los tamaños disponibles desplegando el selector o bien escribimos directamente en el cajetín de texto el tamaño en puntos (de 1 a 1638 en incrementos de 0,5 puntos).

- Botones de incrementar y disminuir el tamaño de letra.

- Botón de conversión entre mayúsculas y minúsculas. Mediante estas opciones convertimos el texto seleccionado en minúsculas o mayúsculas.

- Borrar formato elimina el formato del texto seleccionado, dejándolo en el formato establecido por defecto.

Si pulsamos en la flechita situada en la esquina inferior derecha del grupo abrimos el cuadro de diálogo *Fuente,* en el que podemos modificar todos los parámetros del formato de carácter, y que te explicaremos en el siguiente apartado.

Tal y como hemos indicado anteriormente, cuando se selecciona un texto aparece un pequeño cuadro emergente (minibarra de herramientas) en el que podemos modificar las características de formato más comunes para el texto seleccionado.

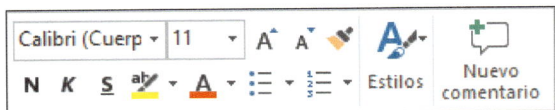

4.2. Incorporación de efectos a las letras

Además del tipo y del tamaño de letra, a los caracteres se les pueden aplicar otras propiedades:

- *Estilo de fuente.* En las tipografías más habituales, cada una de las letras y símbolos viene en diversas representaciones: la normal o redonda, la *cursiva* o *itálica* y la **negrita.** Cada estilo corresponde, en realidad, a una definición de carácter distinta en su forma y grosor.

- *Efecto de la fuente*. A los caracteres se les puede aplicar diversos efectos: si el procesador de textos les añade una línea en la parte inferior obtendremos un subrayado. Una línea que cruce los caracteres en la parte central dará lugar a un ~~tachado~~; disminuyendo el tamaño del carácter y desplazándolo hacia arriba o hacia abajo de la *línea base* generará los efectos superíndice y subíndice; las versales o tipografía versalita son caracteres en mayúsculas con el tamaño de una minúscula. (Suele emplearse en la maquetación profesional para representar siglas y siglos, y evitar así que el carácter en mayúsculas resalte visualmente en exceso en la página).

Si nos fijamos nuevamente en el conjunto de botones y selectores dispuestos en la ficha *Inicio,* en el grupo *Fuente*, en la fila inferior y de izquierda a derecha, encontramos los siguientes:

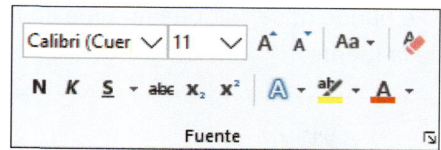

- Botones para establecer estilos y efectos: negrita (**N**), cursiva (*K*) y subrayado (S); la flecha a la derecha del botón de subrayado permite escoger el estilo de subrayado.

- Botones de tachado, subíndice y superíndice.

- Efectos de texto y tipografía. Permite, entre otras cosas, dar al texto un toque especial, aplicándole un efecto de texto, como sombra o iluminado.

- Color de resaltado y color de fuente. Al pulsar la flecha en la parte derecha de los botones se nos abre un cuadro con varias muestras de color. En el color de fuente, se puede seleccionar la opción *Más colores* para seleccionar uno entre toda la paleta.

Si queremos ver todas las opciones, pulsamos sobre el iniciador de cuadros de diálogo y se nos muestra la imagen que puedes visualizar en la siguiente figura.

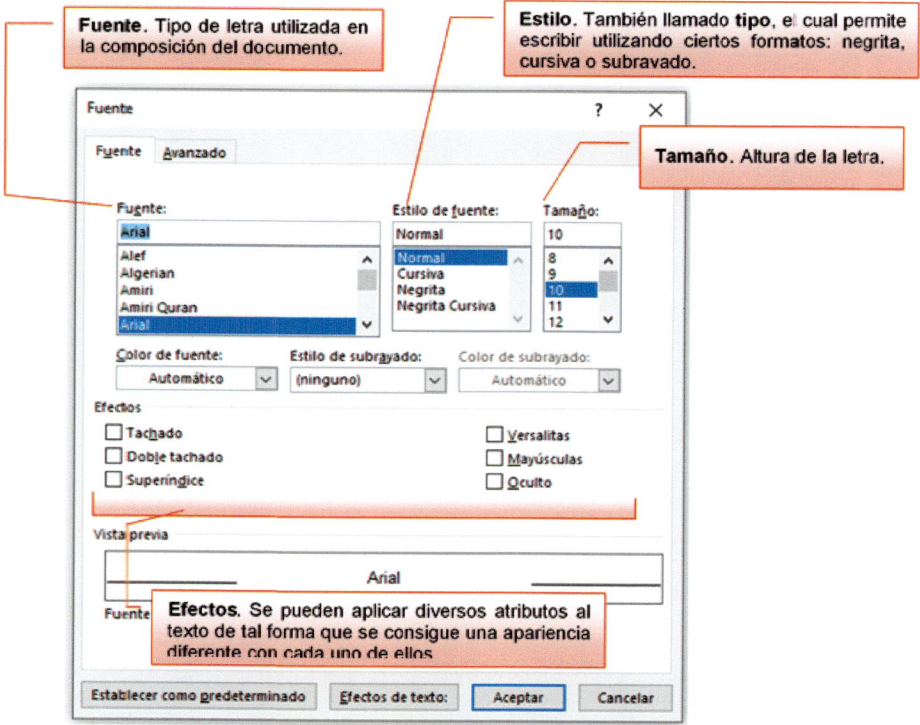

En la siguiente figura se puede observar una imagen en la que se han aplicado diferentes atributos de la fuente.

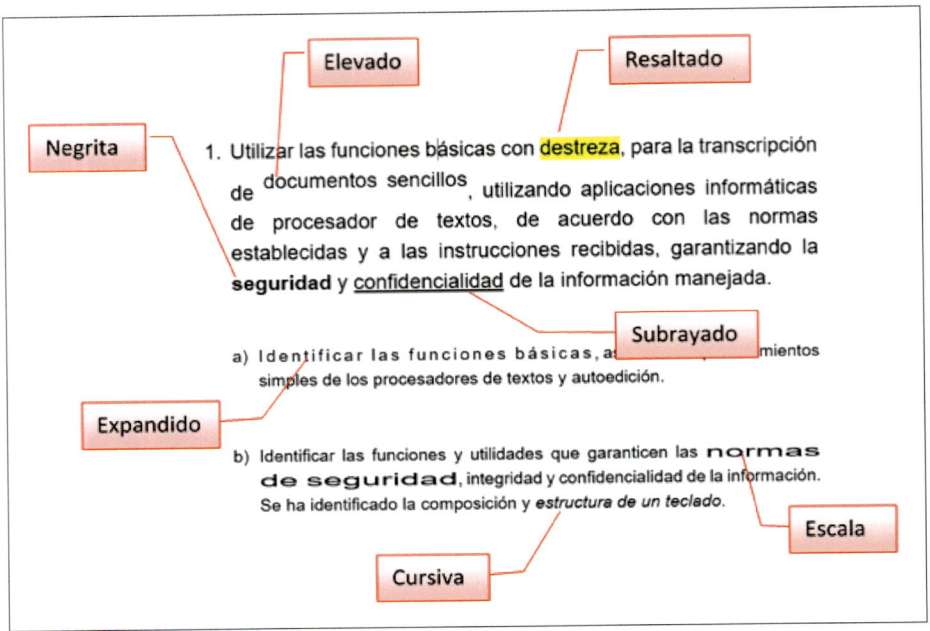

5. El aspecto de un párrafo

Introducción

En la unidad anterior has aprendido a modificar el aspecto de un carácter. Sin embargo, debes tener en cuenta que se suele diferenciar entre el formato de carácter, de párrafo y de página. La unidad mínima a la que se puede aplicar cada modificación es, respectivamente, el carácter, el párrafo y la página.

Por ejemplo, podemos aplicar una letra negrita a un carácter, a varios o, si así lo deseamos, a todo el documento, tal y como te hemos explicado en la unidad anterior. Por el contrario, podemos centrar o alinear a la derecha un párrafo, pero no tendría sentido alinear un carácter o una palabra (salvo que dicho carácter o palabra ocupen por sí solos un párrafo).

Contenido

5.1. La alineación, el interlineado y el espaciado anterior y posterior

Con el formato de párrafo controlamos la presentación de los párrafos del documento. Recordemos que un párrafo finaliza cuando introducimos una marca de *Fin de párrafo*, habitualmente pulsando la tecla *Enter*. Con el formato de párrafo podemos controlar, entre otros elementos:

- *Alineación del párrafo.* Un párrafo puede estar *alineado a la izquierda* (o «en bandera», como se dice comúnmente en la jerga del diseño gráfico), *centrado*, *alineado a la derecha* o *justificado*. En un párrafo justificado, todas las líneas están alineadas a la izquierda y a la derecha. El procesador de textos logra este efecto estirando y encogiendo en la medida necesaria los espacios entre las palabras.

- *Interlineado.* El interlineado es la separación vertical entre las líneas que componen un párrafo o, más precisamente, entre las *líneas base*. Suelen emplearse tres tipos de interlineado: simple, doble y de espacio y medio.

- *Espaciado entre párrafos.* A los párrafos puede aplicárseles una separación algo mayor que la que hay entre las líneas que componen cada párrafo; ello facilita su lectura y permite visualizar rápidamente su comienzo y su final.

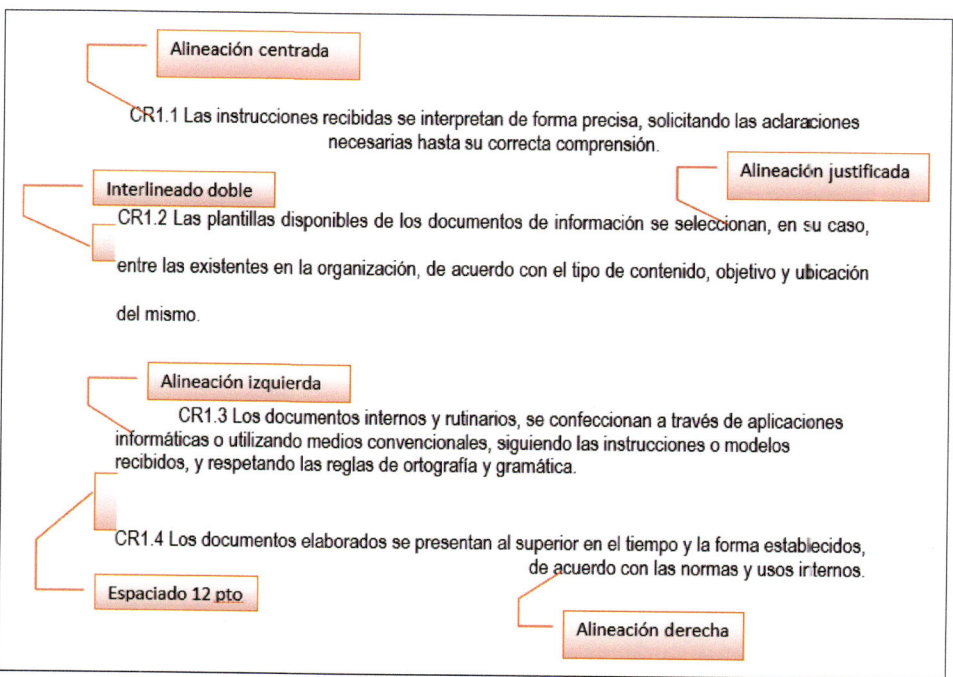

5.2. Sangrías en el texto

La sangría es la distancia que existe entre los márgenes del papel y los extremos del párrafo. Se distinguen varios tipos de sangría:

- La *sangría de primera línea* es la separación entre el extremo izquierdo de la primera línea del párrafo y el margen.

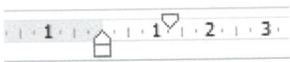

- La *sangría francesa* es la separación de todas las líneas exceptuando la primera.

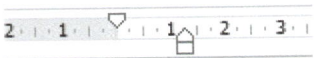

- La *sangría izquierda* es la separación izquierda de todas las líneas del párrafo.

- La *sangría derecha* es la separación derecha con todas las líneas del párrafo.

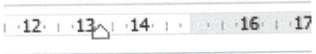

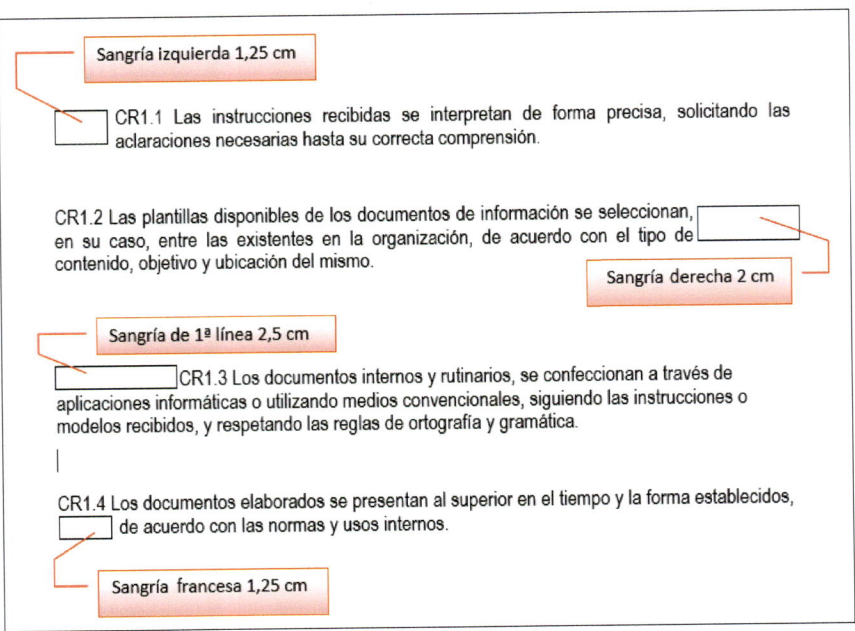

En ocasiones, es posible que a primera vista no sepamos exactamente dónde termina un párrafo y comienza el siguiente. Las aplicaciones de procesamiento de textos suelen disponer de una función que permite mostrar los llamados *caracteres no imprimibles*; por ejemplo, las marcas de fin de párrafo (¶), los espacios en blanco (·) y otros.

En la ficha ***Disposición*** disponemos también del grupo ***Párrafo*** con una serie de funciones para modificar los parámetros del formato de párrafo. Mediante estos controles especificaremos las sangrías izquierda y derecha del párrafo y el espaciado vertical entre unos párrafos y otros (el espacio *antes* del párrafo y el espacio *después* de este, que te hemos explicado en el apartado anterior).

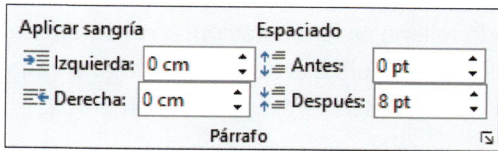

Con la flechita ubicada en la esquina inferior derecha del grupo de botones de ***Párrafo*** accedemos al cuadro de diálogo *Párrafo,* con el que podemos establecer de modo preciso todas las opciones mencionadas en este apartado y los anteriores.

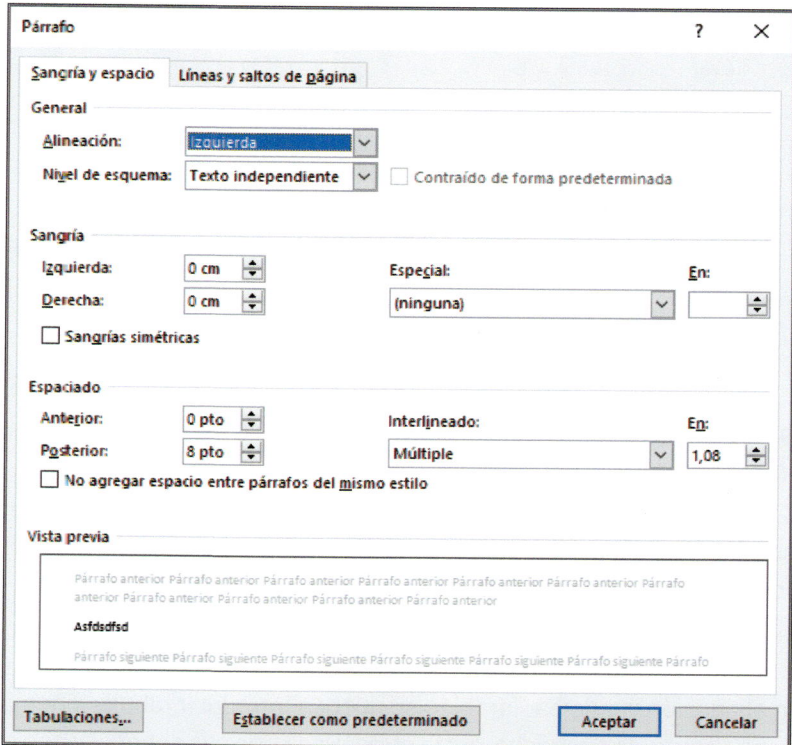

5.3. Trabajo con tabuladores

En las antiguas máquinas de escribir manuales, las tabulaciones eran puntos en los que el carro se detenía; de esa forma, eran una ayuda para preparar tablas, por ejemplo. En los modernos procesadores de texto, las tabulaciones sirven, ante todo, para alinear elementos dentro del mismo párrafo.

Por ejemplo: cuando elaboramos un índice de contenidos de un libro o documento, los títulos de los capítulos se alinean a la izquierda y los de las páginas a la derecha (para que las unidades, decenas, etc., se ubiquen en la posición correspondiente). Otra de las posibilidades que nos brindan las tabulaciones es incluir un carácter de relleno en la tabulación; en el anterior ejemplo, es frecuente que entre el título del capítulo y el número de página vayan unos puntos que ayuden a ver la correspondencia entre ambos elementos.

El acceso al cuadro de diálogo de *Tabulaciones* se realiza a través de la ficha *Inicio,* grupo *Párrafo,* con el botón *Tabulaciones,* tal y como se muestra en las siguientes figuras.

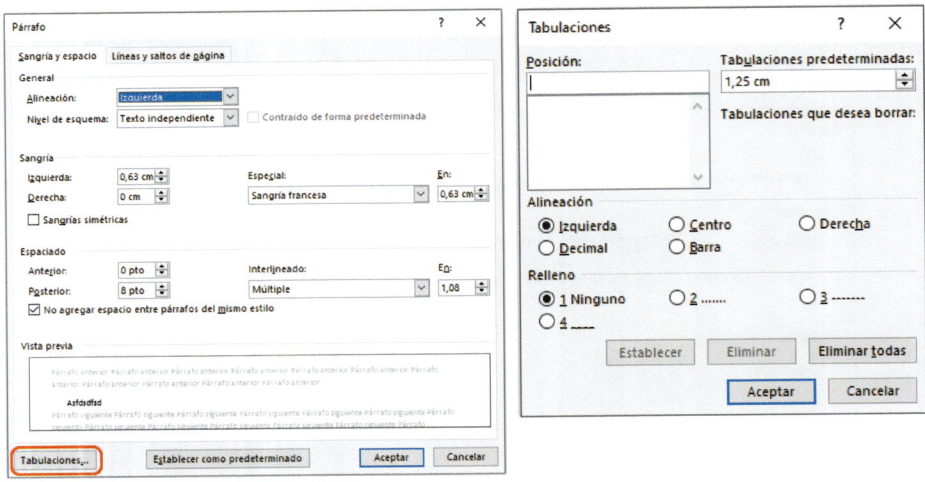

Cuatro son los tipos de tabulaciones que se pueden establecer: izquierda, derecha, centrada y decimal.

Word 2019 tiene definidas por defecto unas tabulaciones estándar, espaciadas de modo uniforme (por defecto, cada 1,25 centímetros). Se pueden definir tabulaciones personalizadas mediante la regla del siguiente modo:

- A la izquierda de la regla horizontal disponemos de un selector del tipo de tabulación que se va a insertar. Por defecto, la seleccionada es la tabulación con alineación izquierda. También se pueden introducir tabulaciones con alineación centrada o derecha, entre otras. Haciendo clic sobre el icono cambia de forma secuencial el tipo de tabulación activo.

- Una vez seleccionado el tipo de tabulación, pincharemos en la regla, en el punto en el que queramos ubicarla. Una vez establecida, se puede mover la tabulación arrastrándola y se puede eliminar arrastrándola afuera de la regla.

Las tabulaciones son específicas para cada párrafo. Se pueden establecer tabulaciones distintas para cada uno de los párrafos del documento. En cualquier caso cuando se introduce un nuevo párrafo (pulsando la tecla *Enter*), este hereda las tabulaciones del párrafo anterior. Así no es necesario redefinirlas cuando debemos elaborar, por ejemplo, un índice de contenidos como el mencionado.

Si queremos establecer un carácter de relleno en las tabulaciones, escogemos la tabulación deseada y seleccionamos el carácter de relleno. A continuación, pulsamos el botón *Fijar* y *Aceptar*.

El carácter de relleno ocupará el espacio entre la última tabulación o el último carácter escrito y la tabulación en la que se haya definido como tal carácter de relleno.

5.4. Trabajo con la regla

Ya hemos explicado en los dos apartados anteriores cómo trabajar con la regla para establecer tanto las sangrías como los tabuladores.

5.5. Bordes y sombreados

Una de las posibilidades que nos brindan las aplicaciones de procesamiento de textos es añadir a la página bordes o sombreados.

Para aplicarlos disponemos de un icono en la ficha *Inicio,* grupo *Párrafo*. Si se pincha sobre el triángulo invertido podremos ver las opciones predeterminadas de bordes y sombreados.

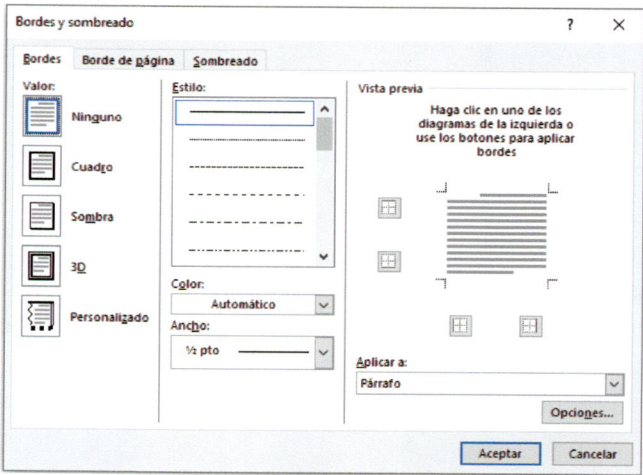

Al pinchar sobre la última opción *(Bordes y sombreado)* accedemos al cuadro de diálogo que se muestra en la siguiente imagen, a través del cual se podrán establecer cuantos bordes queramos (tanto del párrafo o texto, como de la página) y los sombreados.

5.6. Listas numeradas y viñetas. Cambios de estilo

Una lista es un conjunto de elementos cuyo formato proporciona visualmente la idea de una cierta estructura. Las listas pueden ser numeradas o no numeradas, según los elementos lleven algún símbolo que les asigne un orden (números arábigos o romanos, letras mayúsculas o minúsculas, etc.) o lleven un mismo elemento que se repita (un guion, un pequeño círculo o cuadrado, etc.). Cuando se crea una lista numerada, la aplicación asigna automáticamente un número a cada elemento; si insertamos algún nuevo elemento antes de otros ya creados, a todos los que vienen después se les incrementa en una unidad su número de orden.

También es posible encadenar o anidar unas listas dentro de otras, para construir así una lista con varios niveles.

```
Tareas del día

  ▪ Comprar materiales de recambio
      ➢ Coche
          -   Aceite
          -   Filtros
          -   Alfombrillas
      ➢ Casa
          -   Bombillas de bajo consumo
          -   Pilas
          -   Cartones
  ▪ Ir a la biblioteca para sacar libros:
      ➢ Informática
          -   Office 2007
          -   Tratamiento de imágenes con Photoshop
      ➢ Filosofía
          -   Fenomenología del Espíritu
          -   Crítica de la razón dialéctica
```

Tres iconos del grupo *Párrafo,* dentro de la ficha *Inicio,* permiten crear listas no numeradas (también denominadas *viñetas*), listas numeradas (denominadas *numeración*) y listas de varios niveles. Cada uno de los iconos tiene a su derecha una flechita con la que podemos definir el formato de la lista (tipo de símbolos en las viñetas, tipo de numeración y características del esquema multinivel).

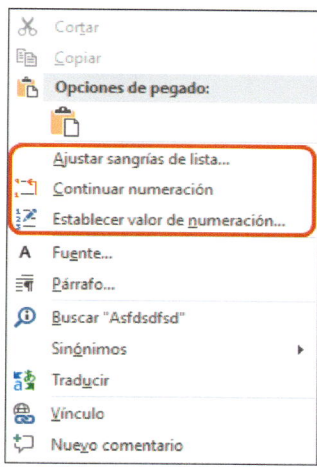

Cuando se establece una lista (numerada o no numerada), al cambiar de párrafo (pulsando *Enter*) iniciamos un nuevo elemento de lista, que llevará el icono de viñeta o el número o letra que le corresponda. Cuando creamos un nuevo elemento de lista, podemos modificar su nivel de lista pulsando la tecla *Tab;* con ello haremos que ese elemento comience una lista anidada dentro de la anterior. Si queremos volver a introducir elementos de la lista de orden superior, pulsaremos *Mayús + Tab.*

En el caso de las numeraciones, en ocasiones es preciso reiniciar la numeración o comenzarla en un valor diferente al que le asigna la aplicación. Pulsando con el botón derecho del ratón sobre el número de la lista se despliega un menú como el de la figura con el que podemos efectuar estas y otras operaciones.

5.7. Partición de palabras

Una de las muchas opciones que nuestro procesador de texto nos permite es controlar la partición de palabras, es decir, controlar los guiones de separación de palabras. Por defecto cuando una palabra es más grande que el espacio que resta hasta el final de la línea automáticamente pasa a la línea siguiente, pero esto lo podemos cambiar, ya que podemos establecer una partición manual de las palabras o una automática.

Para dividir de forma automática las palabras de un documento debemos comprobar que no tenemos texto seleccionado, después vamos a la ficha *Disposición*, grupo *Configurar página* y elegimos el botón *Guiones*, seleccionando en el desplegable la opción *Automáticos*. Si deseamos hacerlo manualmente elegimos

esa opción en el desplegable y el procesador de textos busca palabras suscep-
tibles de división y nos presenta opciones que podemos aceptar descartar o
cambiar.

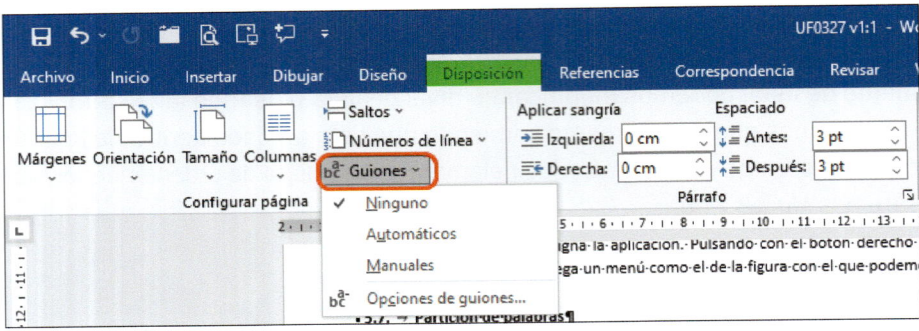

En caso de que deseemos introducir un guion pero que no divida la palabra,
como puede ser en una palabra compuesta o en un número de serie, debemos
insertar un guion de no separación, con lo que la palabra si no entra en la línea
pasa a la línea siguiente sin dividirse. Para insertar este tipo de guion pulsaremos a la vez *Ctrl*, *Mayús* y Guion (*Ctrl + Mayús + -*).

La zona de división de palabras se puede configurar desde las *Opciones de
guiones*, disponible dentro de la opción *Guiones* que hemos visto anteriormente. El menú que aparece permite establecer la zona de división, que es la distancia máxima al margen que el procesador toma como referencia para dividir las
palabras; si queremos que el margen sea más regular, disminuiremos esa distancia, con lo que aparecerán más guiones; si queremos disminuir el número
de guiones, solo tenemos que aumentar esa distancia. Otra opción de configuración que tenemos es establecer el número máximo de guiones consecutivos
que pueden aparecer en el texto, pues la estética del texto puede variar mucho
y no ser atractiva si aparecen muchas líneas seguidas con guiones.

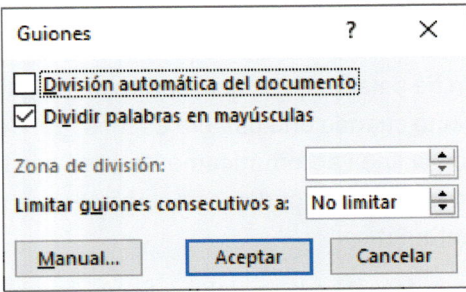

Si deseamos eliminar los guiones que hemos puesto seleccionaremos en el
menú *Guiones* la opción *Ninguno*.

Ejercicios prácticos

ACTIVIDAD 5.1

En la figura se muestra la ventana de Microsoft Word 2019. Tomando como referencia esta figura, responde a las preguntas 1 a 10 que se te plantean señalando la opción que consideres correcta.

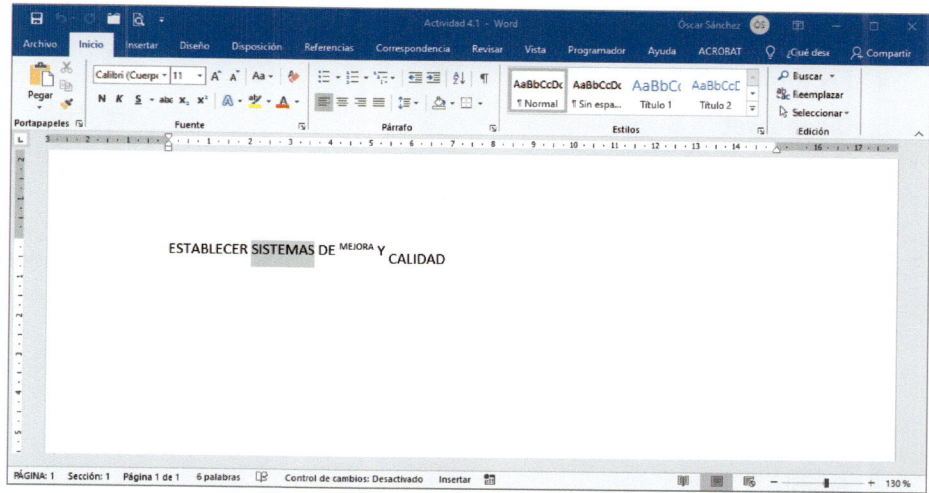

1. ¿Cómo se ha conseguido el efecto de la palabra «MEJORA»?

    a. Mediante la opción *Posición* del menú *Fuente*.

    b. Mediante un efecto de fuente.

    c. Estableciendo un espaciado.

    d. Configurando el interlineado.

2. ¿Qué opción se ha utilizado para la palabra «SISTEMAS»?

    a. Resaltar.

    b. Color de texto.

    c. Color de relleno.

    d. Trama.

3. ¿Qué opción de *Párrafo* se ha utilizado en el párrafo?

    a. Sangría izquierda.

    b. Sangría derecha.

c. Espaciado.

d. Todas las respuestas anteriores son incorrectas.

4. ¿Cuál es el margen superior establecido?

a. 3 cm.

b. 2 cm.

c. 2,5 cm.

d. 2,25 cm.

5. ¿Qué vista se observa en la imagen?

a. Lectura de pantalla completa.

b. Diseño web.

c. Esquema.

d. Todas las respuestas anteriores son incorrectas.

6. ¿En qué grupo de los que se muestran está ubicado el icono para poder cambiar el color del texto?

a. Portapapeles.

b. Párrafo.

c. Estilo.

d. Fuente.

7. ¿Qué nombre tiene el archivo?

a. No se puede saber.

b. Todavía no tiene nombre.

c. Documento1.

d. Todas las respuestas anteriores son incorrectas.

8. ¿Qué alineación de texto se puede observar?

a. Izquierda.

b. Derecha.

c. Centrada.

d. Justificada.

9. ¿A qué distancia del borde de la hoja se encuentra el párrafo?

a. 2,5 cm.

b. 3,3 cm.

c. 3,5 cm.

d. 4,0 cm.

10. ¿Qué tipo de fuente se ha utilizado para escribir?

a. Arial.

b. Times New Roman.

c. Calibri.

d. No se puede saber.

ACTIVIDAD 5.2

Contesta a las siguientes preguntas ayudándote de internet si es necesario.

1. ¿Qué cuiere decir que un párrafo esté justificado?

a. Que todas las líneas del párrafo tengan la misma separación entre sí.

b. Que todas las líneas del párrafo estén alineadas a la izquierda.

c. Que todas las líneas del párrafo estén alineadas en ambos márgenes.

d. Todas las respuestas anteriores son correctas.

2. ¿Cómo seleccionamos un párrafo del documento?

a. Haciendo triple clic con el ratón sobre él.

b. Situándonos en su comienzo y pulsando la combinación *Ctrl + Mayús + flecha abajo*.

c. Situando el puntero del ratón al comienzo del párrafo y arrastrándolo hasta el final manteniendo el botón del ratón pulsado.

d. Todas las respuestas anteriores son correctas.

3. Características como cursiva, negrita, subrayado, etc., se denominan:

a. Tipos de letra.

b. Variaciones de fuentes.

c. Estilos de fuentes.

d. Letra capital.

4. ¿Para qué se emplea el atajo *Ctrl + V*?

a. Para cortar el texto seleccionado.

b. Para mover un párrafo del documento.

c. Para eliminar el texto que hemos escrito en los últimos minutos.

d. Para pegar el último contenido que hayamos cortado o copiado.

5. Fíjate en la regla de la figura. ¿Qué ocurre si hacemos clic con el botón izquierdo del ratón sobre el centímetro 9 de la regla?

   a. No ocurre nada.
   b. Modificamos la sangría izquierda del párrafo.
   c. Añadimos una tabulación centrada al párrafo.
   d. Añadimos una tabulación izquierda al párrafo.

6. Siguiendo con la figura de la regla, ¿qué tipo de sangrías tiene aplicadas?

   a. Sangría francesa.
   b. Sangría derecha.
   c. Sangría izquierda.
   d. Todas las respuestas anteriores son correctas.

ACTIVIDAD 5.3

Escribe el siguiente texto:

«Al hacer clic en el icono *Portapapeles* de la pestaña de *Inicio*, se despliega un menú en la parte izquierda de la pantalla, en el que aparecen los archivos o elementos que contiene. Estos elementos han sido copiados o cortados durante la sesión y no desaparecen, sino que se pueden volver a utilizar en este u otro documento durante la misma sesión, sin ser necesario hacerlo de forma inmediata».

Establece las siguientes opciones de fuente:

- Fuente: Arial.
- Estilo: negrita.
- Tamaño: 12 puntos.
- Color: verde claro.
- Efecto: versalitas.
- Espaciado: expandido 3 puntos.

ACTIVIDAD 5.4

Escribe el siguiente texto:

NUEVOS PLANES DE LA DGT CON EL CARNET POR PUNTOS

El Consejo de Ministros ha aprobado el proyecto de ley que recoge una serie de modificaciones para el carnet por puntos. Ya aprobada en primera vuelta en noviembre, esta reforma de la Ley de Tráfico endurece la resta de puntos en ciertas infracciones, como el uso indebido del teléfono móvil o no utilizar el cinturón, y cambia algunos aspectos de este sistema (estrenado por la DGT en 2006).

Esta modificación encara así su recta final, pues ya ha sido enviada a las Cortes para su tramitación parlamentaria y aprobación definitiva. Repasamos cuáles son los cambios y cómo afectarán a los conductores.

Estas medidas se sumarán a otras reformas ya en vigor, como la normativa específica para patinetes eléctricos o la rebaja de la edad mínima para obtener el permiso de camión o autobús. Además, desde el 11 de mayo también se harán efectivos os nuevos límites de velocidad en ciudad.

Infracciones que pasan a restar más puntos:

- Uso indebido del teléfono móvil, seis puntos. Actualmente supone la resta de tres puntos. Además en el texto se detalla que la detracción de estos puntos se aplicará por conducir sujetando con la mano dispositivos de telefonía móvil. No cambia la sanción económica que se mantendrá en 200 euros (infracción grave), pese a que las faltas que implican la resta de seis puntos están tipificadas como muy graves.

- No usar el cinturón de seguridad, sistemas de retención infantil el casco u otros elementos de protección, cuatro puntos. A día de hoy estas infracciones están penadas con tres puntos. En el cambio se añade asimismo que hacer mal uso de los mismos también será sancionado con dicha detracción de puntos del carnet. Todas son infracciones graves, que suponen 200 de multa, lo que se mantendrá.

Lleva a cabo las siguientes instrucciones para darle formato:

CONFIGURACIÓN		
Superior: 1,5	Izquierda: 1,5	Encuadernación: 0 cm
Inferior: 1,5	Derecha: 1,5	Encabezado: 1,25 cm
Tamaño de papel:	Ancho: 21 cm	Pie de página: 1,25 cm
	Alto: 29,7 cm	Orientación: vertical
Fuente predeterminada: Times New Roman 10 ptos.		

PÁRRAFO «NUEVOS PLANES DE LA DGT CON EL CARNET POR PUNTOS»		
Sangrías: • Todas: 0 cm	Espaciados: • Todos: 0 ptos.	Fuente: predeterminada 14 ptos. Subrayado: solo palabras En negrita
Alineación: centrada	Interlineado: sencillo	
Fuente «DGT»: • Arial Black 36 ptos. en negrita	Fuente «PUNTOS»: • Comic Sans MS 16 ptos. en negrita y cursiva • Color: verde, énfasis 6 • Efectos: mayúsculas	

PÁRRAFO «El Consejo de Ministros…»		
Sangrías: • Todos: 0 cm.	Espaciados: • Anterior: 0 ptos. • Posterior: 6 ptos.	Fuente: predeterminada 14 ptos.
Alineación: justificada	Interlineado: sencillo	
Fuente «Ley de Tráfico»: • Arial 20 ptos. en negrita • Color rojo • Espaciado expandido en 2 ptos.	Fuente «aprobado»: • Verdana 24 ptos. • Superíndice	
Fuente «(«y»)» (paréntesis): • Arial Black 26 ptos. • Escala 200 % • Posición bajada en 4 ptos.	Fuente «teléfono móvil»: • Predeterminada 12 ptos. en negrita	

PÁRRAFO «Esta modificación encara…»	
Espaciados: • Anterior: 14 ptos. • Posterior: 14 ptos.	Fuente: Arial 13 ptos.
Alineación: justificada	Interlineado: sencillo
Fuente «Cortes»: • Negrita • Subrayado onda • Doble tachado y mayúsculas	Fuente «parlamentaria», «definitiva», «cambios» y «conductores»: • Predeterminada 15 ptos. en negrita y cursiva • Color: gris, énfasis 3 • Efecto versalitas
Fuente «.» (puntos): • Arial 13,5 ptos. en negrita • Escala 200 %	

PÁRRAFO «Estas medidas se sumarán...»		
Espaciados: • Todos: 0 ptos.	Fuente: Arial 13,5 ptos.	Alineación: izquierda
Fuente «patinetes»: • Predeterminada 20 ptos. en negrita • Espacio comprimido en 3 ptos. • Escala del 90 % • Posición elevada en 1 pto.	Fuente «11 de mayo»: • Predeterminada 20 ptos. en negrita • Color: púrpura • Espaciado comprimido en 2 ptos. • Escala del 90 % • Posición elevada en 1 pto.	
Fuente «límites», «velocidad» y «ciudad»: • Predeterminada 15 ptos. en negrita • Color: azul • Escala 100% • Espaciado comprimido en 1 pto.		

PÁRRAFO «Infracciones...»		
Espaciados: • Anterior: 15 ptos. • Posterior: 0 ptos.	Fuente: • Comic Sans 14 ptos. • Escala: 70 %	Alineación: derecha
Fuente «l»: • Predeterminada en negrita • Color: rojo	Fuente «restar»: • Comic Sans 15 ptos. en negrita • Escala: 100 % • Efecto: versalitas	
Fuente «:» (dos puntos): • Comic Sans 16 ptos. • Color: verde claro • Efecto: sombra perspectiva superior izquierda		

PÁRRAFO «Uso indebido...» y «No usar...»		
Espaciados: • Anterior: 14 ptos. • Posterior: 0 ptos.	Fuente: • Predeterminada 12 ptos.	Alineación: justificada
Fuente «200 euros»: • Predeterminada en negrita • Color: rojo	Fuente «infracciones graves»: • Escala: 200 % • Espacio expandido en 5 ptos. • Efecto: iluminado 5 puntos; azul, color de énfasis 1	

ACTIVIDAD 5.5

Haciendo uso de los bordes, sombrados y tabulaciones, realiza el documento que se muestra en la siguiente figura.

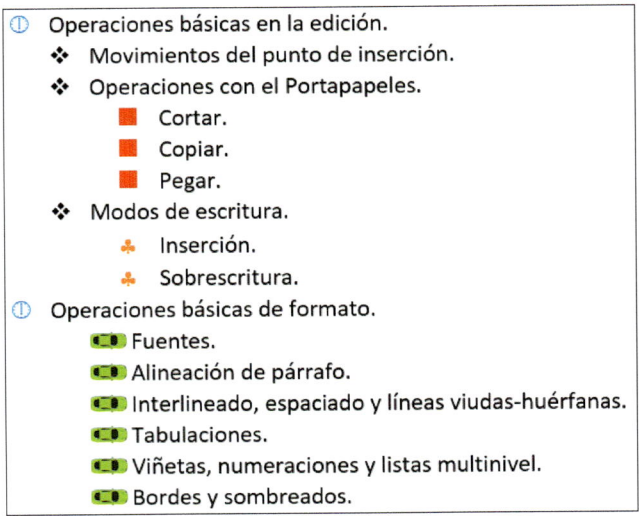

PREPARACIÓN DE OPOSICIONES

Oposición	Fecha Inicio	Precio,Mes
Auxiliares DGA	Marzo	225,50€
Universidad	Octubre	185,75€
Auxiliares Estado	Enero	160,00€
Educación	Junio	190,50€

PROFESORADO

Legislación	Ana María
Test	Enrique
Ofimática	Andrés
Procedimiento Administrativo	Mª Dolores

HORARIOS

Día	Hora,Comienzo	Hora,Fin
Lunes	18,30	20,00
Martes	18,00	19,30
Miércoles	20,00	21,30
Jueves	18,30	20,00
Viernes	20,00	21,30

ACTIVIDAD 5.6

Realiza las siguientes actividades utilizando Microsoft Word.

1. Copia el siguiente listado y aplica los distintos estilos de viñetas.

- Operaciones básicas en la edición.
  - Movimientos del punto de inserción.
  - Operaciones con el Portapapeles.
    - Cortar.
    - Copiar.
    - Pegar.
  - Modos de escritura.
    - Inserción.
    - Sobrescritura.
- Operaciones básicas de formato.
  - Fuentes.
  - Alineación de párrafo.
  - Interlineado, espaciado y líneas viudas-huérfanas.
  - Tabulaciones.
  - Viñetas, numeraciones y listas multinivel.
  - Bordes y sombreados.

2. Copia el siguiente listado y aplica los distintos estilos de numeración y lista multinivel.

A. Operaciones básicas en la edición.
    1. Movimientos del punto de inserción.
    2. Operaciones con el Portapapeles.
        2.1. Cortar.
        2.2. Copiar.
        2.3. Pegar.
    3. Modos de escritura.
        3.1. Inserción.
        3.2. Sobrescritura.
B. Operaciones básicas de formato.
    1. Fuentes.
    2. Alineación de párrafos.
        2.1. Izquierda.
        2.2. Derecha.
        2.3. Centrada.
        2.4. Justificada.
    3. Tabulaciones.
    4. Viñetas, numeraciones y listas multinivel.
    5. Bordes y sombreados.

ACTIVIDAD 5.7

1. Abre un documento nuevo de Microsoft Word, configura la página con tamaño carta y orientación horizontal. Vas a copiar el texto que te mostramos a continuación utilizando tabulaciones y siguiendo las instrucciones que te damos.

Núm.	Apellido	Nombre		Edad	Estatura	Peso
1	Jiménez	Isabel		17	1,65	60
2	Robles	Francisco		19	1,82	78
3	López	Miriam		16	1,70	65
4	Sarmiento	Minerva		18	1,69	66
5	Huerta	Carmen		17	1,62	58
6	Jiménez	Salomé		19	1,65	61
7	Domínguez	Darío		18	1,85	82

Instrucciones:

Para los encabezados						
Columna	Núm.	Apellido	Nombre	Edad	Estatura	Peso
Tabulación	2,1 cm centrada	4,5 cm izda.	10 cm izda.	15 cm dcha.	18,5 cm centrada	21 cm izda.
Para la información						
Columna	Núm.	Apellido	Nombre	Edad	Estatura	Peso
Tabulación y alineación	2,1 cm centrada	4,5 cm izda.	10 cm izda.	15 cm dcha.	18,5 cm decimal	21 cm izda.
Relleno	Ninguno	Ninguno	Tipo 2	Ninguno	Tipo 3	Tipo 4

2. Al final del ejercicio anterior, inserta un salto de página. Configura ahora la página con tamaño A4, orientación vertical y en el recuadro **Aplicar a** de la ventana de *Configuración de página* selecciona «De aquí en adelante».

Establece las siguientes medidas de tabulación, formato y relleno para los datos que aparecen a continuación de las instrucciones:

Para los encabezados				
Columna	#Equipo	Descripción	Precio de compra	Estado
Tabulación	1 cm centrada	3,25 cm izquierda	9,25 cm centrada	14 cm derecha
Formato	Fuente Calibri 12 ptos., color blanco, borde personalizado sencillo de ½ punto superior e inferior. Color de relleno azul, énfasis 5, oscuro 50 %			
Carácter de relleno	Ninguno			
Para la información				
Columna	#Equipo	Descripción	Precio de compra	Estado
Tabulación	1 cm centrada	3,25 cm izquierda	9,25 cm centrada	14 cm derecha
Carácter de relleno	Ninguno	Tipo 2	Ninguno	Tipo 3
Tabulación de barra	Agregar una tabulación de barra a 6,25 cm			

#Equipo	Descripción	Precio de compra	Estado
1	Impresora	3.250,75 €	Aceptable
2	Ratón	35,50 €	Bueno
3	Escáner	1.375,95 €	Perfecto
4	Teclado	215,75 €	Bueno
5	Monitor	750,75 €	En reparación
6	Hard Disk	195,85 €	Nuevo

6. Formato del documento

Introducción

La configuración de la página es uno de los elementos fundamentales de los procesadores de textos, ya que con ella se establece una serie de valores que afectará a todo el documento.

Asimismo, es preciso tener en cuenta que todos los procesadores de textos pueden comprobar el texto que se ha escrito, deteniéndose en aquella palabra que no figure en su diccionario y proporcionando una lista de posibles palabras correctas.

Contenido

6.1. Configuración de página

El formato de página se puede aplicar a cada página o a la totalidad del documento, asignando valores a:

- Tamaño del papel. Al elegir el tamaño de la página en la que se va a escribir el documento, los procesadores de texto suelen tener definido como tamaño el A4, que tiene unas medidas de 21 cm de ancho por 29,7 cm de alto, aunque pueden ser seleccionados otros tamaños.

- Márgenes. Distancia que se deja en blanco entre el texto y los extremos de la página. Los más habituales son: superior, inferior, izquierdo y derecho.

- Orientación. A través de esta opción seleccionamos si queremos escribir en vertical o en horizontal (apaisado).

Fíjate en el siguiente cuadro de diálogo, que es el que se utiliza para configurar las opciones de la página.

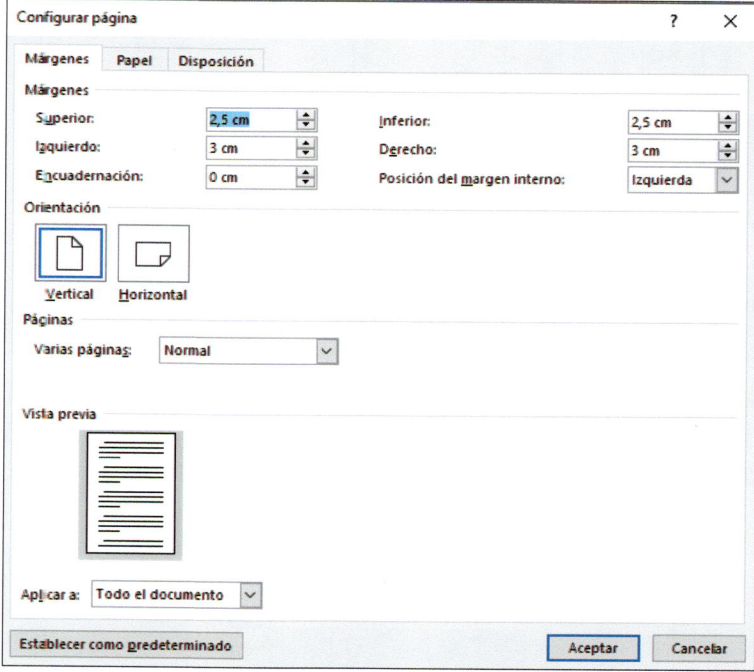

El acceso a este cuadro de diálogo se puede realizar de dos formas:

- Doble clic en la zona gris de la regla.

- Ficha *Disposición,* grupo *Configurar página* y pinchamos en el iniciador de cuadros de diálogo ⌟.

También podemos utilizar la regla para modificar los márgenes, colocándonos en la zona que delimita los márgenes del documento, hacemos clic con el botón izquierdo del ratón y nos desplazamos hacia la derecha o hacia la izquierda dependiendo de si lo queremos hacer más grande o más pequeño.

6.2. Bordes de página

Cuando hemos explicado anteriormente los *Bordes y sombreados,* hemos podido comprobar que existe una pestaña específica para poder establecer los bordes de página.

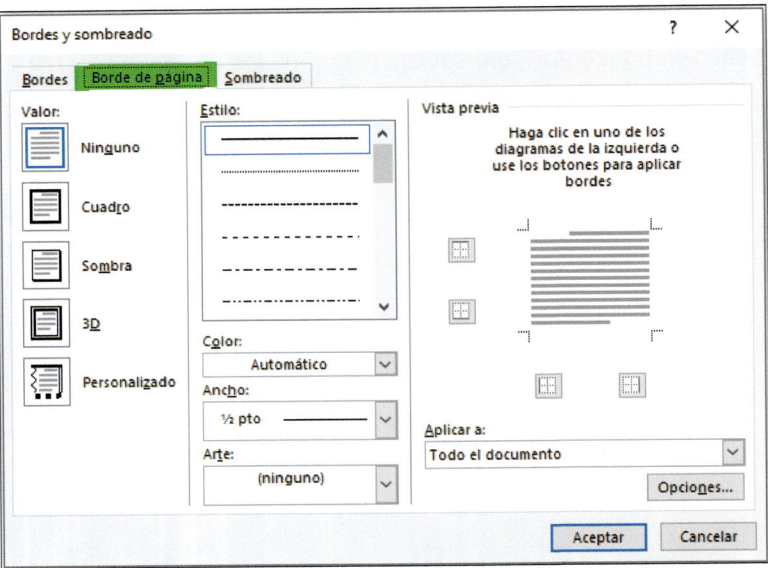

El trabajo con las opciones disponibles en esta pestaña es la misma que la que se ha estudiado con los bordes, tan solo podemos ver una opción nueva *Arte*, a través de la cual podemos establecer bordes más específicos.

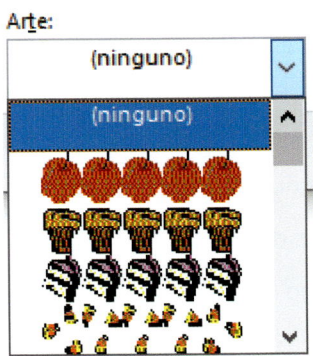

6.3. Formateo de columnas

En algunas ocasiones, cuando queremos evitar que las líneas de nuestro documento sean excesivamente largas —un documento de líneas muy largas es más difícil de leer—, podemos hacer que la página tenga dos o más columnas. El texto de cada página fluirá rellenando la primera, luego la segunda, etc., y al final de la última columna de la página, pasará automáticamente a la primera de la siguiente. También habrá que definir un espacio entre columnas (denominado medianil en la jerga de la composición gráfica).

Mediante la ficha **Disposición**, en el grupo **Configurar página,** encontraremos una serie de selectores para establecer las características de las páginas del documento. Si queremos ajustar la configuración de las columnas (por ejemplo, establecer columnas de anchos diferentes o modificar el ancho del medianil), escogeremos la opción *Más columnas*, que abrirá el cuadro de diálogo de la figura siguiente.

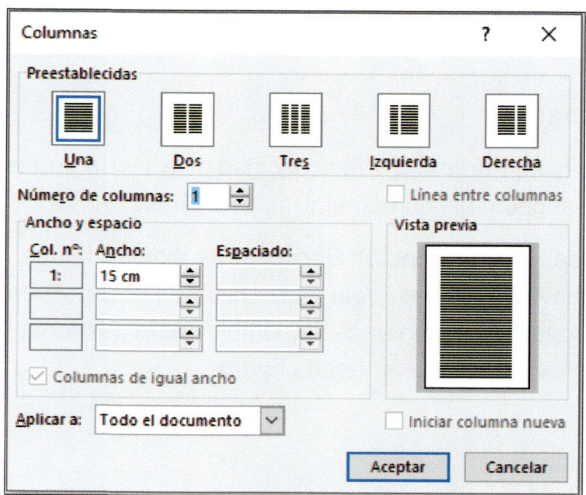

Si deseamos pasar de una columna a otra, podemos hacerlo de dos formas:

- Insertando un salto de columna (ficha **Disposición,** grupo **Configurar página,** *Saltos, Columna*).

- Utilizando la combinación de teclas *Ctrl + Mayús + Entrar.*

Asimismo, debes tener en cuenta que se puede modificar la anchura de las columnas utilizando la regla, siguiendo el mismo procedimiento que si modificaras los márgenes del documento.

Fíjate en la siguiente figura, como puedes comprobar el documento está distribuido en tres columnas, puesto que en la regla figuran tres separaciones diferenciadas.

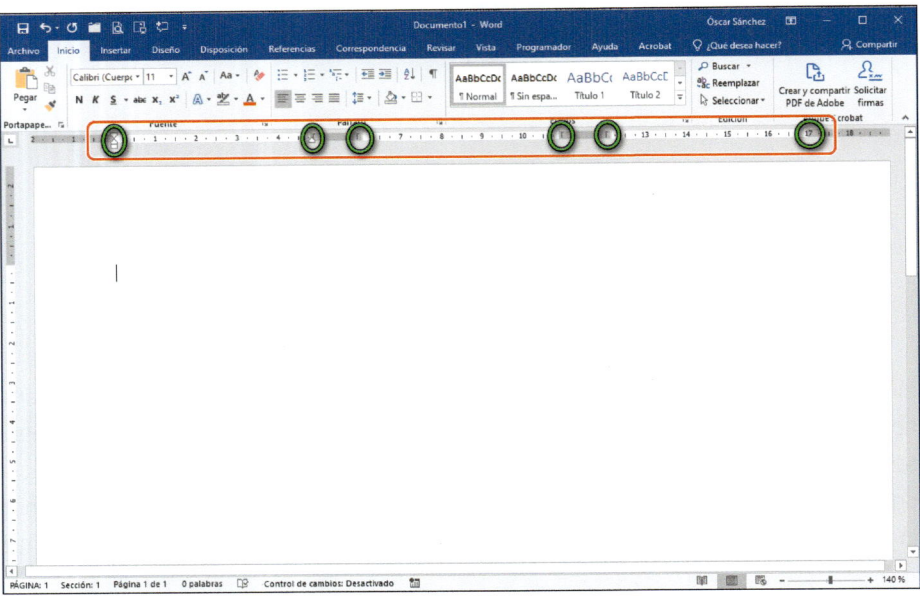

6.4. Autoformato

El autoformato hace referencia a la capacidad de nuestro procesador de textos de modificar el aspecto del texto mientras escribimos.

En Word, emplearemos la función *Opciones de Word*, a la que accederemos a través de la ficha **Archivo** para llegar a las opciones de autoformato, siendo dos cuadros de diálogo los que tenemos disponibles para gestionar estas opciones, tal y como puedes ver en las siguientes figuras.

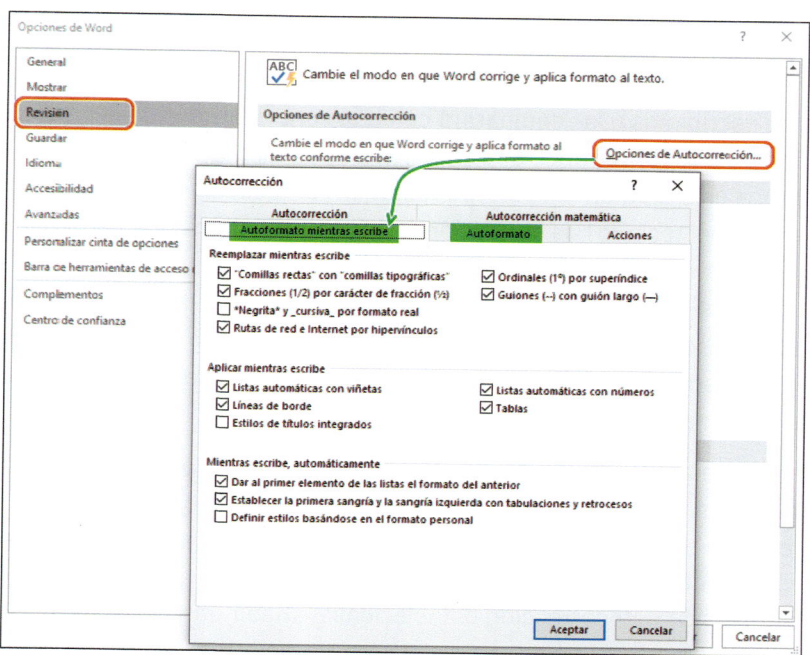

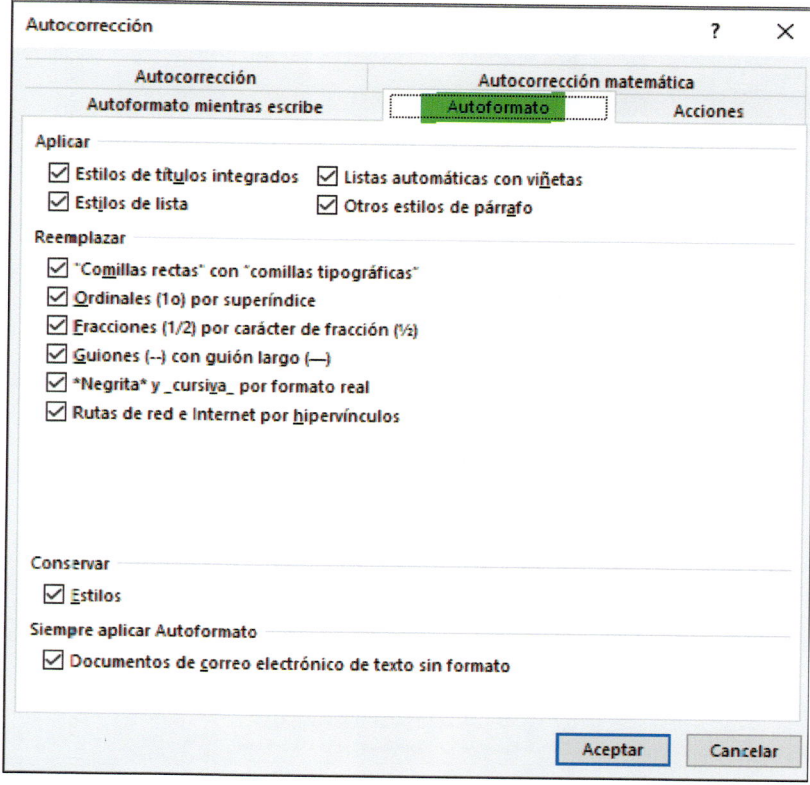

6.5. Autocorrección

Cuando la autocorrección está activa, el procesador de textos revisará las palabras que escribimos y las comparará con una serie de reglas de escritura. Si escribimos un error ortográfico que esté incluido en dichas reglas (por ejemplo, si escribimos erróneamente «ber» por estar la «b» y la «v» situadas una al lado de la otra en el teclado), la aplicación la sustituirá automáticamente. En Word, cuando se produce la autocorrección de una palabra, aparece bajo esta, cuando situamos el ratón sobre ella, el icono de *Opciones de autocorrección.* Mediante dicho icono desplegamos un menú con el que podemos, entre otras opciones, volver a la versión anterior de la palabra o detener su corrección automática para el documento actual.

Las reglas de autocorrección no son inmóviles, pudiendo añadirse unas y eliminarse otras. En Word, emplearemos la función *Opciones de Word*, a la que accederemos a través de la ficha *Archivo.* En dichas opciones, en el apartado de *Revisión* (columna izquierda del cuadro de diálogo), podremos modificar las diversas reglas de autocorrección establecidas y añadir otras nuevas.

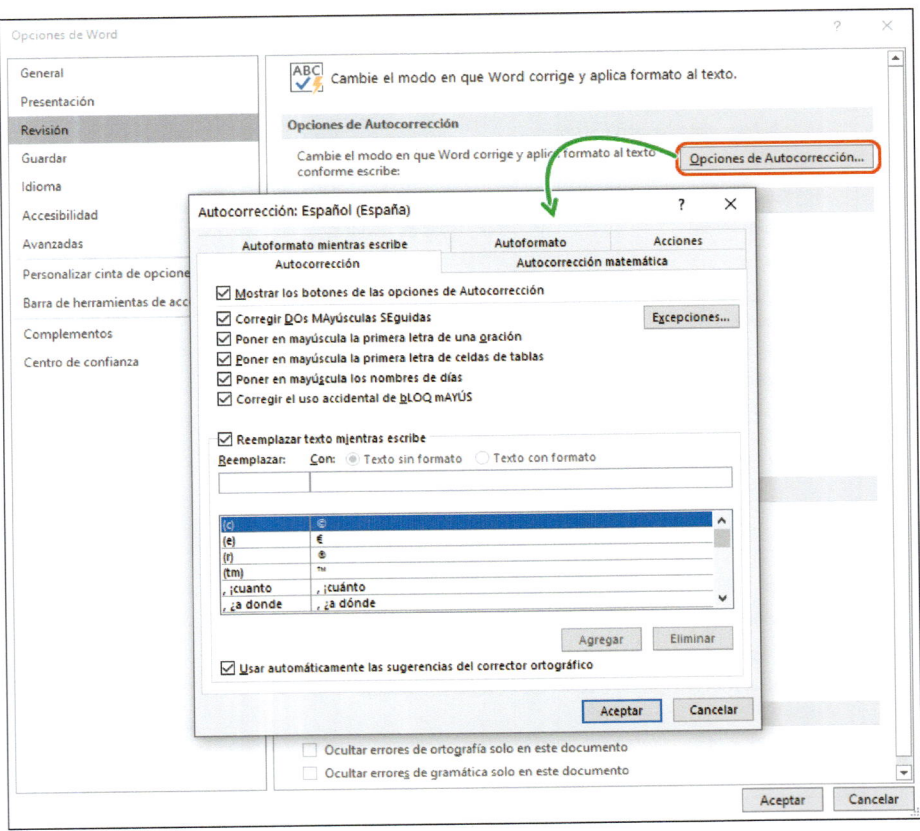

6.6. Revisión de un documento: el corrector ortográfico y gramatical

La revisión ortográfica y gramatical es otra de las grandes aportaciones de los procesadores de textos.

Evitar que haya errores en nuestros textos es ahora mucho más fácil. No obstante, conviene saber que revisar un documento y que Word no encuentre ningún error, no quiere decir que necesariamente sea así, ya que hay errores que Word no puede detectar puesto que dependen del contexto.

Por ejemplo, si escribimos «En la vaca del coche había muchas maletas» y «¡Vaya baca más grande!». Word no detectará ningún error puesto que tanto «baca» como «vaca» son palabras correctas que existen en el diccionario, aunque en el primer caso la palabra correcta es «baca» y en el segundo caso «vaca».

La revisión ortográfica consiste en comprobar que las palabras de nuestro texto no son erróneas, y la revisión gramatical trata de que las frases no contengan errores gramaticales como por ejemplo «Las niñas son buenos»; donde no concuerdan el género del sujeto y del adjetivo.

Para realizar esta revisión pulsaremos sobre el icono , ubicado en la ficha *Revisar*, apareciendo en la zona derecha de Word un cuadro como el que se muestra en la siguiente imagen.

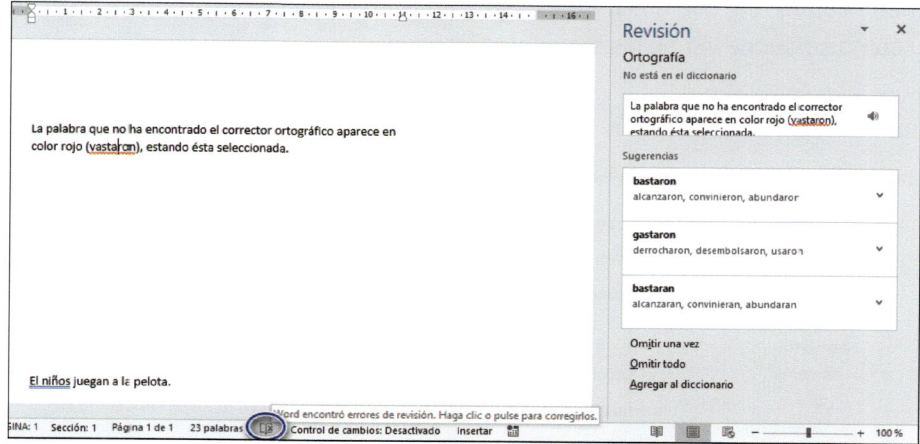

Siguiendo esta figura, las opciones que se nos presentan son las siguientes:

- **Palabra no encontrada**: aparece en color rojo la palabra no encontrada *(vastaron)*.

- **Sugerencias**: con las palabras más parecidas que ha encontrado Word en sus diccionarios.

- **Omitir una vez**: no realiza ninguna acción sobre la palabra no encontrada y continúa revisando el documento.

- **Omitir todo**: cada vez que vuelva a encontrar la misma palabra la pasará por alto sin realizar ninguna acción sobre ella. Continúa revisando el documento.

- **Agregar al diccionario**: añade la palabra no encontrada al diccionario personalizado.

- **Cambiar todo**: en *Sugerencias* dispones de las opciones que Word considera como alternativas. Si despliegas las opciones disponibles, aparece esta opción que cambia automáticamente todas las veces que aparezca la palabra no encontrada por la palabra seleccionada de la lista.

Por defecto, mientras escribimos un texto, Word está revisando la ortografía y la gramática, de tal forma que si encuentra un error ortográfico nos lo muestra con un subrayado ondulado de color rojo, y si lo que encuentra es un error gramatical, nos lo muestra con un subrayado ondulado de color azul.

En ocasiones no queremos esperar a escribir todo el documento para pasar el corrector ortográfico a todo el documento, sino que cuando visualizamos el subrayado rojo (error ortográfico) o el subrayado azul (error gramatical) deseamos realizar la corrección de la palabra.

Si pulsamos el botón derecho del ratón encima de la palabra, se desplegará el menú contextual que nos dará a elegir varias opciones para corregir el error, tal y como se puede ver en las siguientes imágenes.

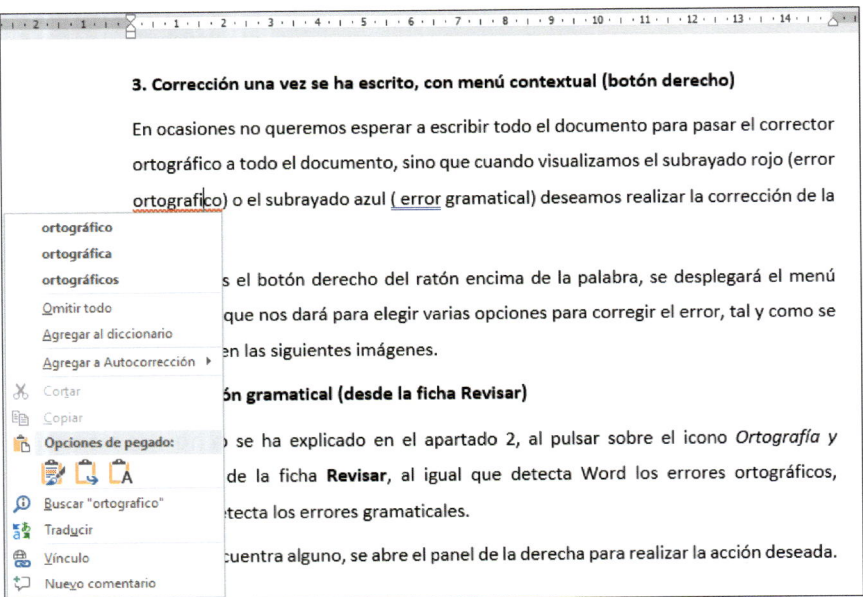

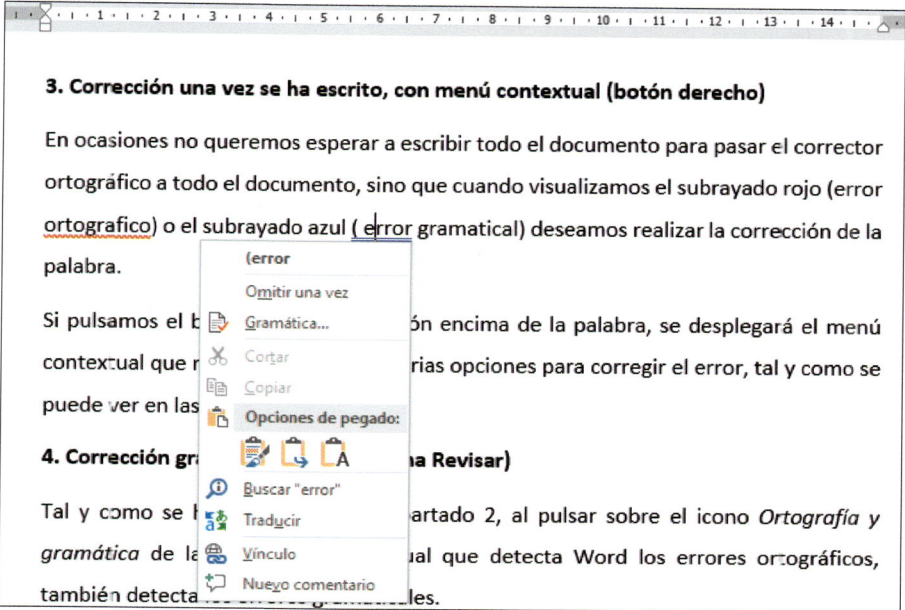

Tal y como se ha explicado anteriormente, al pulsar sobre el icono *Ortografía y gramática* de la ficha **Revisar,** al igual que detecta Word los errores ortográficos, también detecta los errores gramaticales.

Cuando encuentra alguno, se abre el panel de la derecha para realizar la acción deseada.

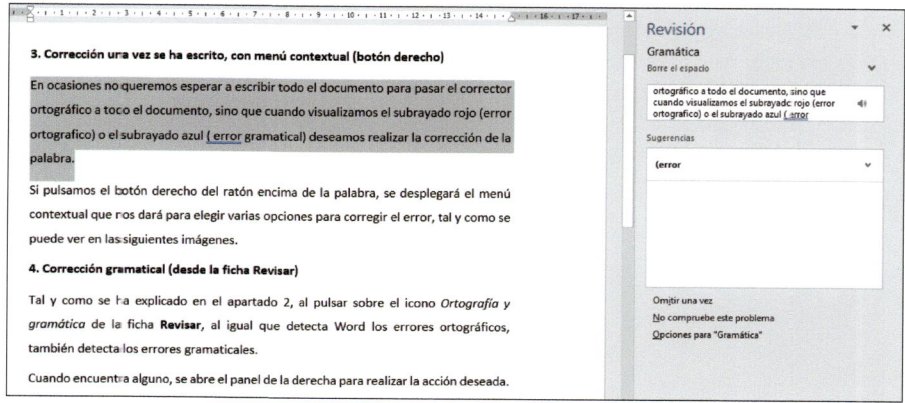

6.7. El diccionario de sinónimos

En alguna ocasión es posible que nos interese cambiar una palabra por otra que tenga el mismo significado, es decir, queramos utilizar un sinónimo.

Word dispone de un diccionario de sinónimos para poder llevar a cabo esta acción, pudiéndose realizar de dos formas:

- Seleccionamos la palabra y pulsamos sobre ella con el botón derecho del ratón para elegir la opción *Sinónimos*. Podremos comprobar que nos da una lista con sinónimos que podemos utilizar.

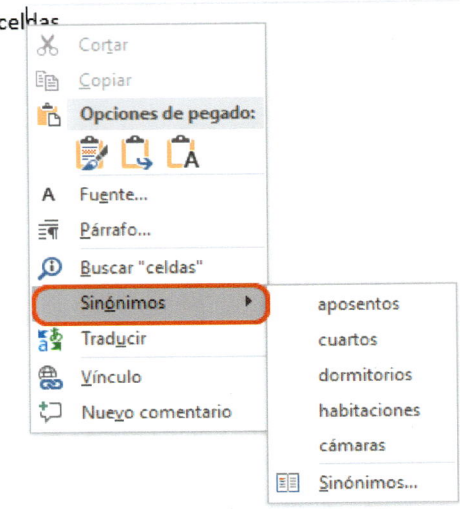

- Seleccionando la opción *Sinónimos* de la ficha **Revisar,** grupo **Revisión**. Se abrirá un panel en la zona de la derecha, para que escribamos la palabra de la que queremos obtener un sinónimo.

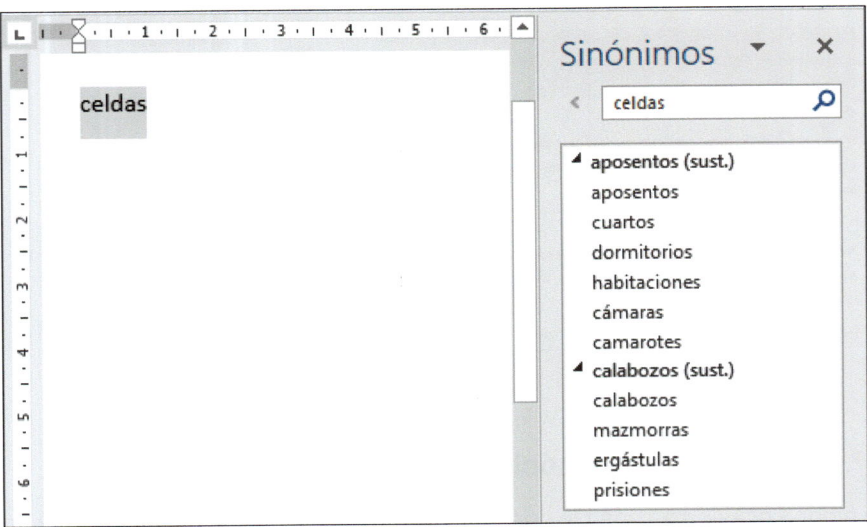

6.8. Uso de «Contar palabras»

Es una herramienta de nuestro procesador de textos que nos permite, no solo contar las palabras, sino también las páginas, los caracteres con y sin espacios, párrafos, líneas e incluso los cuadros de texto y notas al pie y notas al final. Puede ser muy útil, por ejemplo, para controlar la velocidad de escritura, pues podemos saber cuántos caracteres tiene un texto y, midiendo el tiempo que nos lleva copiarlo, sabremos cuáles son las pulsaciones por minuto que hemos utilizado.

Si seleccionamos una parte del texto, al activarlo nos ofrece la información sobre esa parte en concreto. Si no seleccionamos nada, lo hará sobre todo el documento. Para acceder a esta herramienta vamos a la ficha *Revisar*, grupo *Revisión*, opción *Contar palabras*.

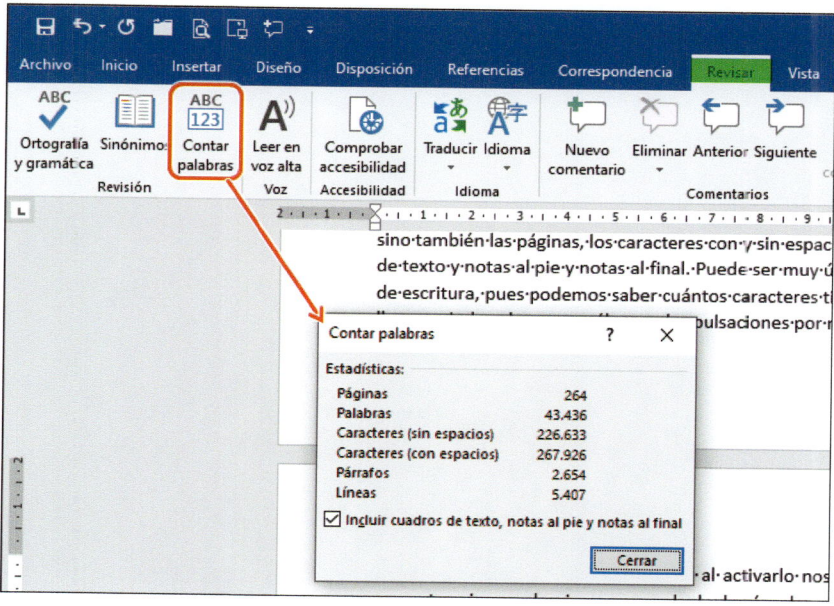

Además, podemos ver el número de palabras mientras escribimos en la barra de estado en la parte inferior del documento. Si no las vemos, hacemos clic con el botón secundario del ratón sobre la barra de estado y activamos la casilla de verificación de contar palabras.

Ejercicios prácticos

ACTIVIDAD 6.1

Copia el siguiente texto:

La misión del control de calidad en el diseño es garantizar que se cumple lo estavlecido con relación a los nuevos productos en cuanto a los nibeles de calidad y coste.

Realmente, el desarrollo de las funciones combendrá efectuarlo de acuerdo con las necesidades, en cada caso, y está dentro del régimen interior de la organización de cada tipo de empresa; no es posible señalar aquí la forma de hacerlo.

La tecnologia a aplicar es muy dibersa y puede havarcar metodos de ingenieria y métodos estadisticos. En ambos casos, son las erramientas para actuar que no deben confundirse con la función que se pretende hacer. La sintesis de esta misión puede definirse en lo siguiente: «un nuebo diseño». Antes de lanzarlo a producción, debe ser estudiado y rebisado para establecer los sistemas de inspección más idoneos capaces de garantizar los niveles de calidad establecidos.

La segunda misión integrada en el control de la calidad es la que corresponde al control de las matrerias primas. Las empresas en general adquieren en el esterior materiales cuyo balor alcanza hasta un 40 a 60% del valor del producto elavorado. Ahora bien, ante el comprador somos responsables del conjunto, no sólamente de la parte que corresponde al balor añadido, por tanto el exito o el fracaso de la calidad de los productos de una empresa hay que vuscarla muchas veces en la calidad de los suministradores.

Hace tiempo que todos los que trabajan en control de calidad (aunque de forma poco hunida), hinsisten en la imposivilidad de optener productos dentro de unas especificaciones si las primeras materias de que disponen, para elevorarlos, en principio, ya no las cumplen.

No se ha dado suficiente importancia a crear un política de mejora de calidad en la totalidad de la industria, programando el escalonamiento progresibo desde las primeras materias hasta los productos, cualquiera que sea su grado de complejidad. La organización para la calidad ha tenido muchas veces que berse sometida a la disyuntiba de suspender o retrasar la producción por incumplimiento de especificaciones de las primeras materias, con todos los tratornos economicos que a la empresa le crea, o dar entrada a productos que incorporados a la producción no permitan alcanzar el nibel de calidad deseado.

Pasa el corrector ortográfico y si hay alguna palabra que no entiendes, búscala en el diccionario.

ACTIVIDAD 6.2

Copia el texto de la siguiente figura y déjalo lo más parecido posible a lo que se muestra. Cuando hayas terminado pasa el corrector ortográfico.

Esca para te

Feria centro comerzial Arturo Soria Plaza hasta el 16 de febrero

Arte avierto

La Feria de Liberación de Espacios Comerciales Hacia Arte, más conocida como Flecha, inaugura el sábado 7 su edición de 2021. El evento, que se celebra desde hace ya once años, abre sus puertas en el Centro Comercial Arturo Soria Plaza (Arturo Soria, 126) hasta el 22 de febrero, evitando coincidir de lleno con Arco -La Feria Internacional de Arte Contemporaneo que acogerá Ifema del 14 al 19 de febrero-.

El lobo zoo-acuariun hasta el 24 de febrero

Un tierno cazador

El biologo y fotógrafo Carlos Sanz García, que lleva más de 25 años estudiando la vida de los lobos ibéricos -fue colaborador directo de Félix Rodríguez de la Fuente-, expone, hasta el 24 de febrero, parte de sus instantaneas sobre este mamífero en el zoo-acuarium de Madrid (casa de campo, Metro Batán), en la muestra Amigo lobo.

Un livro

Una vida nobelada

La santa de Galdós es un ejercicio sobre vida y literatura que contribuye a la crítica de la obra galdosiana al mismo tiempo que se introduze en el panorama sociologico del madrid del siglo XIX.

Humanitarismo Academia de Bellas Artes hasta el 3 de fevrero.

Por la bida

La Sala de Exposiciones de la Calcografía Nacional de la Academia de Bellas Artes de San Fernando (Alcalá, 13) acoge, hasta el 3 de febrero, una seleccion de 19 imagenes que han participado recientemente en el V Premio Internacional de Fotografía Humanitaria Luis Valtueña. *Entrada libre.*

Arquitectura coam hasta el 20 de marzo

Estructura nórdica

La Fundación COAM acoge, hasta el 20 de marzo, Arquitectura Contemporánea Noruega (2015-2020), una exposición en la que presentan los 50 dificios más importantes construidos en este país durante los últimos cinco años del siglo XX.

Convocatorias

Premio. La Fundación Cultural Mapfre Bida convoca la XXVI edición del Premio González Ruano de Periodismo.

---

7. Edición de textos

Introducción

Una vez que está el texto escrito, es frecuente que precisemos buscar una palabra, o una frase, en él, e incluso a veces es preciso sustituirla por otra.

De la misma forma, hay una serie de elementos que nos interesa incorporar en nuestro documento y que se repitan en todas, o casi todas, las páginas.

Todo esto es lo que aprenderás en esta unidad.

Contenido

7.1. Búsqueda y sustitución de textos

En ocasiones es posible que necesitemos buscar una palabra, o una frase, en el documento que estamos elaborando. Word cuenta con una función muy completa que nos ayudará a llevar a cabo esta búsqueda.

Podemos acceder a ella a través de la ficha *Inicio*, grupo *Edición*, en la que disponemos de la opción *Buscar*.

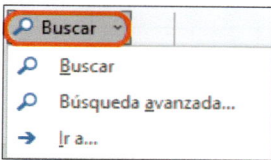

Al pulsar sobre esta opción se abrirá, a la izquierda del área de trabajo, el panel **Navegación**, tal y como puedes ver en la siguiente imagen.

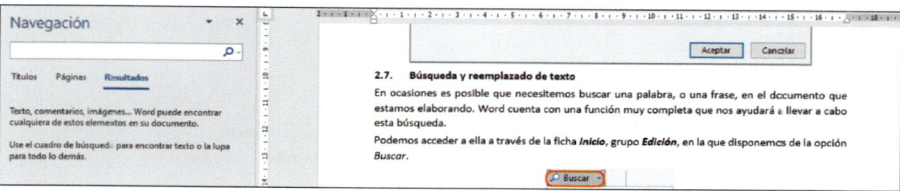

En el cuadro disponible en el panel lateral, escribiremos la palabra, o palabras, que queramos buscar dentro del documento que tengamos abierto. Podemos ver una lista con todas las veces que se repite dicho término en todo el documento, e ir rápidamente a cada una de ellas desde esta lista. Además, las palabras se resaltarán en color amarillo en el texto, tal y como puedes ver en la imagen siguiente.

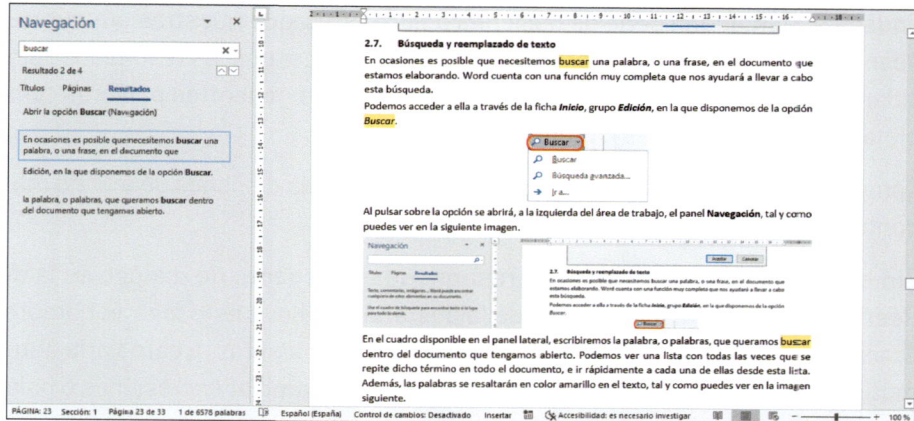

Podemos desplazarnos por todas estas palabras desde las flechas que aparecen en el panel de navegación. Cuando queramos realizar una nueva búsqueda, no tenemos más que pulsar sobre la X del cuadro para borrarlo y escribir la palabra, o palabras, que deseamos buscar.

Además de esta sencilla función de búsqueda, Word también nos ofrece una opción de *Búsqueda avanzada*. Al pulsar sobre esa opción, se abrirá un cuadro de diálogo como el que se muestra a continuación.

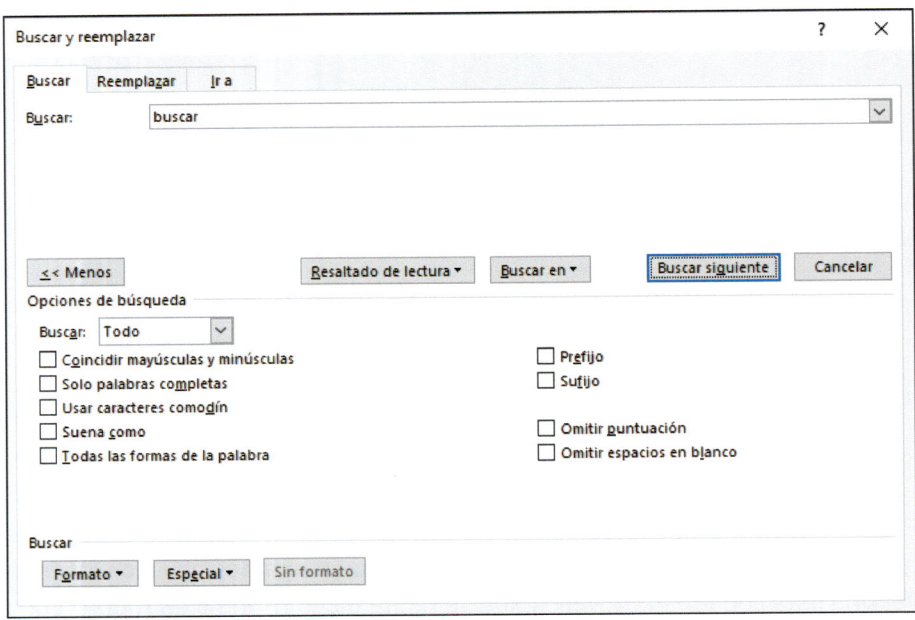

Tal y como puedes comprobar, desde este cuadro de diálogo también permite buscar todas las veces que se repite una palabra o palabras, y desplazarnos por ellas con facilidad. Sin embargo, el principal potencial son las opciones de búsqueda.

Podemos marcar una serie de opciones y filtros para que nuestras búsquedas sean mucho más precisas. Por ejemplo, podemos hacer que los resultados coincidan con las mayúsculas o minúsculas, que solo se encuentren palabras completas (no partes de ellas), prefijos, sufijos, etc.

Como puedes comprobar, desde la búsqueda avanzada dispones de mucho más control sobre aquello que deseas buscar.

Sin embargo, la función más interesante de este cuadro de diálogo es la de **Reemplazar** texto, disponible desde la pestaña que lleva este mismo nombre. Gracias a ella vamos a poder buscar una palabra, o palabras, y cambiarla automáticamente por otra. Esta opción es muy útil para cambiar expresiones o palabras que hemos escrito mal desde el comienzo del documento.

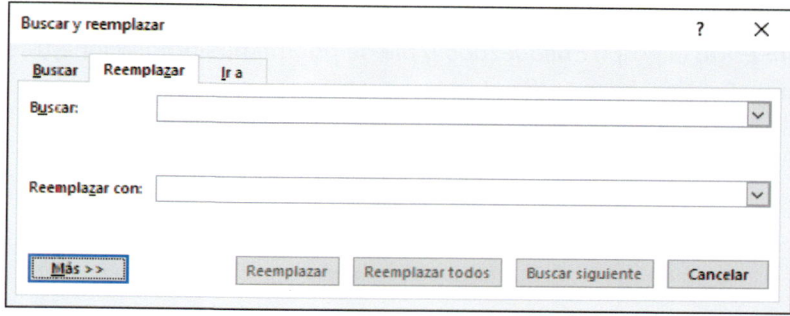

Lo único que hay que hacer es escribir la palabra que queremos sustituir en el cuadro *Buscar* y, en el cuadro *Reemplazar con:,* escribiremos la palabra por la que la queremos sustituir.

Desde el botón *Reemplazar* podremos ir reemplazando la palabra de una en una. Sin embargo, disponemos del botón *Reemplazar todos* para que, automáticamente, Word reemplace todas las palabras.

Al igual que sucedía con la búsqueda avanzada, se dispone de opciones y filtros para que el reemplazo sea mucho más preciso. Todas estas opciones están disponibles cuando hacemos clic sobre el botón *Más > >*.

7.2. Configuración de encabezados y pies de página

Los encabezados y los pies de página son elementos que se repiten en todas las páginas del documento. Permiten, por ejemplo, añadir elementos que deban aparecer al comienzo de las páginas —pensemos, por ejemplo, en el logotipo en una empresa en un informe redactado por ella, o el nombre del autor del documento— o bien ciertos elementos dinámicos como el número de página o la fecha u hora actuales. En el caso de estos elementos, en el encabezado especificamos el formato que habrán de tener y, estos, en cada página o momento, toman el valor que les corresponda.

En ocasiones —cuando el documento va a ir impreso a doble cara y encuadernado— nos interesará especificar encabezados diferentes según que las páginas sean pares o impares: si nos fijamos en algunos libros que tengamos a mano, veremos que, en la mayoría de ellos, los números de página están situados simétricamente en el borde exterior de la página: en el borde izquierdo en las páginas pares —situadas siempre a la izquierda en la encuadernación— y en el borde derecho en las pares —situadas a la derecha—. También puede ser necesario especificar un comportamiento diferente en la primera página del documento, porque en esta página, al ser la que lleva el título, se prefiere habitualmente una maquetación un tanto diferente.

Los encabezados y pies de página se introducen en el documento mediante la ficha *Insertar:* el grupo *Encabezado y pie de página* nos proporciona tres botones para ello: *Encabezado*, *Pie de página* y *Número de página*.

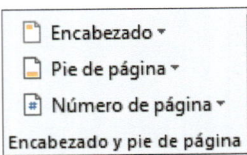

En Word disponemos de diversos estilos de encabezado y pie de página predefinidos. Algunos de ellos introducen automáticamente el título del capítulo, aunque para ello este debe tener asignado el estilo correspondiente (veremos más adelante el concepto de estilos y sus usos).

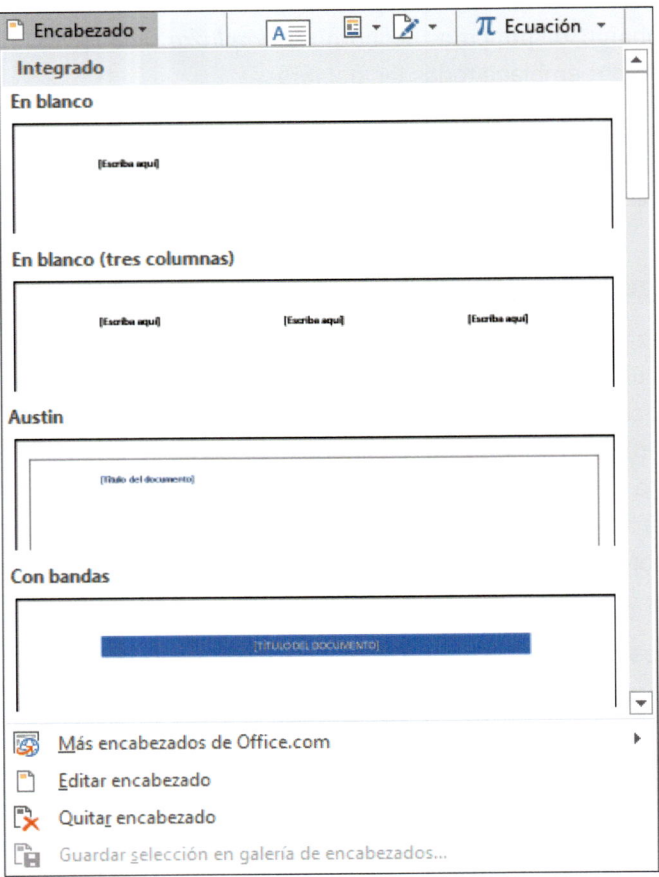

Una vez seleccionado un encabezado o pie, este se muestra en la parte de las páginas que le corresponda. El texto de la página aparece más tenue para indicar que estamos editando el encabezado o pie y no el contenido de la página. Cuando hayamos terminado de trabajar con el encabezado o pie, pulsaremos doble clic sobre el contenido de la página y los términos se invertirán: aquel aparecerá más tenue y el texto o las imágenes del cuerpo de la página volverán a su color habitual. Se puede modificar el encabezado en cualquier momento pulsando doble clic sobre él.

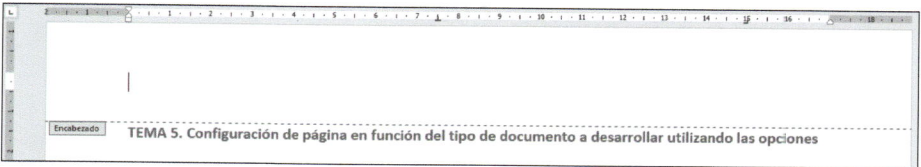

Cuando estemos editando el encabezado, veremos que la regla vertical cambia de apariencia: en ella aparecen representados los márgenes del encabezado. Moviendo los bordes de dichos márgenes podemos modificar el tamaño y la posición del encabezado o del pie: dicha modificación se aplicará a todas las páginas del documento.

Cuando activamos el encabezado o pie, a la derecha de las fichas existentes aparece una nueva (*Diseño* del encabezado o pie de página). En ella encontraremos todas las funciones relacionadas con este elemento: formato del encabezado o pie, inserción de imágenes, modificación del tamaño y los márgenes, inserción de números de página, fechas y horas, opciones del encabezado o pie, etc.

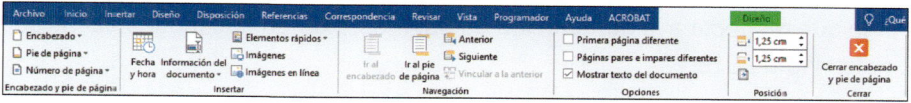

Podemos observar que cualquier elemento que introduzcamos en el encabezado se reproducirá en todas las páginas del documento. ¿Qué ocurre si queremos definir encabezados o pies diferentes para páginas pares e impares, o queremos que el encabezado o pie de la primera página del documento sea distinto? Podemos hacerlo de cualquiera de estas dos formas:

- En las opciones de la ficha *Diseño* del encabezado o pie disponemos de dos casillas de verificación, *Primera página diferente* y *Páginas pares e impares diferentes,* que activaremos o desactivaremos según la configuración deseada.

- Esas mismas casillas están presentes en el cuadro de diálogo *Configurar página*, en la pestaña *Disposición*.

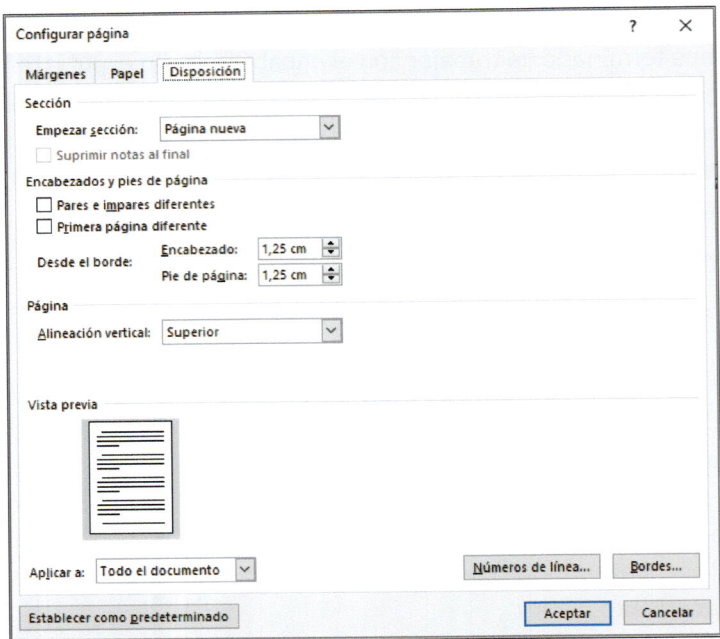

Empleando cualquiera de estos dos métodos, el encabezado y pie de páginas vendrán ahora etiquetados como *Encabezado en página par, Pie de página en página par, Encabezado en página impar,* etc. Las modificaciones en el tamaño, formato y elementos de cada uno de estos encabezados o pies de página se reproducirán en las pares o en las impares, según corresponda.

Por lo que respecta a la numeración de páginas, existen dos modos de introducirla en Word 2019:

- Mediante la ficha *Insertar, Número de página*: aquí disponemos de diversos formatos, posiciones y configuraciones visuales para la numeración de las páginas del documento.

- Mientras estamos editando el encabezado o pie, en la ficha *Diseño* encontraremos un botón para insertar el número de página, pudiendo asimismo seleccionar la posición y el formato deseados para él.

7.3. Numeración de páginas

Es muy habitual que las páginas de los documentos de texto estén numeradas, ya sea en el encabezado o, más habitual, en el pie de página.

En la ficha *Insertar,* grupo *Encabezado y pie de página,* tenemos la opción para establecer el *Número de página.* Al pinchar sobre él se abren las distintas opciones que podemos seleccionar, tal y como se muestra en la siguiente imagen.

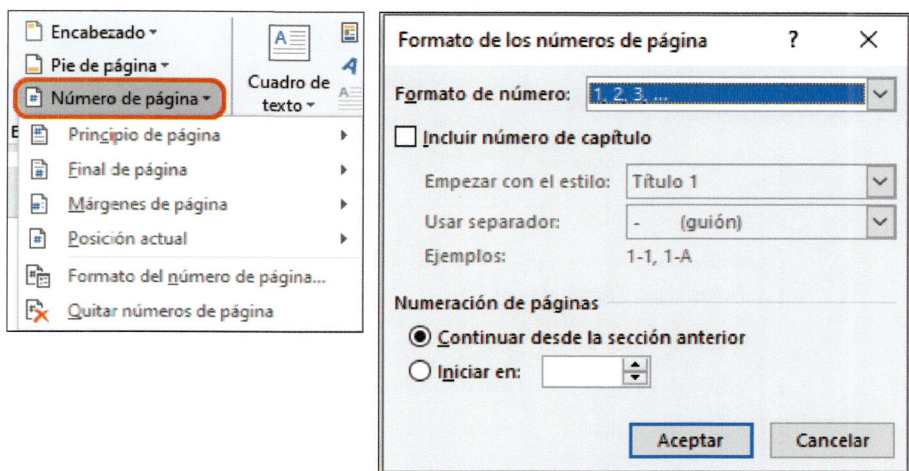

Por defecto, la numeración de las páginas se realiza con números arábigos, empezando desde el número 1. Pero esto es configurable por el usuario, de tal forma que seleccionando la opción *Formato del número de página,* podremos cambiar estos valores establecidos por defecto.

7.4. Configuración de notas a pie y final de página en secciones diferentes de texto

Una nota a pie de página sirve para introducir alguna cuestión al margen del razonamiento o flujo principal del texto. Se emplea a menudo cuando deseamos precisar una cuestión o citar una fuente bibliográfica que apoye una determinada afirmación. La nota debe incluir una información que pueda pasarse por alto y no leerse sin que ello afecte a la comprensión del texto principal. La nota lleva una referencia —habitualmente una referencia numérica— y un texto que se sitúa en el pie de la página, normalmente separado del cuerpo de la misma por una pequeña raya horizontal.

Las notas constituyen una forma de dar rigor y precisión a determinados documentos —especialmente a los documentos académicos, artículos de revistas especializadas, etc.—, pero no debe abusarse de ellas. Los procesadores de texto permiten insertar notas al pie y les asignan automáticamente la numeración, de modo que cuando se inserte una nota en un punto del documento, las que haya a continuación se verán incrementadas en una unidad.

En Word 2019, las notas a pie de página se insertan mediante la ficha *Referencias* y el botón *Insertar nota al pie.* La flechita situada en la esquina inferior derecha del grupo *Notas al pie* abre un cuadro de diálogo que permitirá configurar diversos aspectos de las notas tales como el tipo de numeración.

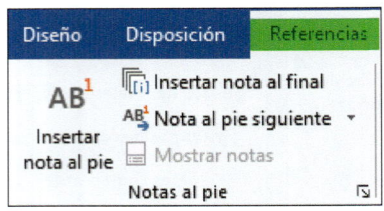

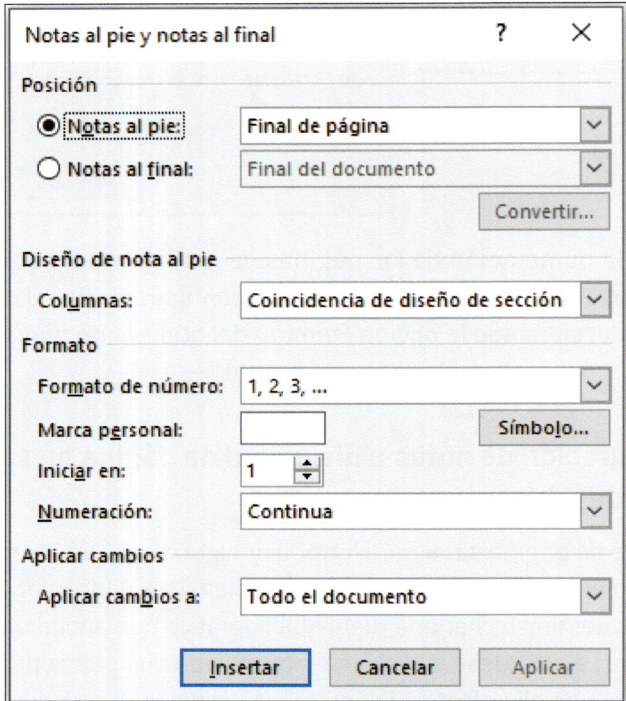

7.5. Procedimientos de trabajo intertextual

Podríamos definir intertextualidad como la presencia de un texto en otro, siendo la forma más habitual en que nos podemos encontrar esta intertextualidad en las citas que situamos entre comillas, por ejemplo: «En un lugar de la Mancha de cuyo nombre no quiero acordarme…» es una cita de don Miguel de Cervantes. En este apartado están coexistiendo dos textos diferentes con dos creadores diferentes.

Para insertar una cita primero tenemos que dar de alta una fuente (libro o artículo, por ejemplo). Situamos el cursor donde queremos que aparezca la cita, vamos a la ficha *Referencias*, grupo *Citas y bibliografía*, y pulsamos en la opción *Insertar cita*, eligiendo del menú desplegable la opción *Agregar nueva fuente…*

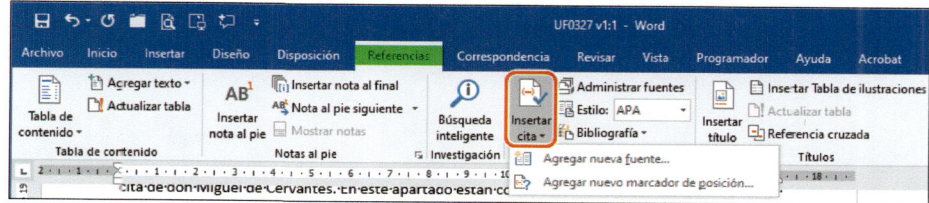

En el cuadro de diálogo que aparece, nos permite elegir las siguientes opciones:

- Tipo de fuente bibliográfica: si es un libro, un artículo, un informe…

- Autor: autor que queremos citar. Si son varios, con el botón *Editar*, podemos añadirlos.

- Título del libro, artículo…

- Año de publicación del libro, artículo…

- Ciudad en la que se publicó.

- Editorial que lo publicó.

- Si seleccionamos la casilla de verificación *Mostrar todos los campos bibliográficos*, aparecen más opciones.

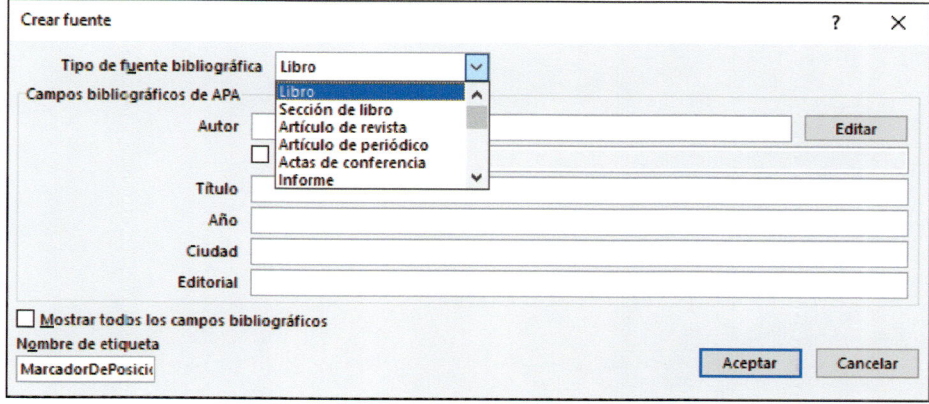

Una vez establecida la fuente aceptamos y ya aparece la cita «En un lugar de la mancha…» (De Cervantes Saavedra, 1605).

Estos pasos los hemos dado porque es la primera vez que citamos a Cervantes; en las siguientes ocasiones al utilizar la opción *Insertar cita* aparecen las fuentes dadas de alta, con lo que solo tenemos que seleccionarla para que aparezca.

Ejercicios prácticos

ACTIVIDAD 7.1

Copia el texto de la siguiente figura y déjalo lo más parecido posible a lo que se muestra.

ORDEN DE EVALUACIÓN

Relación de algunos artículos

1) Artículo 20.1.

El alumnado o sus padres o representantes legales, presentarán una reclamación, por escrito, ante el Director del centro, solicitando la revisión de las calificaciones, en el plazo de dos días hábiles contados a partir del siguiente a aquel en que se produjo la entrega del informe de la evaluación final ordinaria o extraordinaria. La reclamación debe contener las alegaciones que justifiquen la disconformidad con la calificación o decisión adoptada[1].

2) Artículo 20.2.

El Jefe de Estudios trasladará la reclamación, en el mismo día en que se presente, al departamento o departamentos didácticos de materias afectados por la reclamación y lo comunicará al tutor, como responsable de la coordinación de la sesión final de evaluación.

AUTOMATIZACIÓN DE OFICINAS

DESCRIPCIÓN		PRECIOS	
Artículo	**Modelo**	**Dto.**	**Precio**
Móvil	Samsung	0	200
Fotocopiadora	COPY Plus	30	350
Tablet	Ipad	25	790
Ordenador Personal	HSQ-586	0	400
		IMPORTE TOTAL...	**1.029**

3) Artículo 20.3.

Cuando la reclamación tenga por objeto la revisión de las calificaciones, el departamento o departamentos didácticos responsables de las materias correspondientes, analizarán la solicitud de revisión y elaborarán un informe de respuesta motivado.

Modelos y Nuevos descuentos:

➤ Samsung 0
➤ COPY Plus 105,00
➤ Ipad 197,50
➤ HSQ-586 0

---

[1] Ver también apartados 4 y 5 de este artículo de la presente Ley.

ACTIVIDAD 7.2

Copia el texto de la siguiente figura y déjalo lo más parecido posible a lo que se muestra. Ten en cuenta que la palabra «MOTOS» se encuentra en el encabezado del documento.

MOTOS

"Aquí aprenderás mucho sobre el "mundo de las dos ruedas".

- Tipos de motocicletas (entre otras):
  - Scooters
  - Motocross
  - Enduro
  - Naked
- Ventajas de la moto en la movilidad urbana:
  - Un uso más racional del **espacio urbano**
  - **Mayor fluidez** del tráfico
  - **Menor contaminación**
- Qué uso le da la gente a la moto:
  - Como **medio de transporte**
  - Para **hacer turismo**
  - Para realizar **deporte**

CUÁLES HAN SIDO LAS CINCO MOTOS MÁS VENDIDAS EN ESPAÑA EN EL AÑO 2020

Kymco Agility City 125------------- 5.704 u.
Honda PCX125 -------------------- 5.301 u.
Yamaha NMAX 125---------------- 4.688 u.
Piaggio Liberty 125 ABS ---------- 4.267 u.
Silence S02 ----------------------- 4.033 u.

ACTIVIDAD 7.3

Copia el texto de la siguiente figura y déjalo lo más parecido posible a lo que se muestra.

El reciclaje en el mundo

Qué es el reciclaje[i]

El reciclaje es un proceso en el que se transforman residuos usados o desechados en nuevas materias primas listas para volver a ser usadas. Pero, ¿cómo es posible que los desechos que hemos tirado a la basura se conviertan en un material que puede usarse de nuevo?

Las técnicas que se utilizan para ello son diversas. En primer lugar, se reciben las materias primas para posteriormente pasar por un proceso de selección. Esto es igual para todos los residuos, pero a partir de este momento puede variar según la tipología de estos.

NORMATIVA

I.- **Nacional:**
- Real Decreto 293/2018, de 18 de mayo, sobre reducción del consumo de bolsas de plástico.
- Orden AAA/1783/2013, de 1 de octubre, modifica el anejo 1 del Reglamento para el desarrollo y ejecución de la LEY 11/1997.
- Ley 22/2011, de 28 de julio, de residuos y suelos contaminados.

II.- **Europea:**
- Directiva (UE) 2019/904 del Parlamento Europeo y del Consejo de 5 de junio de 2019 relativa a la reducción del impacto de determinados productos de plástico en el medioambiente.
- Directiva (UE) 2018/850 del Parlamento Europeo y del Consejo, de 30 de mayo de 2018, por la que se modifica la Directiva 1999/31/CE relativa al vertido de residuos.
- DIRECTIVA (UE) 2018/851 del Parlamento Europeo y del Consejo, de 30 de mayo de 2018, por la que se modifica la Directiva 2008/98/CE sobre los residuos.
- Decisión 76/431/CEE: sobre la creación de un comité de gestión en materia de residuos.
- Directiva COM (92) 278: relativa a envases y residuos de envases.
- Directiva 94/62/C: Relativa a los envases y residuos de envases.

III.- **Administración Autonómica:**
- Ley 6/1993 reguladora de los residuos.

Revistas y publicaciones

Ambienta _____ Revista mensual del Ministerio de Fomento.
Infoecología_____ Revista de ecología y medio ambiente.
Energética XXI_____ Revista de generación de energía.
Refocus _____ Revista internacional de energías renovables.

---

[i] De acuerdo con la organización sin ánimo de lucro Ecoembes.

ACTIVIDAD 7.4

Reproduce el documento que se muestra al final de estas instrucciones. Para ello, utiliza los siguientes formatos:

1. Edición de texto en dos columnas. La primera tendrá un ancho de 9,5 cm; la segunda de 5 cm y la separación entre ambas será de 0,5 cm.

   Crea los saltos de columna necesarios, para que el texto quede como se muestra en el documento.

2. Título «OPOSICIONES ESTATALES»:
   - Fuente Times New Roman, negrita de 26 puntos.
   - Escala al 150 %, la palabra «oposiciones» tiene un espacio entre caracteres expandido de 1 punto, mientras que la palabra «estatales» tiene un espacio comprimido de 1 punto.
   - Aplicar el borde y sombreado adecuado.

3. Párrafo: «Los meses de septiembre...»:
   - Fuente Century Gothic, 14 puntos, cursiva.
   - Alineación centro.

4. Párrafo: «Justicia: 3.253 alumnos...»:
   - Fuente Times New Roman 12 ptos. Alineación izquierda.

5. Párrafo: «PRÓXIMAS CONVOCATORIAS»:
   - Edición a una columna.
   - Fuente Arial Black de 16 puntos.
   - Alineación centrada.
   - Aplicar el borde y sombreado adecuado.

6. Párrafo: «PRÓXIMA OEP...»:
   - Fuente Times New Roman de 12 puntos.
   - Edición a tres columnas de igual ancho.
   - Aplicar línea entre columnas.
   - Aplicar los formatos (negrita, subrayado...) adecuados en los párrafos.
   - Insertar la nota al pie al final de la selección.
   - En el final del texto hay un símbolo de la fuente Webdings de 72 puntos.
   - Aplicar un borde con sombra al símbolo.

7. Aplicar un borde a la página de estilo *Arte*.

OPOSICIONES ESTATALES

Los meses de septiembre y octubre comienzan con un extraordinario panorama en cuanto a las oposiciones se refiere. Existe un amplio abanico de posibilidades para conseguir un puesto de trabajo como funcionario de carrera. A continuación, pasamos a detallar las plazas que ofrecen las distintas Administraciones Públicas.

JUSTICIA: 3.253 ALUMNOS APROBADOS EN EL PERIODO 2015-2020

Todos ellos se prepararon asistiendo a nuestras clases presenciales y/o utilizando nuestros sistemas de preparación. Entre ellos se incluyen los **490** aprobados de las dos últimas convocatorias. Además, nuestros alumnos consiguieron los primeros puestos tanto en la convocatoria del 2019 como en la convocatoria del 2020.

PRÓXIMAS CONVOCATORIAS (plazas)

PRÓXIMA OEP[1] ADMINISTRACIÓN DEL ESTADO

El próximo mes de febrero/marzo se publicará la OEP e la Administración del Estado. Es de esperar que se incluyan plazas de Agentes, Auxiliares y Oficiales de la Administración de Justicia, Agentes Hacienda Pública, Técnicos Auxiliares de Informática, Auxiliares Administrativos, Gestión, Promoción Interna, Ayudantes de II, etc., en un número similar a las pasadas convocatorias.

4.000 PLAZAS MÁS DE PERSONAL DE REPARTO

Está en marcha el proceso selectivo de la convocatoria de 6.000 plazas de Personal Operativo de reparto de la Sociedad Anónima Estatal Correos y Telégrafos publicada en abril de 2020. Se prevé que el examen se realice en el mes de octubre.

250 PLAZAS CUERPO EJECUTIVO DE CORREOS

Por otra parte, se prevé que en torno al mes de octubre se publique la próxima convocatoria de 250 plazas para el acceso al Cuerpo Ejecutivo, promoción interna.

---
[1] OFERTA DE EMPLEO PÚBLICO

ACTIVIDAD 7.5

Copia el documento, lo más parecido posible a la muestra, teniendo en cuenta lo siguiente:

1. El texto «Prueba de examen» está en el **encabezado** de página.

2. Los diferentes párrafos forman parte de una **lista multinivel**, escritos con diferentes fuentes de letra y con un tamaño de 11 puntos.

3. La **configuración** de la página es la siguiente:

Margen superior: 2,30 cm	Margen de encuadernación: 0 cm
Margen inferior: 2,30 cm	Tabulaciones predeterminadas: 1 cm
Margen izquierdo: 1,40 cm	Encabezado: 1,50 cm
Margen derecho: 1,20 cm	Pie de página: 1,50 cm
Tamaño de papel: A4	Orientación: vertical

Prueba de examen.

I.Cohete a la luna

Van a lanzar un cohete a la Luna y la tripulación consta de dos chimpancés y un mexicano. De pronto la torre de control avisa que falta muy poco para el despegue y empieza a dar órdenes a la tripulación. ¡ Atención mono N°1, prepárase para la ignición!.
Y el mono, como un poseso, no para de accionar controles. Un fenómeno ¡Atención! Mono N°2, revise las escotillas y los sistemas de aceleración.

II.   Un examen

a) *En una escuela se está haciendo un examen.* El profesor pregunta a uno de los alumnos: A ver, aquel que está cerca de la puerta ¿En qué años desparecíó Pompeya?.

♦   No lo sé, la verdad.-Pues... ¿ cuándo se incendió Roma?.. Ni idea. El profesor comienza a mosquearse , pero decide darle otra oportunidad:

♦   Bueno, sabrá usted decirme cuándo inventó la máquina de escribir. "Pues si le digo la verdad... El profesor no aguanta más y le dice:

b) *¿Se puede saber para que viene usted a esta clase?* ¡por Dios! A poner bombillas soy el electricista.

♠   Un chimpancé de un zoo robo un celular y llamó a los guardias para molestar.

♠   Los empleados de un conocido[I] zoológico británico, que durante tres días y tres noches fueron bombardeados por llamadas telefónicas anónimas en los que sólo se escuchaban largos y profundos suspiros, descubrieron finalmente que el autor era una mono.

■   Chippy, un chimpancé de 11 años[II] que había robado el celular de un guardián, se estaba divirtiendo llamando a todos los números guardados en la memoria del teléfono.

■   Todavía es un misterio cómo Chippy consiguió apoderarse del aparato. Gary Gilmour, el dueño del celular, que ahora espera no sin cierta aprensión la factura, cree que el chimpancé le sacó el teléfono del bolsillo de la chaqueta mientras estaba limpiándole la jaula.

c) *"No me di cuenta para nada"*, contó el hombre, "Pensé que lo había perdido".Menos mal que era un teléfono nuevo y que había guardado sólo el número de mis colegas. Sino, quién sabe cuánto tendría que pagar, agregó Pese a los problemas causados, la mayor parte de los llamador fueron en plena noche.

d) Los empleados del Blair Drummond Safari Park, cerca de la localidad de Stirling, están admirirados de la inteligencia del animal. " No sólo supo robar el aparato sin hacerse ver- Subrayó Gilmour- sino que aprendió a usarlo.

e) Probablemente entendió qué debía hacer mirando a los visitantes que vienen al parque. El chimpancé fue atrapado.

[I] *Primera nota*
[II] *Segunda nota*

8. Presentación de información con tablas

Introducción

Las tablas son un modo de organizar visualmente la información con un carácter sistemático: un horario, una serie estadística que muestre las precipitaciones medias en años sucesivos, una sucesión de los ingresos y gastos habidos en los diversos meses del año.

Las tablas se componen de una serie de filas y de columnas; la intersección de una fila y una columna forma una celda, que constituye así la unidad mínima de la tabla. Cada celda puede tener un cierto formato de párrafo (alineación, interlineado, espaciado) y de carácter; además, se puede especificar el tipo de líneas que la rodean, así como su color de fondo. Combinando los colores de fondo de las celdas y líneas con diversas hechuras podemos conformar diferentes estilos de tabla.

Contenido

8.1. Creación de una tabla

8.2. Movimiento y edición de una tabla

8.3. Personalización de una tabla

8.4. Propiedades de formato de una tabla

8.5. Fórmulas, conversiones de texto y tablas y otras opciones

8.1. Creación de una tabla

Para insertar una tabla en Word 2019, empleamos el botón *Tabla* de la ficha *Insertar*. Al pulsarlo se abre un menú en el que podemos escoger, de modo gráfico, las dimensiones (número de columnas y número de filas) de la tabla que queramos crear. Por defecto, Word calculará el ancho disponible para cada una de las columnas dividiendo la anchura del área imprimible del papel entre el número de columnas.

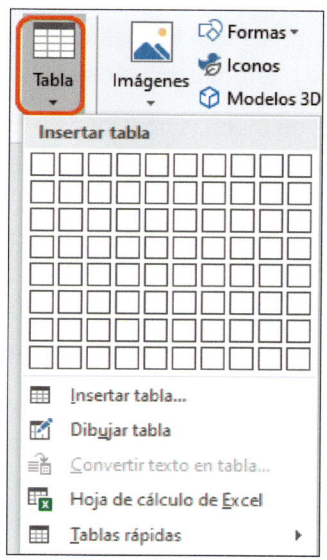

Como alternativa a esta forma de insertar la tabla, existe también la posibilidad de dibujarla «a mano»: la opción *Dibujar tabla* transformará el puntero del ratón en un lápiz y con su ayuda podremos trazas las líneas de separación de filas y columnas como si estuviésemos bosquejando la tabla en una hoja de papel.

En la siguiente imagen se muestra cómo dibujar una tabla.

8.2. Movimiento y edición de una tabla

Una vez tenemos creada la tabla, vamos a ver cómo introducir contenido en ella. En términos generales, no hay diferencia entre introducir texto dentro o fuera de una tabla.

Para desplazarse por las celdas de una tabla se puede utilizar el ratón o las teclas del cursor.

Al pulsar la tecla *Tab* en la última celda de la tabla se crea una nueva fila.

Para borrar una celda, columna o una fila basta con seleccionarla y pulsar la tecla *Retroceso*, si solo queremos borrar su contenido pulsar la tecla *Supr*.

Debes tener en cuenta que, en muchas ocasiones —por ejemplo, para proporcionar un determinado color de relleno a un grupo de celdas, o para darles a todas ellas un formato idéntico de párrafo o de carácter— es preciso seleccionar varias celdas de la tabla: podemos hacerlo arrastrando el puntero del ratón mientras lo mantenemos pulsado, o con el uso de la tecla *Mayús* y las flechas de movimiento. Si nos situamos a la izquierda de una fila o encima de una columna y hacemos clic con el ratón, se selecciona toda la fila o la columna.

Para rellenar la tabla de contenido nos situamos en una determinada columna y escribimos en ella. Para movernos entre celdas hacia delante y hacia atrás, empleamos las teclas *Tab* y *Mayús + Tab*. Si nos situamos en la última celda de una tabla y pulsamos la tecla *Tab*, Word insertará automáticamente una nueva fila en ella.

Cuando hacemos clic dentro de la tabla, aparecen, a la derecha de las fichas existentes, dos nuevas, agrupadas bajo el título común *Herramientas de tabla*.

Se trata de fichas contextuales, que se activan solamente cuando el cursor está situado en un elemento específico (en este caso, en una tabla) y permiten seleccionar las propiedades y características de ese objeto. En los apartados siguientes te explicaremos detalladamente qué se puede hacer con estas fichas específicas para el trabajo con las tablas.

8.3. Personalización de una tabla

Varios son los elementos que se pueden personalizar de una tabla y que a continuación te explicamos.

8.3.1. Selección de celdas, filas, columnas, tabla

Los elementos que podemos seleccionar en una tabla, y el método para hacerlo, son:

Para seleccionar	Siga este procedimiento
Una celda	Haz clic en el borde izquierdo de la celda.
Una fila	Haz clic a la izquierda de la fila.
Una columna	Haz clic en el borde superior de la columna.
La tabla completa	Haz clic en el extremo superior izquierdo de la tabla.

8.3.2. Modificación del tamaño de filas y columnas

Una vez creada, podemos modificar las dimensiones de la tabla mediante el ratón: al pasar por la línea de separación entre dos columnas o dos filas el puntero adquiere la apariencia de una doble flecha, que moveremos manteniendo pulsado el botón izquierdo del ratón para modificar la posición de dicha línea.

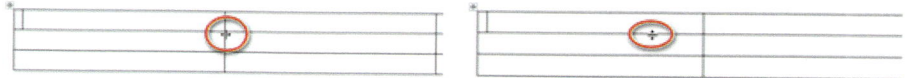

De la misma forma, en la regla, tanto la vertical como en la horizontal, podemos modificar el ancho de las columnas o el alto de las filas, tal y como se puede ver en la siguiente imagen.

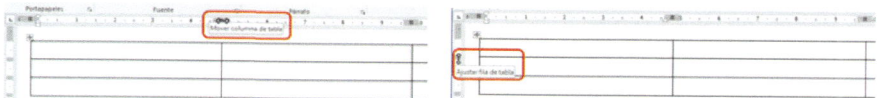

8.3.3. Modificación de los márgenes de las celdas

Para modificar el margen de las celdas, lo primero que hay que hacer es seleccionar aquellas celdas de las que se desea cambiar el margen. Una vez que se hayan seleccionado, accedemos a las *Propiedades de la tabla* a través del menú contextual (haciendo clic con el botón derecho del ratón en la celda o celdas seleccionadas).

En el cuadro de diálogo que nos aparece debemos seleccionar la pestaña *Celda*, y pulsar en el botón *Opciones*, para después indicar los márgenes deseados, tal y como puedes ver en la siguiente imagen.

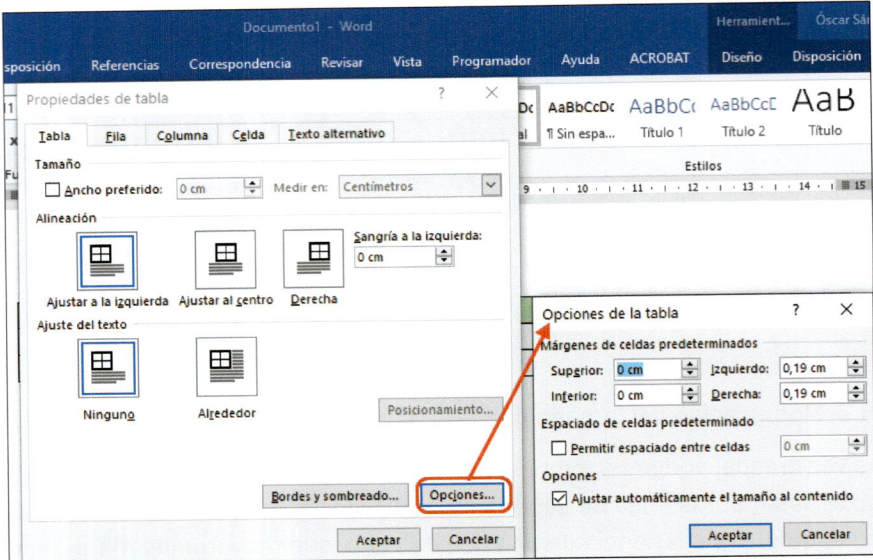

8.4. Propiedades de formato de una tabla

Tal y como se ha indicado anteriormente, cuando se inserta una tabla aparecen dos fichas nuevas. Con la ficha *Diseño* podemos determinar:

- Los *estilos de la tabla*. Los estilos son combinaciones de tipos y colores de líneas y colores de relleno de celda dotados de cierta armonía y sentido: existen, así, estilos más serios y más informales, por ejemplo.

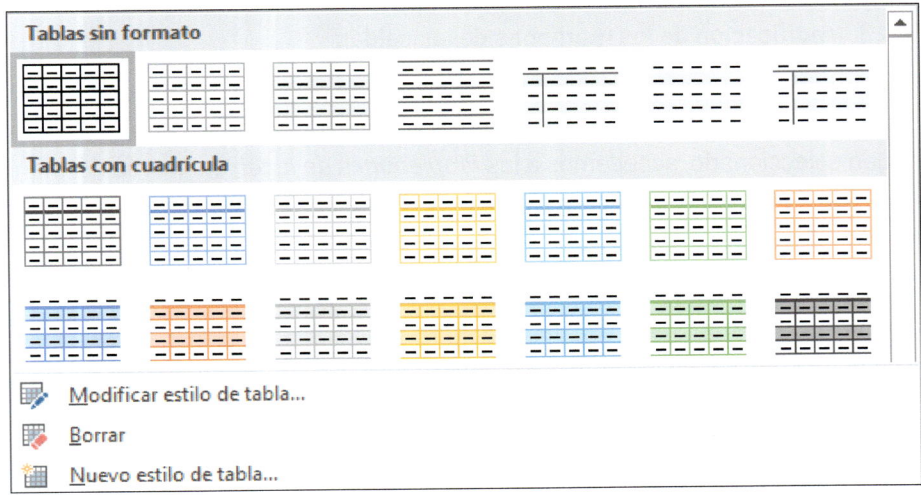

- Las **opciones** de dichos estilos. Con ellas podemos definir si, por ejemplo, la tabla ha de presentar colores alternativos en las filas, o si es preciso diferenciar visualmente la primera fila o la primera columna.

- Con las opciones de **Sombreado y bordes** modificaremos el color de fondo y las líneas que rodean a la celda en la que se halle el cursor. Si queremos modificar varias celdas, debemos seleccionarlas previamente.

Por su parte, mediante la ficha *Disposición* de la tabla podemos efectuar múltiples operaciones sobre ella:

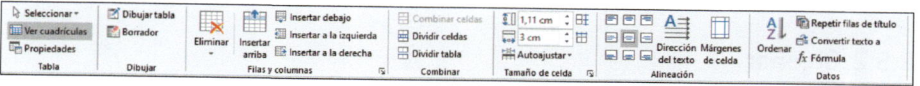

- *Insertar* filas o columnas en diversas posiciones de la tabla.

- *Eliminar* una fila, columna o bien toda la tabla.

- *Combinar* y *dividir* celdas: cuando combinamos varias celdas, las convertimos en una sola, operación útil para introducir en ella un texto más extenso o centrar su contenido con respecto a otras, por ejemplo. La división constituye la operación inversa.

- El *tamaño* de las celdas, con la posibilidad adicional de ajustar el tamaño de las filas o las columnas para distribuirlo uniformemente.

- La *alineación* (horizontal y vertical) del contenido de la celda, así como la orientación del texto dentro de ella y los *márgenes interiores* de la celda.

- Disponemos, en el grupo *Tabla,* del botón *Seleccionar* para seleccionar parte de la tabla o toda ella; del botón *Ver cuadrícula* para visualizar los límites de las celdas (útil en tablas que no muestren las líneas de separación) y del botón *Propiedades,* que da acceso a un cuadro de diálogo para definir con exactitud las propiedades de la tabla.

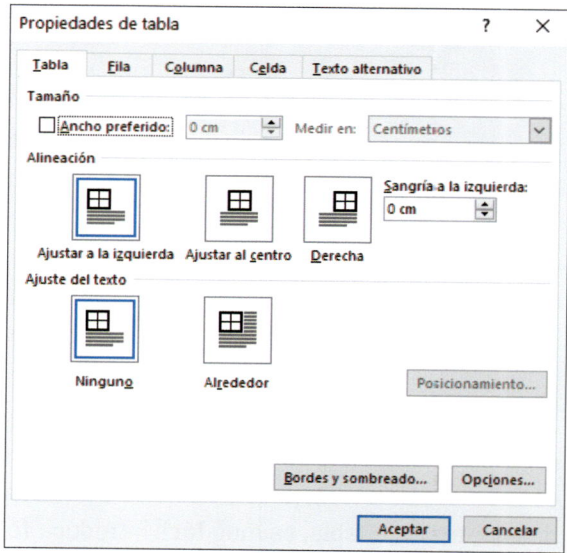

8.5. Fórmulas, conversiones de texto y tablas y otras opciones

Además de todo lo que se ha mencionado hasta el momento, con las tablas es posible realizar otras acciones como, por ejemplo, ordenar su contenido o establecer operaciones matemáticas en las celdas.

8.5.1. Cambiar la dirección del texto

Por defecto, cuando se escribe en una celda se hace de izquierda a derecha, pero es posible modificar la dirección del texto. Para ello, deberemos pinchar en el icono *Dirección del texto* de la ficha **Disposición**.

8.5.2. Ordenar

Word permite ordenar la información contenida en las tablas, disponiendo para ello de la opción *Ordenar* de la ficha **Disposición**, grupo **Datos**.

Al hacer clic sobre el icono, nos aparece el cuadro de diálogo de la siguiente figura, en la que le indicaremos:

- Criterios de ordenación por columnas.

- Tipo de ordenación (numérico, texto o por fecha).

- Si la lista tiene o no encabezado.

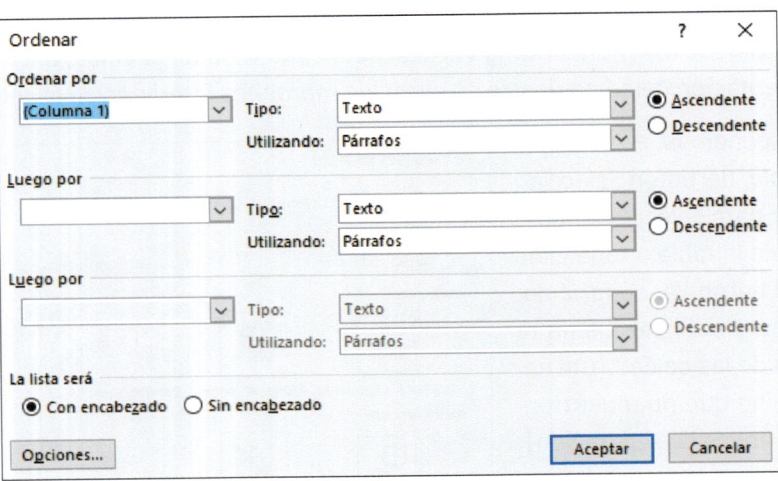

8.5.3. Fórmulas

A través de una tabla de Word es posible realizar sencillas operaciones aritméticas como si de una hoja de cálculo se tratase, pues al poder referenciar las celdas dentro de la tabla, es muy fácil introducir fórmulas.

La referencia a estas celdas tiene relación con el lugar que ocupa en la cuadrícula, estando formada por una letra (para indicar la columna) y un número (para indicar la fila). Por ejemplo, la celda B1 indica que la celda está en la columna B y en la fila número 1.

Para poder insertar una fórmula deberemos pinchar sobre el icono *Fórmula* de la ficha **Disposición**, grupo **Datos**, apareciéndonos un cuadro de diálogo como el que se muestra a continuación.

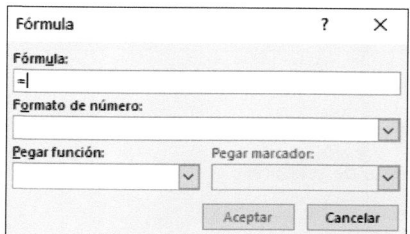

Las fórmulas se escriben utilizando las referencias a las celdas, datos numéricos y los operadores matemáticos:

- Las celdas se nombran, tal y como se ha indicado anteriormente, mediante su posición de filas y columnas, como si se tratase del juego de los barquitos.

- Los operadores de Word que permiten realizar los cálculos son los siguientes:

    +: para sumar.

    −: para restar.

    * (asterisco): para multiplicar.

    / (barra inclinada): para dividir.

    ˆ (acento circunflejo): para realizar operaciones con potencias.

    () (paréntesis): para agrupar operaciones.

- Con la lista *Formato de número* se puede indicar en qué formato aparecerá el resultado de la fórmula.

- En las celdas también se pueden utilizar funciones de cálculo ya programadas, utilizando para ello la lista *Pegar función*. En esta lista se ofrecen varias funciones que nos permitirán realizar operaciones con los datos que se establezcan, por ejemplo, sumas, promedios, recuentos, etc.

8.5.4. Convertir texto en tabla

Convertir un texto en una tabla puede ser muy útil en ciertas ocasiones. Por ejemplo, si tenemos datos escritos como texto con tabulaciones, puede interesarnos convertirlos en una tabla para poder sumar columnas, obtener medias, etc.

También puede interesarnos pasar los datos a tablas para aplicarles ciertos formatos, como bordes, colores, etc.

Para pasar un texto a una tabla debemos seleccionar el texto primero, luego ir a la ficha *Insertar,* grupo *Tablas* y elegir la opción *Convertir texto en tabla...*, entonces se abrirá el cuadro de diálogo que se muestra en la siguiente imagen.

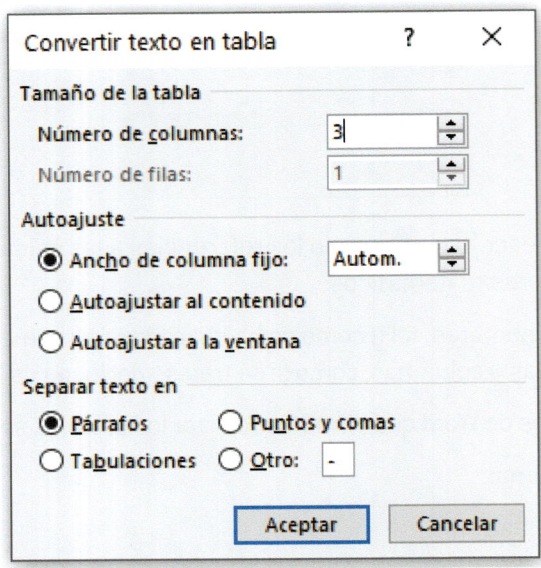

Este cuadro de diálogo nos presentará de qué manera va a convertir el texto en tabla. Hay que tener en cuenta que los datos en él mostrados han sido generados por Word de forma automática teniendo en cuenta el texto inicial.

Aunque en ocasiones el resultado de la conversión es perfecto, en otras los resultados pueden no ser tan buenos. Para esos casos tenemos la posibilidad de cambiar el elemento que utiliza Word para realizar la conversión. Según tengamos estructurado el texto inicial nos interesará utilizar como separador marcas de párrafo, punto y coma, tabulaciones o incluso cualquier otro carácter que elijamos.

En general, siempre que los datos iniciales tengan alguna estructura los resultados que se obtienen son bastante buenos.

8.5.5. Convertir tabla en texto

Se puede convertir una tabla en texto de forma similar a la que hemos visto en el apartado anterior.

Una vez seleccionada la tabla, debemos ir a la ficha **Diseño,** grupo **Datos,** seleccionar *Convertir texto a.* Aparecerá un cuadro de diálogo como el que vemos en la imagen inferior, indicándonos el carácter que va a utilizar como separador en el texto resultante. Si no nos parece adecuado podemos seleccionar otro carácter.

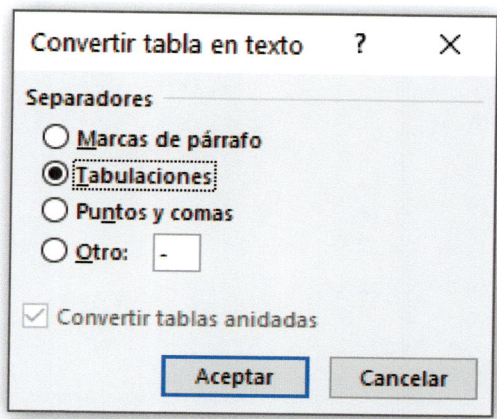

Al pulsar *Aceptar,* la tabla será convertida en texto, insertándose el carácter separador elegido entre los datos de cada par de celdas.

Ejercicios prácticos

ACTIVIDAD 8.1

Crea la tabla que se muestra en la imagen utilizando los siguientes formatos:

Nº filas: 3 Altos: • Fila 1: 1 cm exacto • Filas 2 y 3: 3,2 cm mínimo	Nº columnas: 5 Anchos: • Columna 1: 2,2 cm • Columnas 3 y 5: 3 cm		• Columna 2: 2 cm • Columna 4: 4 cm
Fuente fila 1: Arial 9 ptos., negrita, cursiva, color rojo	Fuente columna 1 (excepto título): Verdana 9 ptos., negrita		Fuente resto tabla: Tahoma 9 ptos.
Alineación vertical columnas 2, 3, 4 y 5: centro	Alineación horizontal de toda la tabla: centro		
Sombreado fila 1: trama 12,5 %	Bordes exteriores: color gris 80 %, ancho ¾ pto.		

Ámbito	Situaciones	Funciones	Exponentes	Nociones
Educativo	Información personal	Identificarse. Relatar el origen y el carácter	Yo soy Él es ¿De dónde es?	Pronombres y adjetivos. Nacionalidad Países Verbos
Lúdico	Radio, televisión.	Manifestar gustos acerca de la radio y de la televisión.	¿Te gusta? ¿Estás de acuerdo? No/Sí me gusta	Vocabulario de medios de comunicación. Adverbios.

ACTIVIDAD 8.2

En esta actividad vas a practicar con las tablas. Realiza las tablas que ves a continuación, dejándolas lo más parecido posible a la muestra.

Tabla 1.

OPERACIÓN	COMBINACIÓN	OPERACIÓN	COMBINACIÓN
Negrita	[Ctrl N]	Justificar	[Ctrl J]
Cursiva	[Ctrl K]	Espacio simple	[Ctrl 1]
Subrayar	[Ctrl S]	Espacio 1,5	[Ctrl 5]
Alinear a la izquierda	[Ctrl Q]	Espacio doble	[Ctrl 2]
Centrar	[Ctrl T]	Superíndice	[Ctrl +]
Alinear a la derecha	[Ctrl D]	Subíndice	[Ctrl =]

Tabla 2.

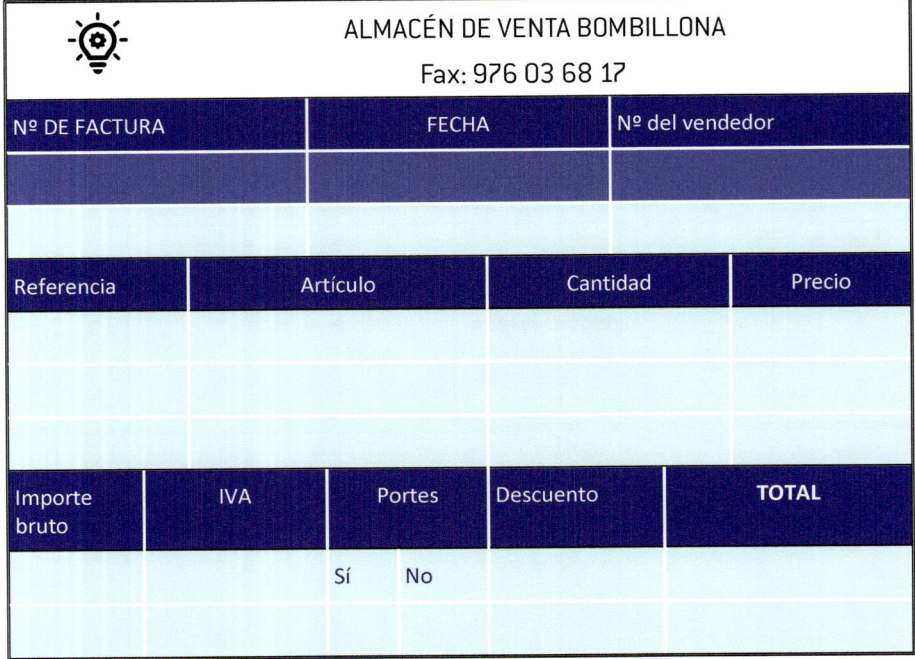

ALMACÉN DE VENTA BOMBILLONA Fax: 976 03 68 17			
Nº DE FACTURA		FECHA	Nº del vendedor
Referencia	Artículo	Cantidad	Precio
Importe bruto	IVA	Portes	Descuento	TOTAL
		Sí No		

Tabla 3.

	Prohibición	Obligación	Advertencia	Evacuación y salvamento	Lucha contra incendios
	NO OPERE ESTA MAQUINA SIN AUTORIZACIÓN	ES OBLIGATORIO EL USO DE LA MASCARA	RIESGO DE INTOXICACIÓN	SALIDA DE EMERGENCIA	BOCA DE INCENDIOS
Forma	Redonda	Redonda	Triangular	Cuadrado o rectángulo	Cuadrado o rectángulo
Colores y pictograma	Borde rojo. Negro sobre blanco	Blanco sobre azul	Negro sobre amarillo	Blanco sobre verde	B anco sobre rcjo
Significado	Prohíbe un comportamiento peligroso	Obliga a un comportamiento determinado	Advierte de un riesgo o peligro	Salidas de socorro o primeros auxilios o a los dispositivos de salvamento	Elementos relacionados con la lucha contra incendios

ACTIVIDAD 8.3

Copia el texto de la siguiente figura y déjalo lo más parecido posible a lo que se muestra.

DESCRIPCIÓN

A la derecha de la pantalla aparecerá nuestra imagen (siempre y cuando se haya puesto a disposición del Administrador del sistema), nuestro nombre y nuestro uso en el sistema. Los distintos usos configuran distintas posibilidades de acceso. Estos usos son:

Uso 1. Usuario. Acceso a inserción de registros de todas las secciones, pero no a modificación ni eliminación. Los registros insertados no son publicados inmediatamente, sino que son revisados por el coordinador de cada sección.

Uso 2. Coordinador de área. Acceso a inserción de registros de todas las secciones, pero solo a la modificación y eliminación de los registros de la sección coordinada. Los registros insertados en la sección coordinada son publicados automáticamente. Los registros insertados en el resto de secciones no son publicados automáticamente, sino que son revisados por el coordinador.

Las **secciones determinadas**, en un principio son:

2.01.-NEWS
2.02.-SUCESOS
2.03.-HARDWARE
2.04.-MOMENTOS

2.05.-ENLACES

Uso 3. Coordinador general. Acceso a inserción de registros, modificación y eliminación de todas las secciones. Los registros insertados en todas las secciones son publicados automáticamente. Además, acceso completo a la sección de **MATERIALES**.

OPCIÓN	EXPLICACIÓN	USOS			
		Usuario	Coordinador de SECCIÓN	Coordinador general	Administrador del sistema
Añadir	Permite introducir nuevos registros mediante un formulario.	SÍ[I]	SÍ[II]	SÍ	SÍ
Editar	Permite modificar registros ya introducidos mediante un formulario.	NO	SÍ	SÍ	SÍ
Eliminar	Permite eliminar registros ya introducidos mediante un formulario.	NO	SÍ	SÍ	SÍ
Comprobar registros	Permite publicar o rechazar los registros introducidos por otros usuarios del sistema y que no han sido todavía publicados.	NO	SÍ	SÍ	SÍ

[I] Se realizará una inserción pendiente de autorización por el coordinador de sección.
[II] Si se trata del coordinador de la sección correspondiente al registro introducido, éste será publicado automáticamente.

9. Inserción en ediciones de texto

Introducción

Las aplicaciones de procesamiento de textos proporcionan la posibilidad de incluir diversos objetos que complementan el texto del documento, como imágenes, formas, gráficos, diagramas, ecuaciones o hipervínculos. Además, en muchos de estos objetos, es posible modificar su tamaño, sus proporciones o, en el caso de las imágenes, algunos de sus parámetros (el brillo o el contraste, por ejemplo).

Contenido

9.1. Imágenes

Se pueden incluir imágenes en nuestro documento de diferentes maneras: copiando y pegando una imagen desde otra aplicación (por ejemplo, un programa de dibujo o de retoque fotográfico), bien insertando la imagen desde un archivo o bien insertando una imagen desde internet.

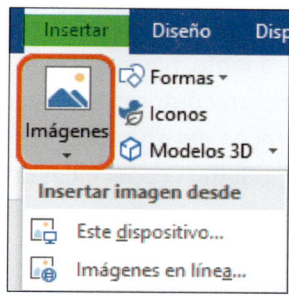

9.1.1. Desde un archivo

Para insertar una imagen desde un archivo emplearemos la ficha *Insertar* y pincharemos en el icono *Imagen*. En el cuadro de diálogo correspondiente escogeremos el archivo que contiene la imagen que queremos insertar.

Word incluye la imagen en el documento y a su alrededor aparecen nueve controles con forma de pequeños círculos y cuadrados. Con estos controles podemos modificar el tamaño, las proporciones y el ángulo de rotación de la imagen:

- Los controles de las esquinas permiten modificar el tamaño de la imagen manteniendo sus proporciones originales.

- Los controles situados en el centro de cada lado sirven para modificar la imagen solo en una dirección: de este modo la imagen original alterará sus proporciones y quedará estirada horizontal o verticalmente.

- Con la flecha circular situada en la parte superior podemos controlar el ángulo de rotación de la imagen.

Una vez introducida la imagen, aparece la ficha *Formato,* específica de las *Herramientas de Imagen*. Esa ficha se activa siempre que seleccionamos una imagen del documento haciendo clic sobre ella. En la ficha *Formato* disponemos de varias funciones para manipular la imagen:

- Mediante los botones del grupo *Ajustar* modificaremos algunas de las características de la propia imagen, tales como el brillo o el contraste. También podemos sustituir una imagen por otra, manteniéndose de este modo el tamaño y la posición de la seleccionada originalmente.

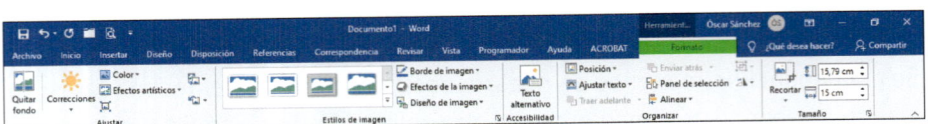

- En el grupo **Estilos de imagen** tenemos la posibilidad de insertar diversos tipos de sombras o contornos para, por ejemplo, difuminar los bordes de la imagen o añadirle un marco. Es posible asimismo especificar la forma de la imagen para que esta se adapte, por ejemplo, a un marco triangular o elíptico, así como especificarle un contorno coloreado. Pinchando en la flechita de la esquina inferior derecha del grupo accedemos a una ventana (*Formato de imagen*) en la que podemos especificar de modo exhaustivo todos estos estilos.

- En el grupo *Organizar* se ubican varias funciones que, por su importancia, requieren un tratamiento detallado.

    (a) Por defecto, la imagen se inserta *en línea con el texto*, es decir, se comporta como si fuera un carácter más. El botón *Posición* permite modificar este comportamiento: si escogemos una de las opciones *Con ajuste de texto,* la imagen puede moverse y situarse en cualquier punto de la página: por defecto, el texto se moverá para ceñirse al marco de la imagen.

    (b) El *Ajuste de texto* permite especificar las características de ese ceñido.

    (c) Cuando tenemos varias imágenes superpuestas, podemos controlar el *orden de superposición* —qué imágenes se ven encima y cuáles debajo— mediante los botones *Traer adelante* y *Enviar atrás*.

    (d) El grupo de opciones de *Alinear* permite controlar la alineación de la imagen.

    (e) Con el botón *Agrupar* podremos reunir dos o más objetos para moverlos y darles formato como si fuera un único objeto.

(f) Mediante las opciones de *Girar objetos* tenemos la posibilidad de rotar la imagen un ángulo normalizado (90 grados a la derecha, a la izquierda o 180 grados) o arbitrario o bien *voltearla*. Voltearla es generar la imagen simétrica según un eje vertical u horizontal.

- Por último, en el grupo *Tamaño* disponemos de la opción de *Recortar* la imagen y podemos también especificar su tamaño con precisión.

9.1.2. Empleando imágenes en línea

Además de las imágenes procedentes de un archivo, Word nos brinda asimismo toda una galería de *Imágenes en línea*. La segunda opción disponible al pinchar sobre el icono *Imágenes* se denomina *Imágenes en línea...*, que permite insertar imágenes buscadas por internet o disponibles en nuestro espacio OneDrive. Una vez insertada, su funcionamiento es idéntico a lo explicado en el apartado anterior.

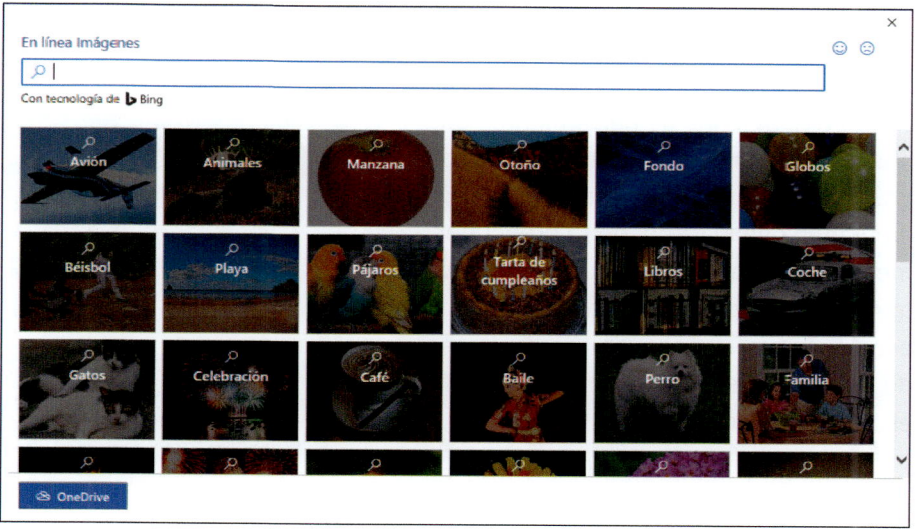

9.1.3. Utilizando el portapapeles

El portapapeles de Office permite copiar hasta 24 elementos de documentos de Office u otros programas y pegarlos en otro documento de Office. Debes tener en cuenta que, con el panel de tareas *Portapapeles,* no solo puedes pegar texto, sino que también se pueden realizar operaciones con imágenes.

Una vez que has seleccionado la opción de *Copiar* en alguna web, o en alguna aplicación, si accedes al panel del *Portapapeles* (desde el **iniciador** de cuadros de diálogo), te aparecerán los últimos elementos que hayas copiado, tal y como puedes ver en la siguiente imagen.

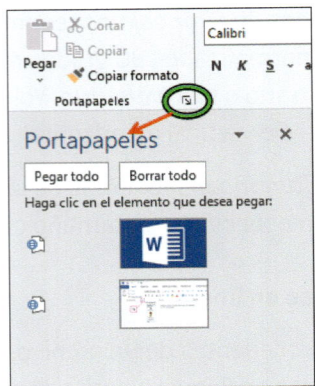

Bastará con que pulses sobre la imagen que deseas insertar en el documento para que esta aparezca en él.

9.2. Objetos: formas, cuadros de texto, WordArt y letra capital

9.2.1. Inserción y operaciones con formas elaboradas

Word 2019 dispone de herramientas que nos permiten realizar nuestros propios gráficos y dibujos. Si no eres muy hábil dibujando con el ratón, no te preocupes, mediante el icono *Formas* dispondrás de multitud de formas listas para usar que te permitirán realizar esquemas, diagramas de flujo y otros muchos gráficos, todos ellos accesibles desde la ficha *Insertar*.

La forma de trabajar con las formas es muy similar al trabajo con imágenes, por lo que todas las explicaciones que se han hecho anteriormente, sirven también para este apartado.

9.2.2. Cuadros de texto, inserción y modificación

Los cuadros de texto son herramientas muy útiles si queremos dar a nuestros documentos un aspecto diferente. Permiten la inserción de texto, metido dentro de un cuadro, en cualquier punto del documento.

La independencia del cuadro de texto respecto al resto del documento permite, por ejemplo, poner resúmenes rodeados de texto estándar, entre columnas.

Como cualquier autoforma, admiten rellenos y bordes diferentes. Los cuadros de texto se insertan desde la ficha *Insertar,* grupo *Texto,* pudiendo seleccionar un abanico de posibles formatos.

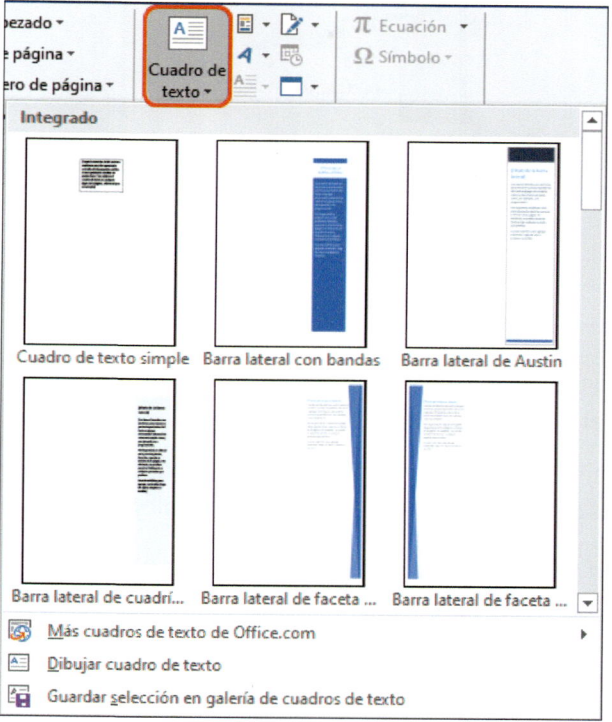

En realidad, cualquier forma puede hacer el papel de un cuadro de texto, bastará con hacer clic derecho sobre ella seleccionando *Agregar texto;* entonces, la forma pasa a convertirse en un cuadro de texto con las mismas características. Solo hay una diferencia: si queremos modificar el contenido de un cuadro de texto, bastará con entrar con el ratón, mientras que si lo queremos hacer en una forma, será necesario hacer clic derecho en ella para seleccionar *Modificar texto.*

Los cuadros de texto no solo sirven para insertar texto, sino que permiten también inserción de imágenes.

9.2.3. Inserción de letra capital

La letra capital se utiliza para resaltar el comienzo de un párrafo. Esto se logra al incrementar el tamaño de la primera letra del párrafo seleccionado. La letra capital es muy utilizada en los periódicos, libros, revistas, etc.

Para poder establecer una letra capital se deben seguir estos pasos:

1. Seleccionamos la letra (o las letras) que queremos destacar.

2. En la ficha *Insertar,* grupo *Texto,* seleccionamos el icono *Agregar una letra capital,* apareciendo la imagen que puedes ver.

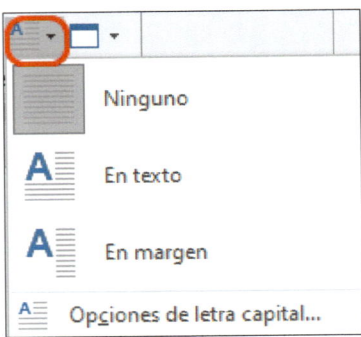

3. De las opciones que aparecen, seleccionamos si queremos colocar la letra capital en el texto o en el margen izquierdo.

Si queremos ajustar los parámetros de la letra capital podemos seleccionar *Opciones de letra capital,* apareciendo el cuadro de diálogo que puedes ver en la siguiente imagen.

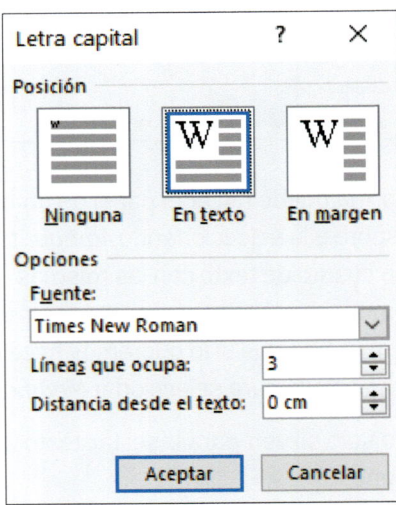

Si después de añadir una letra capital no te ha parecido adecuada, o no te gusta, tienes la opción de eliminarla. Para ello, selecciona la letra capital, pincha en el icono *Agregar una letra capital* y selecciona la opción *Ninguna.*

9.3. Aplicación y ajustes de los formatos de imágenes u otros objetos insertados

Varios son los ajustes que se pueden aplicar a las imágenes y a la mayoría de objetos insertados en Word en relación con el texto. Cuando se tiene una imagen, o un objeto, seleccionada, en la ficha *Formato,* tenemos la opción *Ajustar texto*, a través de la cual se pueden aplicar diferentes ajustes, tal y como se muestra en la siguiente imagen.

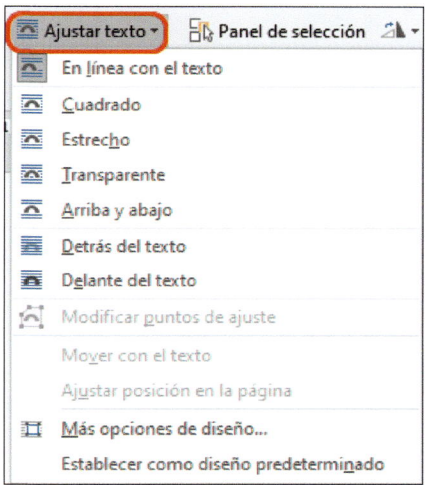

Al seleccionar la opción *Más opciones de diseño* se accede al cuadro de diálogo *Diseño* a través del cual se pueden establecer más opciones de ajuste del texto en relación a la imagen.

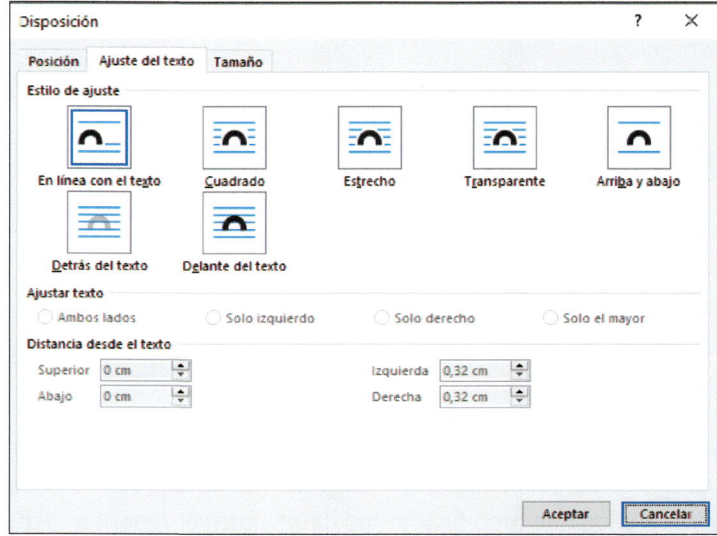

9.4. Gráficos

Los gráficos facilitan la interpretación de los datos, por aquello de que una imagen vale más que mil palabras, o más que mil datos en este caso.

Aunque lo habitual es realizar los gráficos directamente en una aplicación de hoja de cálculo, desde Word nos permite insertarlos y trabajar con ellos como si estuviéramos utilizando Excel.

Los pasos que hay que dar para realizar un gráfico son los siguientes:

1. Ir a la ficha **Insertar**, grupo **Ilustraciones** y seleccionar la opción *Gráfico*.

2. En el cuadro de diálogo que aparece (*Insertar gráfico*) seleccionamos el tipo de gráfico que deseamos incorporar en el documento. Debes tener en cuenta que, en función de la información a representar, seleccionaremos un tipo de gráfico u otro.

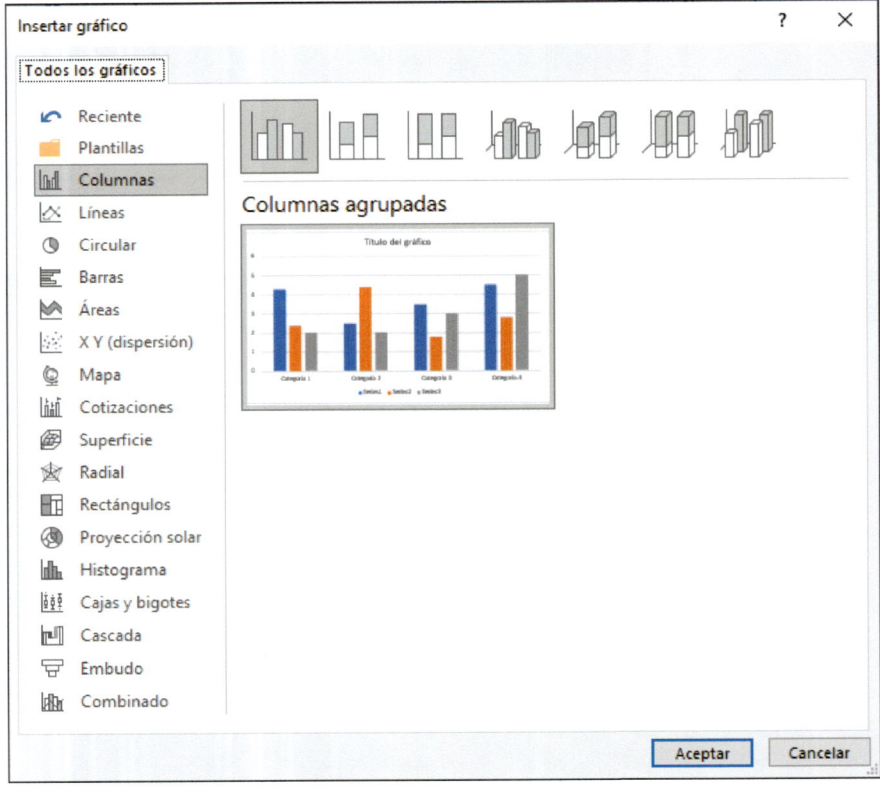

3. Al pulsar sobre el botón *Aceptar* podrás ver en el documento un gráfico así como una hoja de cálculo en la que figuran los datos representados. Ahora solamente tienes que modificar estos datos para representar lo que desees.

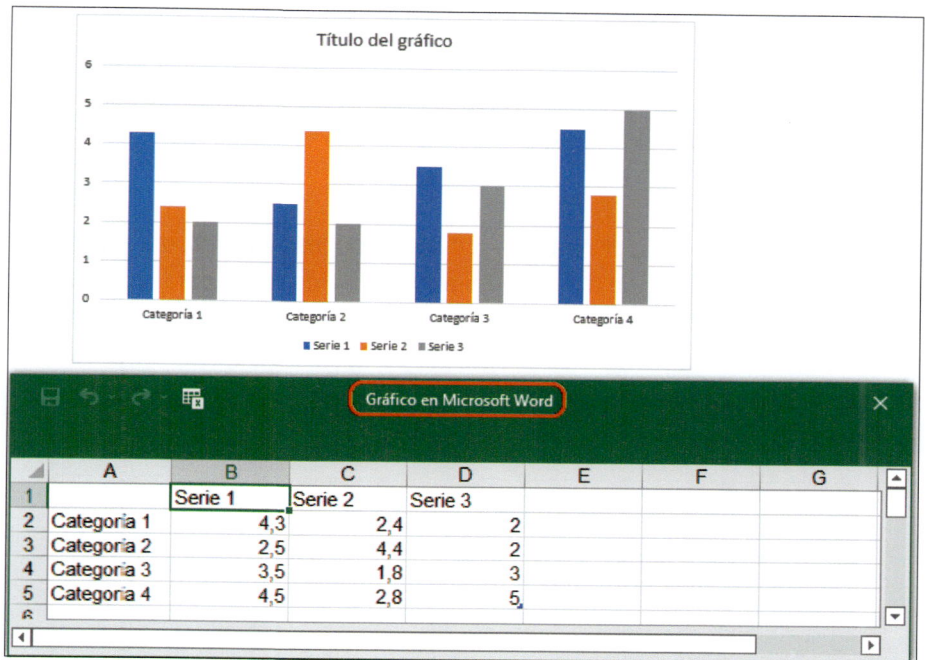

Como puedes comprobar en la imagen, se abre algo similar a una hoja de cálculo Excel, en la que podrás añadir, eliminar o modificar los datos que aparecerán en el gráfico.

4. Una vez que hayas finalizado, podrás cerrar la hoja de cálculo para continuar con el documento.

Al hacer clic sobre nuestro gráfico, se abren dos fichas nuevas: *Diseño de gráfico* y *Formato*, de las *Herramientas de gráficos.* Estas nos ofrecen un montón de opciones. El grupo *Tipo* de la ficha *Diseño de gráfico* permite cambiar el tipo de gráfico, pudiendo elegir entre distintas formas: Columna, Línea, Circular, etc.

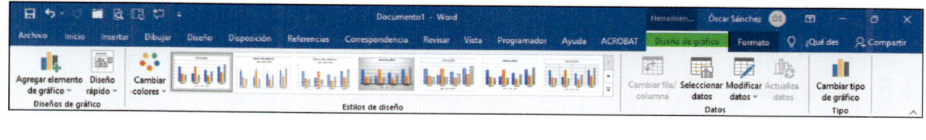

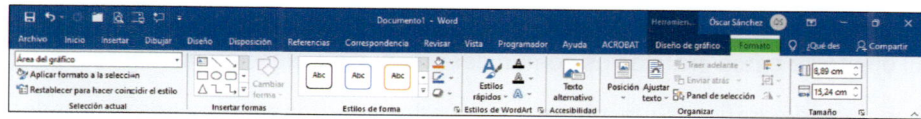

Si deseas modificar los datos, basta con pinchar en cualquiera de las dos opciones disponibles en el grupo *Datos*.

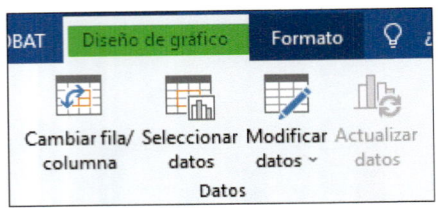

Aunque se pueden realizar muchas acciones con los gráficos, dispones en la ficha **Diseño de gráfico** de dos opciones muy interesantes para modificarlos: *Agregar elemento de gráfico* y *Diseño rápido*. A través de ellos podrás añadir y eliminar diferentes elementos del gráfico como son los ejes, los títulos, la leyenda…; asimismo, podrás establecer de forma automática un diseño al gráfico insertado.

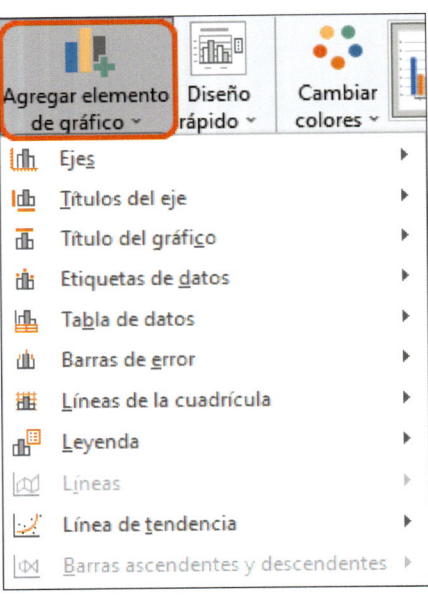
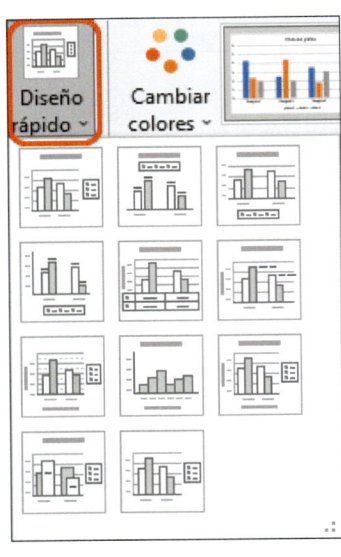

9.5. SmartArt

Un gráfico SmartArt no es más que una representación visual de información, pudiendo crearse de forma rápida y fácil eligiendo entre los diferentes diseños. El objeto de estos gráficos es comunicar mensajes o ideas eficazmente.

Los tipos de gráficos SmartArt que se pueden insertar son muchos y variados, tal y como puedes comprobar en la siguiente imagen.

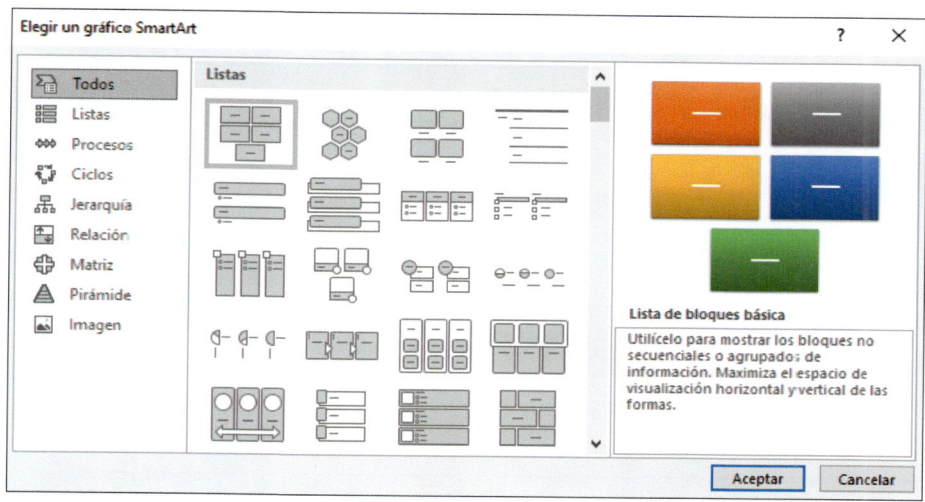

Hay que tener en cuenta que, en función de lo que se quiera representar, es necesario seleccionar un gráfico u otro, no sirviendo todos los gráficos «para todo». De todas formas, ¡no te apures!; al seleccionar uno, en la parte derecha muestra información de para qué se puede utilizar. A modo de ejemplo, a continuación puedes ver unos pocos.

Tipo de Gráfico SmartArt	¿Para qué se utiliza?
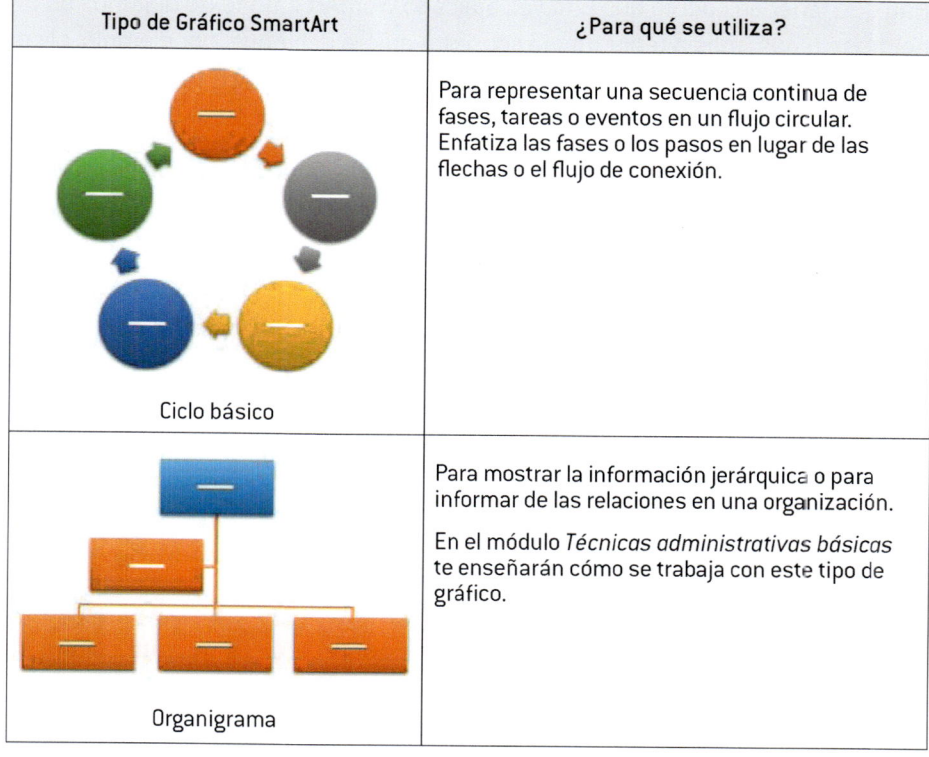 Ciclo básico	Para representar una secuencia continua de fases, tareas o eventos en un flujo circular. Enfatiza las fases o los pasos en lugar de las flechas o el flujo de conexión.
Organigrama	Para mostrar la información jerárquica o para informar de las relaciones en una organización. En el módulo *Técnicas administrativas básicas* te enseñarán cómo se trabaja con este tipo de gráfico.

Tipo de Gráfico SmartArt	¿Para qué se utiliza?
![Imagen destacada] Imagen destacada	Para mostrar una idea fotográfica central con ideas relacionadas a un lado.

9.6. Rótulos: WordArt

Mediante WordArt se pueden crear títulos y rótulos vistosos para nuestros documentos. Solo tenemos que introducir o seleccionar el texto al que queremos aplicarle un estilo de WordArt y automáticamente Word creará un objeto gráfico WordArt.

Hay que tener en cuenta que una vez aplicado WordArt a un texto dejamos de tener texto y pasamos a tener un gráfico, esto quiere decir que, por ejemplo, el corrector ortográfico no detectará un error en un texto WordArt, y también que el texto WordArt seguirá las reglas de alineación de los gráficos.

Para iniciar WordArt hay hacer clic en el icono de la ficha *Insertar,* grupo *Texto*, apareciéndonos la galería como la que se muestra en la siguiente imagen.

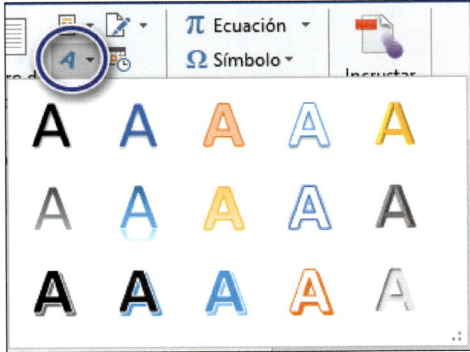

Al seleccionar un elemento de la galería, nos aparecerá el siguiente cuadro de diálogo para que introduzcamos el texto. Si hemos seleccionado texto previamente, no será necesario teclearlo en este cuadro de diálogo.

También podemos elegir la fuente el tamaño y el estilo del texto.

Al pulsar el botón *Aceptar,* un gráfico WordArt se insertará en nuestro texto.

Una vez realizado el WordArt, desde la ficha *Formato,* tenemos una serie de opciones que son específicas del mismo:

- **Estilos de WordArt**. Aunque hayamos seleccionado un estilo cuando hemos agregado el objeto, desde esta opción podemos cambiarlo.

- **Estilos de forma**. Para dar forma al rótulo ajustándose a una de las formas disponibles, tal y como se muestra en la imagen.

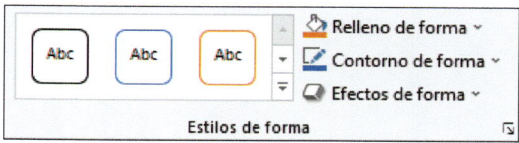

- **Dirección del texto**. Podemos colocar el texto en horizontal o en vertical.

- **Alinear texto**. Nos permite seleccionar el tipo de alineación del texto.

9.7. Ecuaciones

Word no solo sirve para escribir texto plano, y una prueba de ello es lo explicado anteriormente.

Una cosa que debes tener en cuenta es que las herramientas de Word te ayudarán a escribir fórmulas matemáticas, pero no las resolverá. Si quieres hacer operaciones y resolverlas tendrás que utilizar una hoja de cálculo (por ejemplo, Excel), ya que con Word solamente podrás plantearlas.

En el grupo *Símbolos* de la ficha *Insertar* está situado el botón *Ecuación;* al pulsarlo, se despliega una pequeña lista con las ecuaciones usadas más habitualmente.

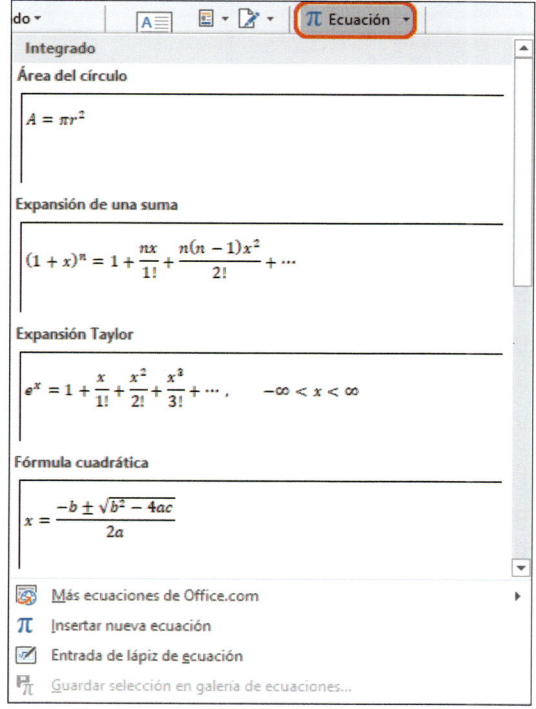

Si pulsamos en la opción *Insertar nueva ecuación,* podremos ver dos cosas:

- Un cuadro en la ventana del documento con la expresión: «Escriba aquí la ecuación».

- Una ficha nueva, llamada **Diseño,** desde la cual se podrán insertar las estructuras y los símbolos que queremos utilizar en nuestra ecuación.

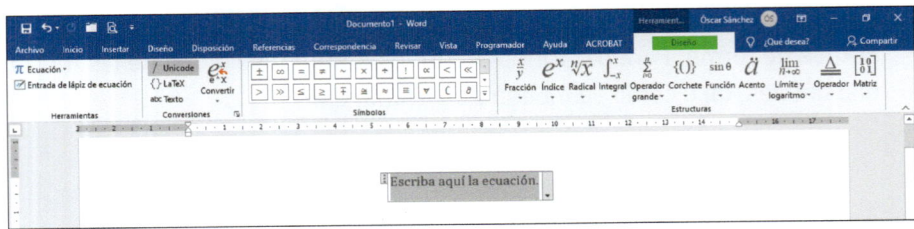

Para empezar a diseñar la fórmula matemática, deberás seleccionar en primer lugar la *Estructura* que quieres utilizar, pudiendo seleccionar los subtipos disponibles de cada una de ellas. Una vez hayas elegido la estructura, verás que se escribe añadiendo cuadros en las zonas donde puedes añadir texto, números o símbolos, tal y como puedes ver en la siguiente imagen.

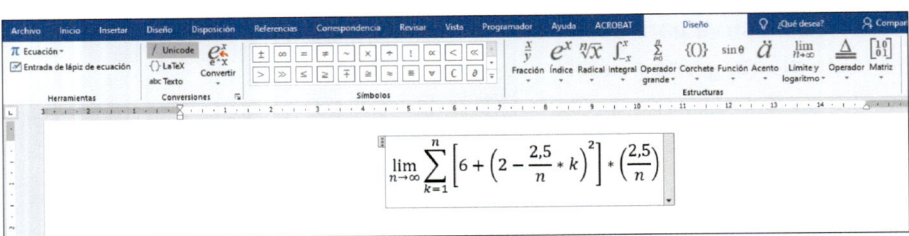

9.8. Gestión de hipervínculos

Un hipervínculo es un enlace que nos lleva a otra parte del documento, a una web o a otro archivo, de tal forma que, al presionar sobre el hipervínculo, nos lleva a esa parte del documento, abre el archivo o la web que enlaza.

Para insertar un hipervínculo tenemos que ir a la ficha **Insertar**, grupo **Vínculos**, y allí disponemos de la opción *Vínculo* que, al pinchar sobre ella, abre un cuadro de diálogo que nos permite elegir a qué lo vamos a vincular e incluso elegir el texto del hipervínculo.

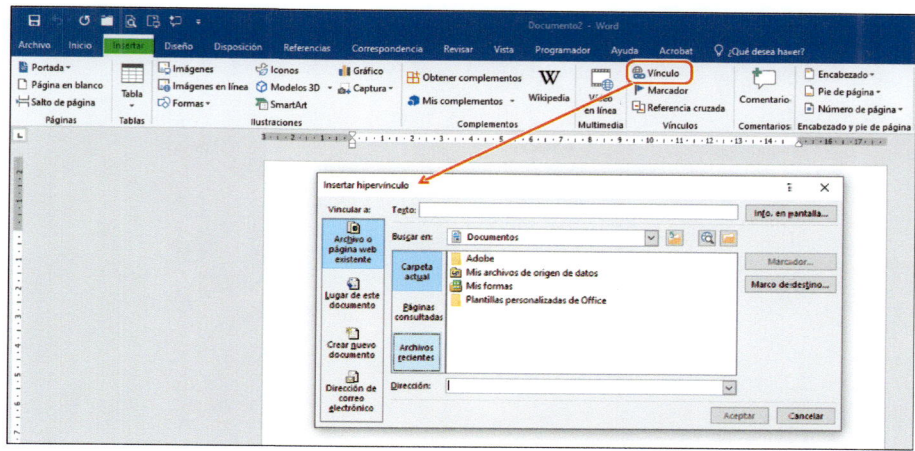

Ejercicios prácticos

ACTIVIDAD 9.1

Realiza lo que aparece en la siguiente imagen y busca el camino para que el cerdito pueda regresar a su casa.

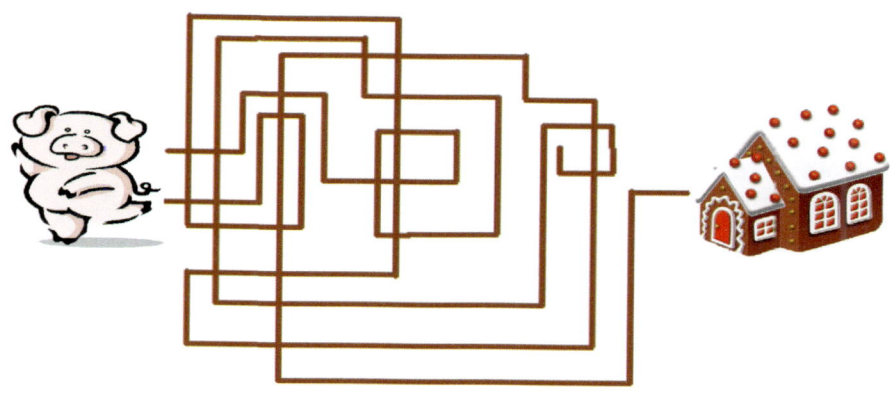

ACTIVIDAD 9.2

Realiza los siguientes gráficos SmartArt.

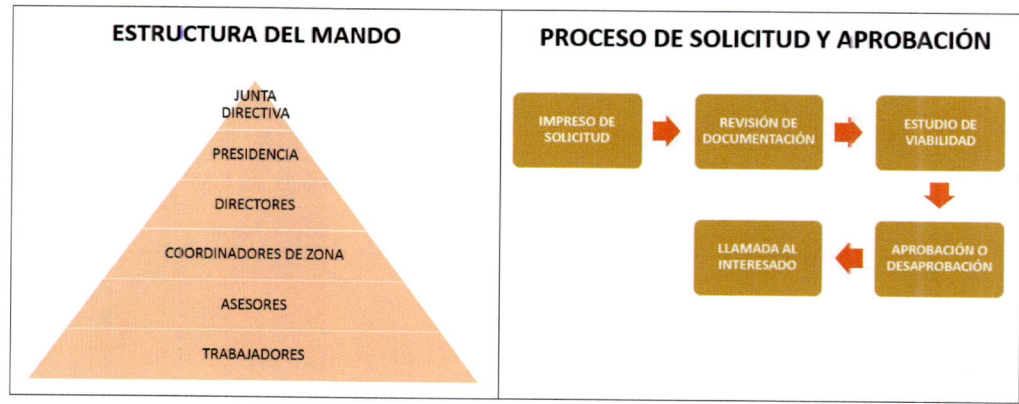

ACTIVIDAD 9.3

Copia el texto de la siguiente figura y déjalo lo más parecido posible a lo que se muestra.

Teoría de la Relatividad

Einstein

La **teoría de la relatividad** incluye tanto a la teoría de la relatividad especial como la de relatividad general, formuladas principalmente por Albert Einstein a principios del siglo XX, que pretendían resolver la incompatibilidad existente entre la mecánica newtoniana y el electromagnetismo.

Cuando se consideran campos o distribuciones continuas de masa, se necesita algún tipo de generalización para la noción de partícula. Un campo físico posee *momentum* y energía distribuidos en el espacio-tiempo, el concepto de *cuadrimomento* se generaliza mediante el llamado tensor de energía-impulso que representa la distribución en el espacio-tiempo tanto de energía como de momento lineal.

Se podrían formular las ecuaciones cosmológicas sobre la evolución del Universo, siempre que todo el cosmos cumpliese parámetros isotrópicos y homogéneos[1], es decir, que el Universo presente el mismo aspecto en todas las direcciones[2], y que independientemente del lugar desde donde se observe ofrezca la misma imagen[3].

Estudio del Universo		
1917	Teoría de la Relatividad	Albert Einstein
1922	Inicio de la Teoría del *Big-bang*	Alexander Friedmann
1929	Ley sobre la Velocidad de recesión de las galaxias	Edwin Powell

[1] Principio cosmológico
[2] Isotropía
[3] Homogeneidad

El universo

ACTIVIDAD 9.4

Siguiendo estas instrucciones realiza el documento que se visualiza al final de las mismas. Acuérdate de pasar el corrector ortográfico cuando hayas finalizado.

CONFIGURACIÓN:

- Margen superior: 2,5 cm; inferior: 2 cm; izquierdo y derecho: 3 cm
- Encabezado y pie: 1,25 cm
- Tamaño papel: A4
- Fuente predeterminada: Arial 12 ptos.
- Espaciado anterior de 6 ptos. Interlineado: 1,5 líneas. Sangría 1ª línea: 1,25 cm
- Alineación justificada

TÍTULO:

- Fuente: Times New Roman 14 ptos., en negrita y versalitas.
- Alineación centrada

FORMA:

- Tipo: forma básica → esquina doblada con sombra estilo 9
- Alto: 5,84 cm; ancho: 7,87 cm
- Ajuste: cuadrado a ambos lados
- Distancia desde el texto: Izda. y dcha.: 0,32 cm; arriba y abajo: 0 cm
- Cuadro de texto → margen interno izdo. y dcho.: 0,25 cm; superior e inferior: 0,13 cm
- Disposición → horizontal: -1,48 cm desde columna; vertical: 1,26 cm desde párrafo
- Contorno de forma → rojo, énfasis 2

CUADRO TEXTO:

- Fuente: Arial 8 ptos.
- Espaciado anterior y posterior: 6 ptos. No se agrega espacio entre párrafos del mismo estilo.

ESQUEMA NUMERADO CUADRO DE TEXTO:

- Nivel 1:
  - Alineación izquierda: 0 cm
  - Sangría: 2,13 cm
  - Fuente: Arial 11 ptos.
- Nivel 2:
  - Alineación izquierda: 0,9 cm
  - Sangría: 1,9 cm
  - Fuente: Times New Roman 8 ptos.

NUMERACIÓN:

- Primera línea en negrita y sombrado gris 25 %
- Interlineado sencillo
- Borde ondulado doble arriba y abajo

TABLA:

- Espaciado anterior y posterior: 0 ptos.
- Interlineado sencillo
- 1ª fila → fuente: Arial 11 ptos. en color blanco y negrita; sombreado: naranja, Énfasis 6, oscuro 50 %
- 2ª fila → fuente: Arial 12,5 ptos.

LEY 39/2015, DE 1 DE OCTUBRE

El Título IV regula la

CAPÍTULO IV Instrucción del procedimiento
Sección 1ª Disposiciones generales
Artículo 75. Actos de instrucción.
Artículo 76. Alegaciones.
Sección 2ª Prueba
Artículo 77. Medios y período de prueba.
Artículo 78. Práctica de prueba.
Sección 3ª Informes
Artículo 79. Petición.
Artículo 80. Emisión de informes.
Artículo 81. Solicitud de informes y dictámenes en los procedimientos de responsabilidad patrimonial
Sección 4ª Participación de los interesados
Artículo 82. Trámite de audiencia.
Artículo 83. Información pública

estructura general del procedimiento que ha de seguirse para la realización de la actibidad juridica de la Administración.

1) **En el capítulo I se regula las garantías del procedimiento**, indicando los derechos del interesado en el procedimiento administrativo.

Además del resto de derechos prebistos en la mencionada Ley, los interesados tienen derecho, entre otros, a:

- Conocer el estado de tramitación de los procedimientos.

- Identificar a la autoridades y al personal al servicio de las Administraciones Públicas.

- Formular alegaciones.

2) **El capítulo II, dedicado a la iniciación del procedimiento**, indicando que éste se podra iniciar de oficio o a solicitud del interesado. Aquí tambien se establece la información y actuaciones prebias ási como las medidas provisionales.

3) **La ordenacion del procedimiento se recoge en el Capítulo III,** especificando: qué se entiende por espediente administrativo; impulso del procedimiento ya que está sometido al principio de zeleridad; acuerdo de realizar en un solo acto todos los trámites que admitan un impulso simultáneo, de acuerdo con el principio de simplificacion administrativa.

Principios básicos	Para conseguirlos
Economía	Programación del trabajo
Celeridad	Simplificación
Eficacia	Racionalización del procedimiento
	Normalización
	Mecanización

ACTIVIDAD 9.5

Abre el siguiente enlace en el navegador: https://www.boe.es/boe/dias/2011/10/29/ pdfs/BOE-A-2011-17015.pdf. Se trata de una normativa dedicada a la transparencia y protección del cliente de servicios bancarios. En el Capítulo IV aparece una serie de anexos. Ve hasta el anexo «V Cálculo de la tasa anual equivalente» y copia en Microsoft Word el apartado «I. Ecuación de base que traduce la equivalencia de las disposiciones de crédito, por una parte, y de los reembolsos y pagos de gastos, por otra».

La configuración del documento será la siguiente:

- Márgenes: todos a 2 cm.

- Fuente: Arial 10 puntos.

- Párrafo:

   · Alineación: justificada (salvo lo que aparezca centrado).

   · Espaciado: anterior y posterior de 3 puntos.

   · Interlineado: múltiple de 1,2.

Una vez escrito el texto, acuérdate de pasar el corrector ortográfico.

El resultado final será similar al que se muestra en la siguiente imagen.

I. *Ecuación de base que traduce la equivalencia de las disposiciones de crédito, por una parte, y de los reembolsos y pagos de gastos, por otra*

La ecuación de base, que define la tasa anual equivalente (TAE), expresa la equivalencia anual entre, por un lado, la suma de los valores actualizados de las disposiciones de crédito y, por otro, la suma de los valores actualizados de los importes de los reembolsos y pagos de gastos, es decir:

$$\sum_{k=1}^{m} C_k (1+X)^{-t_k} = \sum_{l=1}^{m'} D_l (1+X)^{-s_l}$$

donde:

- X es la TAE,
- m es el número de orden de la última disposición de crédito,
- k es el número de orden de una operación de disposición de crédito, por lo que $1 \leq k \leq m$,
- C_k es el importe de la disposición de crédito número k,
- t_k es el intervalo de tiempo, expresado en años y fracciones de año, entre la fecha de la primera operación de disposición de crédito y la fecha de cada una de las disposiciones siguientes, de modo que $t_1 = 0$,
- m' es el número de orden del último reembolso o pago de gastos,
- l es el número de orden de un reembolso o pago de gastos,
- D_l es el importe de un reembolso o pago de gastos,
- s_l es el intervalo de tiempo, expresado en años y fracciones de año, entre la fecha de la primera disposición de crédito y la de cada reembolso o pago de gastos.

Observaciones:

a) Las sumas abonadas por cada una de las partes en diferentes momentos no son necesariamente iguales ni se abonan necesariamente a intervalos iguales.

b) La fecha inicial es la de la primera disposición de fondos.

c) Los intervalos entre las fechas utilizadas en los cálculos se expresarán en años o fracciones de año. Un año tiene 365 días (en el caso de los años bisiestos, 366), 52 semanas o doce meses normalizados. Un mes normalizado tiene 30,41666 días (es decir, 365/12), con independencia de que el año sea bisiesto o no.

d) El resultado del cálculo se expresará con una precisión de un decimal como mínimo. Si la cifra del decimal siguiente es superior o igual a 5, el primer decimal se redondeará a la cifra superior.

e) Se puede reformular la ecuación utilizando solamente un sumatorio y empleando la noción de flujos (Ak), que serán positivos o negativos, es decir, respectivamente pagados o percibidos en los períodos 1 a k, expresados en años, a saber:

$$S = \sum_{k=1}^{n} A_k (1+X)^{-t_t}$$

donde S es el saldo de los flujos actualizados, cuyo valor será nulo si se quiere conservar la equivalencia de los flujos.

10. Aplicación de manuales de estilo

Introducción

Un estilo es una combinación de características de formato de carácter o de párrafo que se aplican a partes del documento. Por ejemplo, los títulos de epígrafe del manuscrito de este libro están preparados con un estilo; los títulos de subepígrafe, con otro, etc. El uso de estilos presenta múltiples ventajas:

- Constituye una forma de dar homogeneidad y consistencia al formato del documento. En el ejemplo anterior, si todos los capítulos poseen el mismo estilo, es seguro que todos ellos tendrán un formato idéntico.

- ¿Qué haríamos si tuviésemos un documento extenso y, una vez escrito, quisiéramos aumentar un punto el tamaño de letra de los títulos? Con el uso de estilos, bastaría modificar la definición del estilo correspondiente para que todos los elementos asociados a él adquiriesen el nuevo formato.

- El uso de estilos adecuados permite identificar ciertos elementos (capítulos, secciones, epígrafes, etc.) para que la aplicación los incluya en índices de contenido, en encabezados de página, etc.

- Al exportar un documento en HTML o en XML, o al importarlo desde otra aplicación, el uso de estilos permite identificar fácilmente la naturaleza de los diversos elementos y tratarlos en concordancia.

Asimismo, debes tener en cuenta que en el trabajo de oficina existe un sinfín de tareas tediosas que consumen tiempo y recursos. Muchas de estas tareas pueden acelerarse de modo notable mediante ciertas funciones que nos brindan las aplicaciones de procesamiento de textos que estamos empleando.

Contenido

10.1. Los estilos

Existen muchos estilos ya definidos (o predefinidos) en Word 2019, por ejemplo, el estilo «Título 1» está compuesto por tamaño de letra de 14 puntos, fuente Calibri, negrita de color azul y párrafo alineado a la izquierda.

Estos estilos están disponibles en la ficha *Inicio,* grupo *Estilos.* En la siguiente imagen puedes observar los estilos estándar disponibles cuando se crea un documento nuevo.

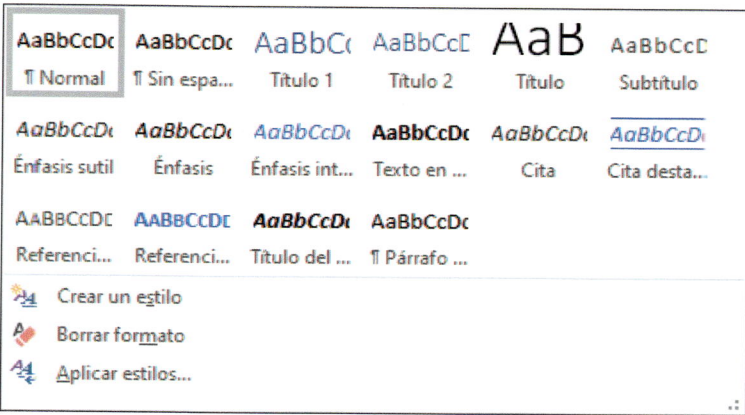

10.2. Asignación, creación, modificación y borrado de estilos

Tal y como hemos indicado anteriormente, la ficha *Inicio* posee un grupo de botones *(Estilos)* en los que podemos escoger un estilo de entre los definidos de antemano en la aplicación. Word distingue dos clases de estilos: los de carácter y los de párrafo; estos últimos se distinguen por llevar antepuesto a su nombre el símbolo de párrafo (¶).

Para aplicar un estilo, basta seleccionar el texto al que se lo queremos aplicar y seleccionar el estilo deseado, o bien seleccionarlo antes de escribir el texto al que se lo queremos aplicar.

Pulsando en la flechita de la esquina inferior derecha del grupo abriremos el panel de *Estilos*, en el que podemos crear nuevos estilos y proporcionarles las características deseadas.

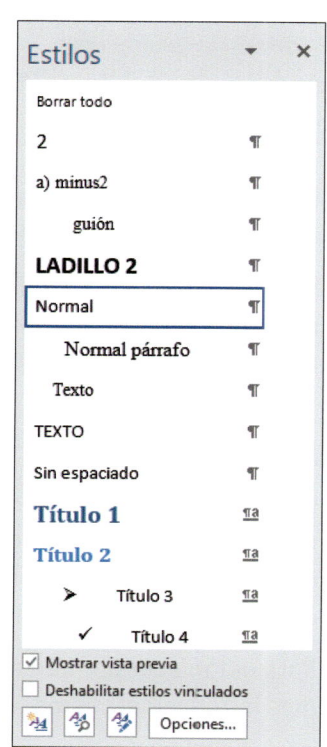

Pulsando sobre el botón derecho sobre cualquiera de los estilos y seleccionando la opción *Modificar* del correspondiente menú contextual, se abre el cuadro *Modificar estilos*, desde el que podemos modificar el formato del estilo seleccionado.

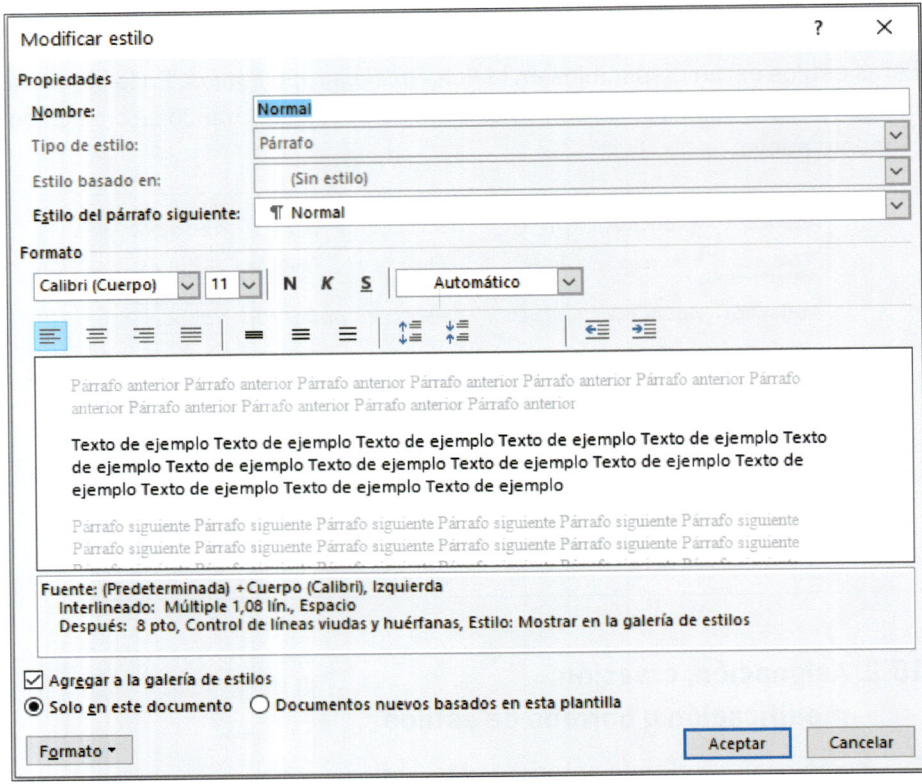

Desde el panel *Estilos* disponemos del botón *Administrar estilos*, [icon] que da acceso a un cuadro de diálogo de características muy similares.

Al definir las propiedades de un estilo, podemos *basarlo* en otro existente, de modo que aquel herede las propiedades de este. En el caso de los estilos de párrafo, se puede también especificar qué estilo habrá de tener el párrafo siguiente.

10.3. Marcadores

Un marcador identifica una posición o una selección en el documento, de tal forma que le asignamos un nombre y así podemos ir a esa parte del texto en cualquier momento sin tener que buscarla página a página. Funciona como los marcapáginas que utilizamos en los libros.

Para establecer un marcador situamos el curso en el punto en el que deseamos introducir el mismo, vamos a la ficha **Insertar**, grupo **Vínculos**, y pulsamos sobre la opción *Marcador*. Se abre un cuadro de diálogo que permite establecer el nombre (sin espacios).

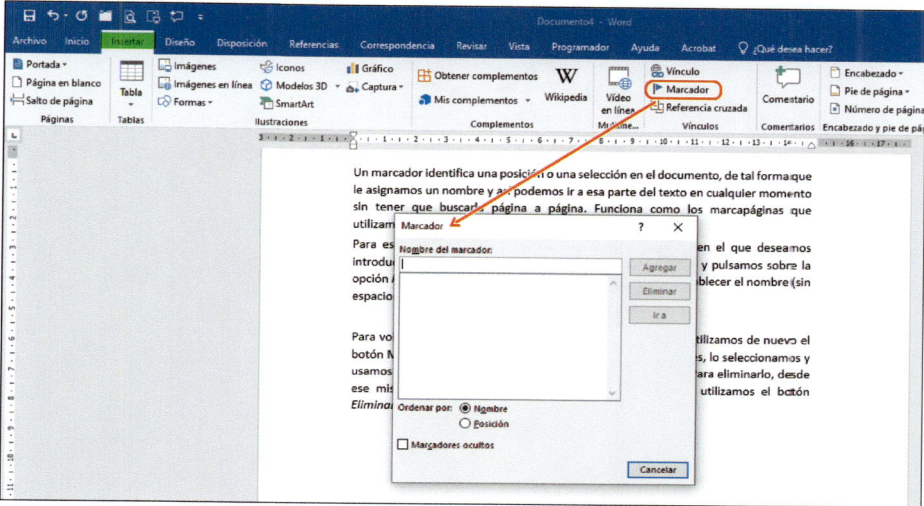

Para volver a ese punto desde cualquier lugar del documento utilizamos de nuevo el botón *Marcador,* aparece una lista de los marcadores disponibles, lo seleccionamos y usamos el botón *Ir a*, que nos lleva a la posición del marcador. Para eliminarlo, desde ese mismo cuadro de diálogo seleccionamos el marcador y utilizamos el botón *Eliminar*.

10.4. Referencias cruzadas

Una referencia cruzada sirve para hacer referencia a algún elemento que se encuentra en el documento. Por ejemplo, cuando estamos recordando algún concepto que hemos explicado en algún tema anterior solemos hacer referencia a ese capítulo, o también podemos utilizar las referencias cruzadas para hacer referencia a alguna imagen, tabla o gráfico dentro del documento.

Las referencias cruzadas, entre otras, tienen la ventaja de actualizarse automáticamente, por ejemplo, si el documento es modificado y la referencia ya no está en la página 3 sino en la página 4, la referencia se actualiza sola.

Para establecer una referencia cruzada debemos acceder a la ficha *Insertar,* grupo *Vínculos,* apareciéndonos el cuadro de diálogo que se muestra en la siguiente figura.

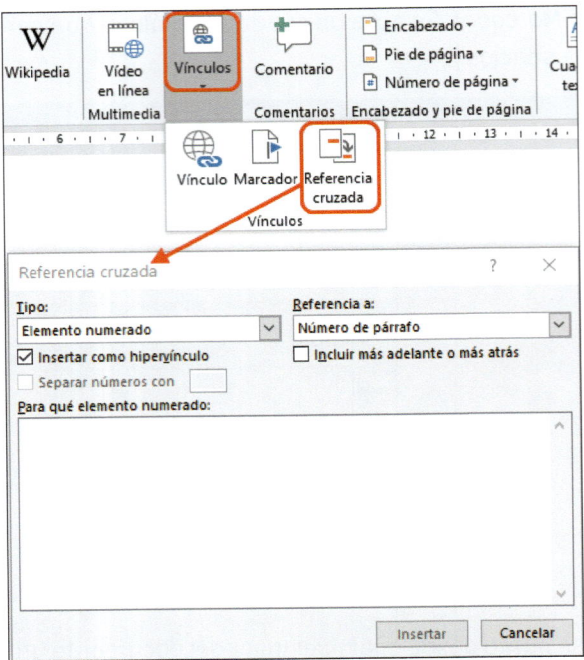

Es posible realizar una referencia cruzada con diversos tipos de opciones como: elemento numerado, título, marcador, nota al pie, etc.

10.5. Títulos numerados

Añadir títulos numerados a Word está relacionado directamente con la lista multinivel que explicamos en el punto 4 del capítulo 4, así como de los estilos que explicamos anteriormente. Lo único que hay que tener en cuenta, cuando se cree o modifique una lista multinivel estilo, es asignarle una lista numerada que esté relacionada con el Título 1, Título 2…

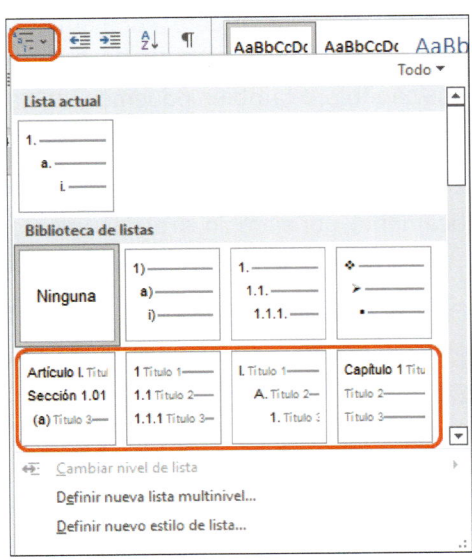

Al seleccionar la opción *Lista multinivel* disponible en el grupo **Párrafo** de la ficha **Inicio**, puedes ver las diferentes listas que puedes seleccionar, tal y como se ve en la siguiente imagen.

Como puedes comprobar, algunas de ellas están vinculadas a los estilos llamados Título 1, Título 2, Título 3 ..., y son estas las que debes utilizar para crear títulos numerados.

Si ves que ninguna de las opciones establecidas por defecto se acomodan a tus necesidades, siempre puedes *Definir nueva lista multinivel* o *Definir nuevo estilo de lista*.

Al seleccionar la opción *Definir nueva lista multinivel* te aparecerá un cuadro de diálogo como el que puedes ver en la siguiente imagen.

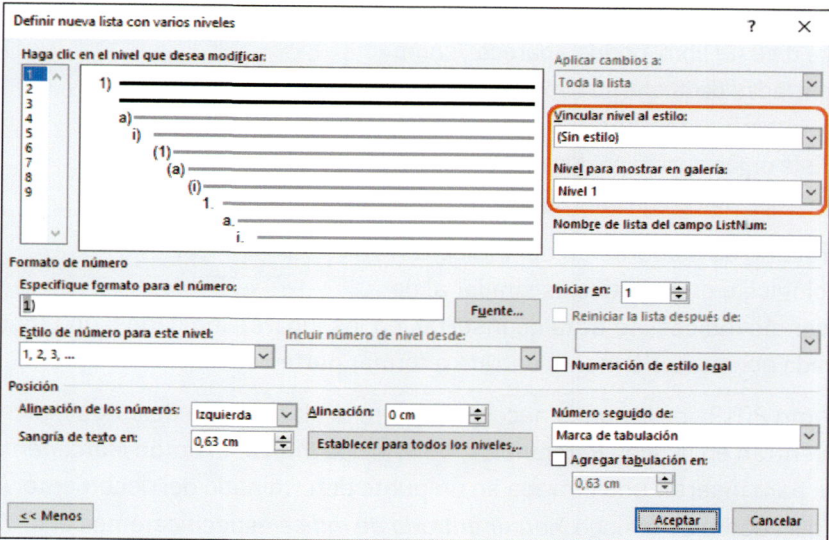

Lo que debes tener en cuenta para asociar una lista con un estilo es seleccionarlo en las opciones correspondientes del cuadro de diálogo (*Vincular nivel al estilo* y *Nivel para mostrar en galería*).

Debes tener en cuenta que en este cuadro se pueden ver todas las opciones porque se ha pinchado sobre el botón *Más > >*.

Gracias a lo visto en capítulos anteriores, no debes tener ningún problema en asignar correctamente los valores deseados en este cuadro. De todas formas, si te equivocas, ¡no te preocupes! que en cualquier momento puedes acceder a estas opciones para ajustarlas a tus deseos.

10.6. Índice terminológico

Un índice terminológico o *temático* es un conjunto de referencias a las páginas del documento en las se abordan determinados temas; es especialmente útil en manuales de consulta en los que, en un determinado momento, podemos precisar la consulta de este o aquel aspecto de su contenido. Junto con el índice terminológico podemos asimismo encontrar un índice onomástico, en el que se muestran las páginas del documento en las que aparecen citados autores, personajes, etc.; hay ocasiones en las que ambos índices forman uno solo y otras en las que aparecen por separado.

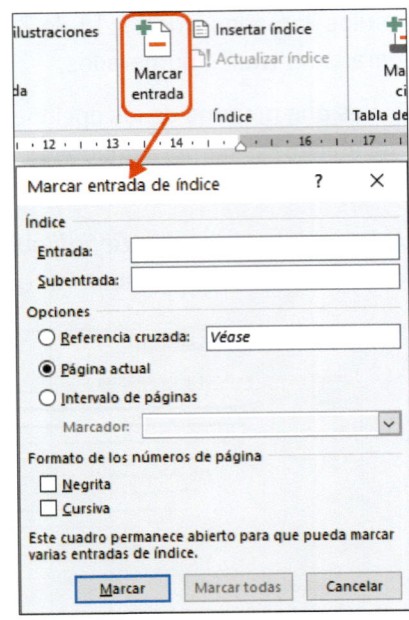

Es frecuente que los índices terminológicos posean dos niveles. Así, por ejemplo, en un índice de este libro, podría aparecer, como subentradas de la entrada *Imagen*, «insertar», «cambiar tamaño», «ceñir texto», etc. Esta organización en dos niveles facilita y hace más ágil la consulta del índice.

El proceso de elaboración del índice terminológico u onomástico es similar al de los demás índices: se trata de insertar, en los lugares indicados, una marca o entrada que posteriormente entrará a formar parte del índice.

En Word 2019, los botones necesarios para la elaboración de estos índices se encuentran en la ficha **Referencias,** en el grupo **Índice.** El botón *Marcar entrada* sirve para insertar una entrada en un punto determinado del documento. A través del cuadro de diálogo *Marcar entrada de índice* especificaremos el título de la entrada y subentrada correspondientes.

Word generará automáticamente el índice a partir de las entradas introducidas mediante el botón *Insertar índice*; a través del correspondiente cuadro de diálogo podremos personalizar su formato y características.

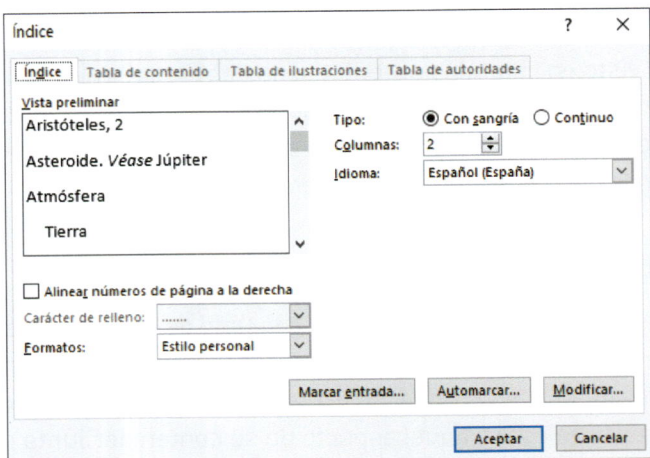

10.7. Tablas de contenido

Elaborar a mano un índice o tabla de contenidos es una tarea sumamente tediosa: es preciso buscar las páginas en las que se encuentra cada elemento (capítulo, epígrafe, sección, etc.) que queramos incluir en él y elaborarlo en consecuencia. Además, si por cualquier razón el documento cambiase, muchas de las referencias de página deberían comprobarse y escribirse de nuevo.

Word 2019 proporciona un modo muy sencillo de crear la tabla de contenidos de un documento de modo automático. ¿Y cómo sabe Word qué textos de nuestro documento corresponden al título de un capítulo, subcapítulo, etc.? Por medio de los estilos.

Word proporciona una serie de estilos para títulos de capítulo, sección, etc., que son: Título 1, Título 2, Título 3... Si deseamos crear nuestros propios estilos para títulos, estos deben *basarse* en los estilos TDC 1, TDC 2, etc.

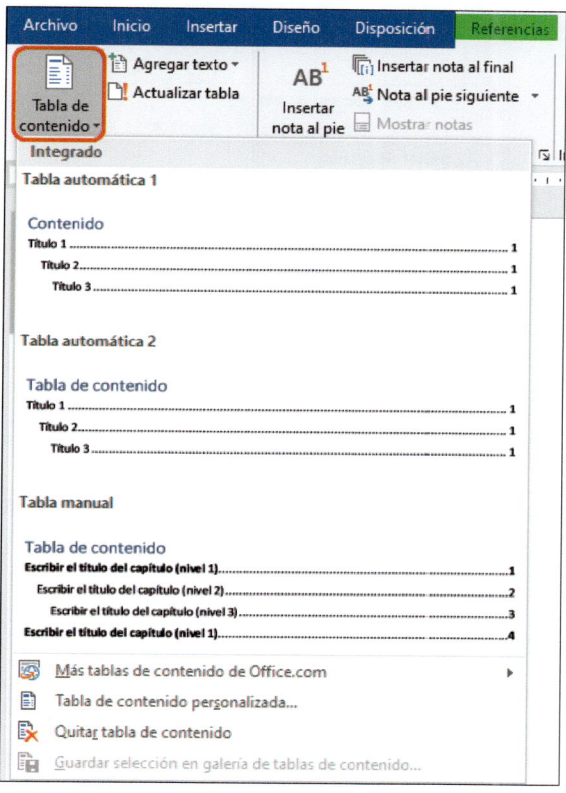

Una vez que hemos finalizado de escribir nuestro documento, y habiendo empleado los estilos de modo coherente y sistemático, podemos insertar fácilmente la tabla de contenidos mediante el botón *Tabla de contenido* de la ficha **Referencias**. Existe la posibilidad de insertar diversos formatos de tablas de contenido, e incluso de elaborarla de modo manual a partir del formato proporcionado por Word.

En el menú que se despliega cuando seleccionamos dicho botón, podemos seleccionar la opción *Tabla de contenido personalizada*, que nos abrirá una ventana con la que podremos personalizar el formato y apariencia de la tabla; entre otras cosas, podremos escoger el número de *niveles* que habrá de tener la tabla (capítulo, epígrafe, subepígrafe, etc.).

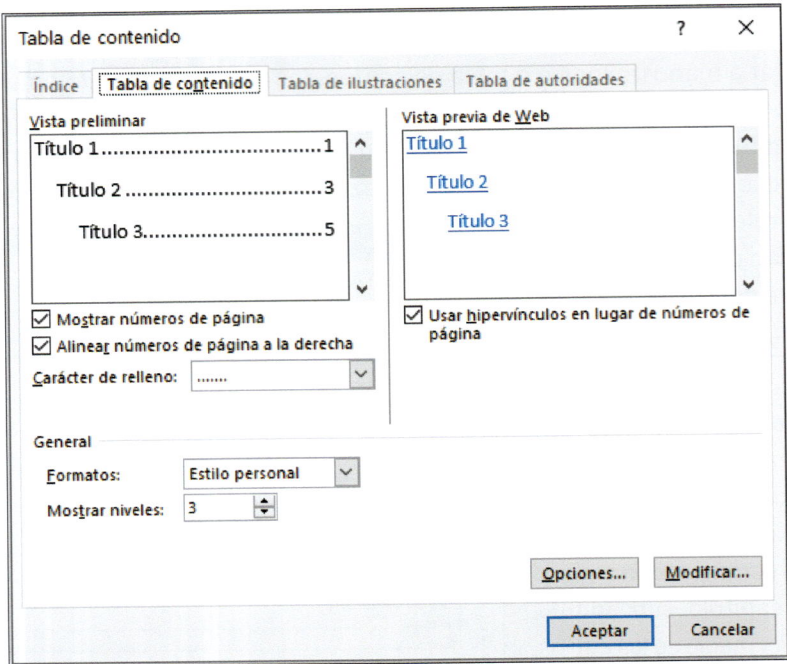

Una vez insertada, es posible que las referencias de página cambien (al haber modificado la extensión de ciertos capítulos, añadiendo o quitando texto); también es posible que se hayan añadido nuevos epígrafes y eliminado otros. El botón *Actualizar tabla* permite renovar el contenido del índice para tomar en cuenta las modificaciones efectuadas. Si colocas el puntero del ratón dentro de la tabla de contenido, en la parte superior, también te aparecerá esta misma opción.

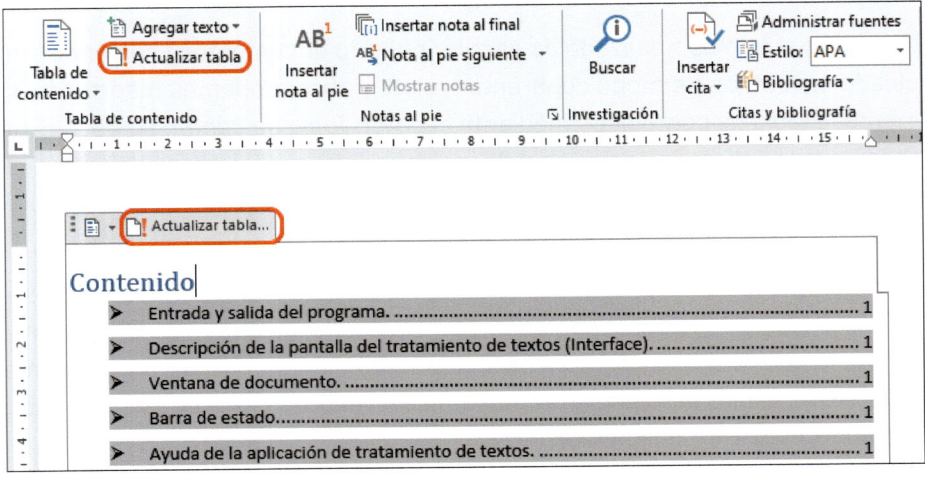

10.8. Tablas de ilustraciones

Word nos permite asimismo añadir *marcas* personalizadas a ciertos elementos para elaborar así, por
ejemplo, índices de cuadros o tablas,
figuras o ecuaciones con los respec-
tivos números de página en los que
se hallan ubicados. Para insertar estas marcas debemos acceder a la ficha *Referencias* y, en ella, al botón
Insertar título. Ello abrirá una ventana en la que podemos seleccionar el
tipo de elemento (*Rótulo*) al que se
refiere dicho título. Por defecto, la
aplicación nos permite escoger *Tablas, Ilustraciones* y *Ecuaciones;* sin

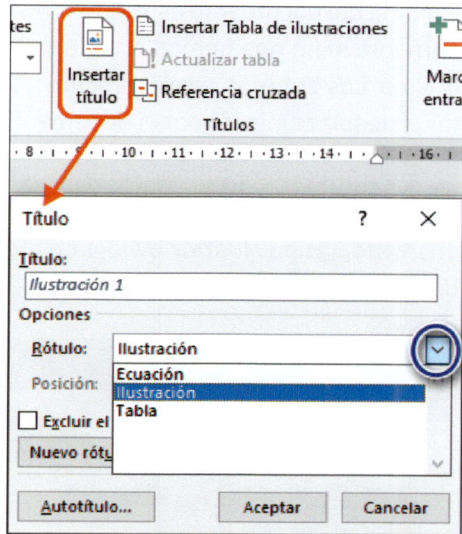

embargo, si precisamos un nuevo rótulo es posible crearlo, así como especificar
el tipo de numeración de los elementos.

Una vez insertadas las marcas correspondientes, se creará la correspondiente
tabla (de ilustraciones, cuadros, etc.) mediante el botón *Insertar Tabla de ilustraciones* (el título del botón no debe confundirnos: esta función nos permitirá
insertar diversos índices personalizados, no solo la lista de ilustraciones).

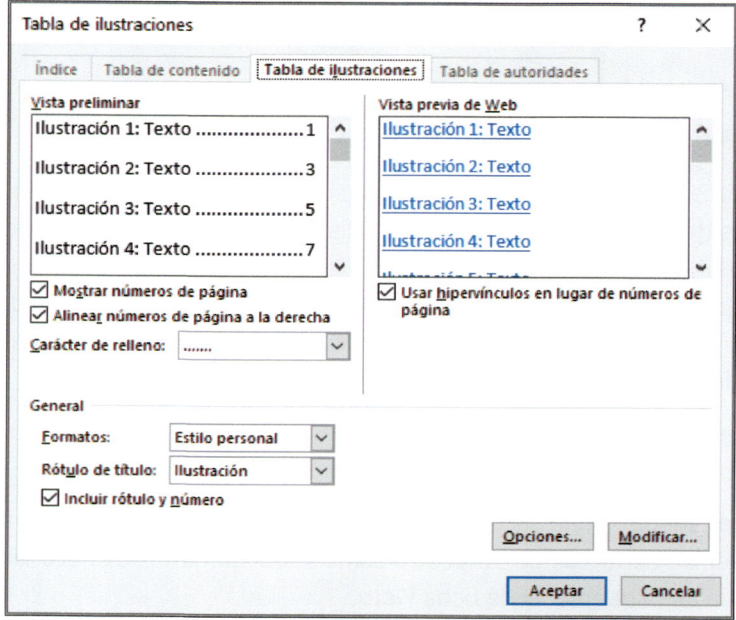

10.9. Mapa del documento

El mapa del documento es una opción de obtener un índice rudimentario del documento si no nos hemos preocupado de ir asignando niveles de esquema al mismo. Los criterios de elaboración no son modificables, y se utiliza para facilitar el desplazamiento por el documento.

Para obtener un resultado óptimo deberíamos asignar títulos con los estilos predeterminados o los elaborados por nosotros. Para acceder a él vamos a la ficha *Vista*, grupo *Mostrar* y elegimos la opción de *Panel de navegación*, abriéndose un panel lateral izquierdo.

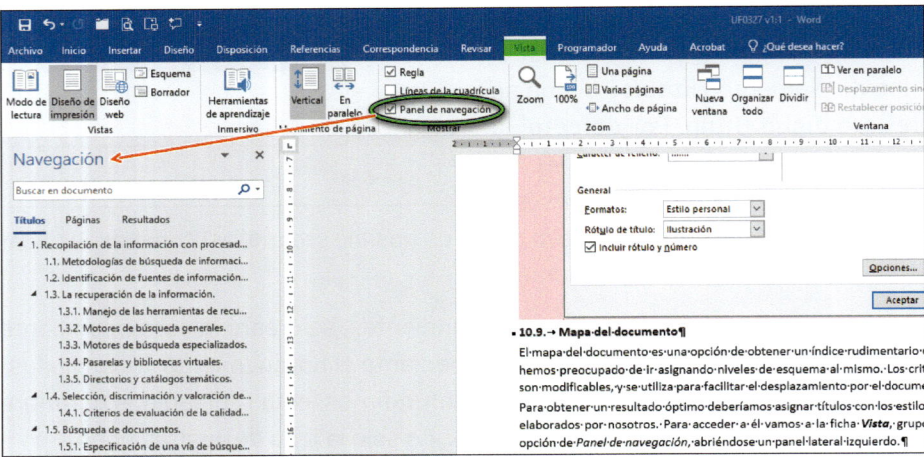

Si no tenemos bien estructurado el documento, la información mostrada será escasa.

10.10. Mocumentos maestros

En un proceso de elaboración colectiva de un documento, es posible que varias personas trabajen simultáneamente en distintas partes de un documento, mediante la creación de subdocumentos. En este caso no hablamos de una cadena de trabajo en el que cada participante hace modificaciones y pasa el documento al siguiente, como veremos en el *Control de cambios*, sino que se trata de trabajar todos simultáneamente en el mismo documento.

Cuando el trabajo en un subdocumento ha finalizado, es posible abrir este dentro del documento maestro, incorporando su contenido.

Para crear subdocumentos dentro de un documento maestro o bien para insertar un archivo dentro de otro maestro como subdocumento, es necesario habilitar la vista de *Esquema*, en la ficha *Vista*.

El **proceso** para crear un subdocumento es el siguiente:

1. Entrar en *Vista Esquema*.

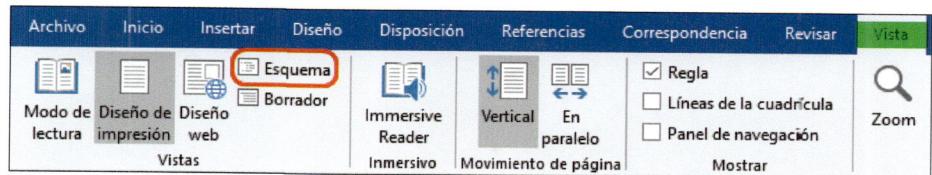

2. Marcar el texto que va a ser subdocumento, incluyendo un título (puede hacerse contrayendo los niveles hasta que nos permitan seleccionar el título correspondiente).

3. Pulsar el botón *Mostrar documento* de la ficha *Documento maestro* y luego pulsar sobre el botón *Crear*. Si observas la pantalla, verás que el subdocumento se ha enmarcado.

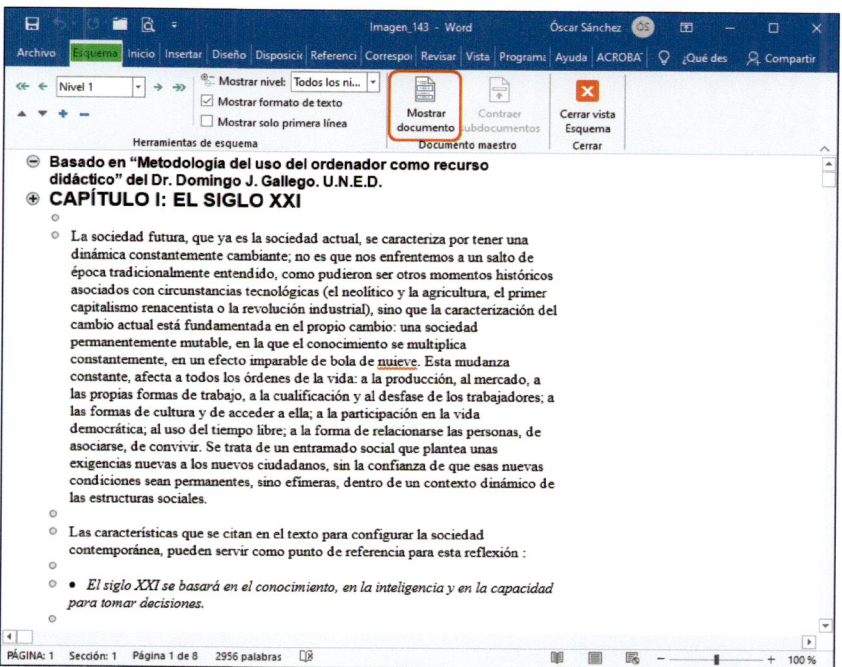

4. El último paso es *Guardar*, al hacerlo, se guardan el documento maestro y tantos otros como subdocumentos se hayan creado.

Cuando se crea o inserta un subdocumento en un documento maestro, se ubica en una nueva sección, por ello, es conveniente configurar la vista del documento en *Vista Normal*, ya que, desde esta vista se muestran los saltos de sección.

Ejercicios prácticos

ACTIVIDAD 10.1

Copia el documento de dos páginas siguiendo estas instrucciones:

1. Crear un estilo que llamarás ARTICULO para el texto de los artícu os. Constará de los siguientes formatos:

   - Verdana 10 puntos.
   - 3 columnas, con espaciado entre ellas de 0,5 cm y con línea de separación.
   - Justificado.
   - Espaciado de párrafo posterior 6 puntos.

2. Crear un estilo que llamarás TITULAR para los titulares de los artículos y que constará de los siguientes formatos:

   - Arial Black 16 puntos en negrita.
   - Espaciado anterior 12 y posterior 12 puntos.
   - Centrado.
   - Sombreado gris 25 %.

3. Crear un estilo que llamarás SUBTE para los subtítulos de los artículos y que constará de los siguientes formatos:

   - Arial Narrow 14 puntos.
   - Espaciado anterior 6 y posterior 6 puntos.
   - Alineación derecha.

4. Crear un estilo que llamarás APARTADO para los cuadros de texto y que constará de los siguientes formatos:

   - Bookman Old Style de 10 puntos.
   - Espaciado anterior y posterior 3 puntos.
   - Alineación centrada.

5. El resto de texto que aparece en el documento, salvo el de los cuadros de texto, se utilizará la letra Arial Narrow de 14 puntos con alineación derecha.

6. Realizar los encabezados con Comic Sans de 13 puntos en contorro y expandido en 4 puntos, apareciendo la fecha actual (actualizándose) en el lugar correspondiente.

7. Incorporar las diferentes imágenes y cuadros de texto que ves en el modelo.

8. La fecha que aparece en el encabezado será la actual, insertando el campo correspondiente.

El Diario del Pueblo   domingo, 28 de marzo de 2021

El porqué de la informática en el deporte

La informática como herramienta en el deporte

Se utiliza cada vez más y un ejemplo práctico lo

tenemos en las pruebas de ciclismo.

Los juegos Olímpicos de Atlanta, el torneo de tenis de Wimbledon o la Eurocopa celebrada en Gran Bretaña han utilizado masivamente la informática.

Una herramienta de gestión

En la gestión de un club deportivo la informática tiene que intervenir igualmente tanto desde el punto de vista administrativo y financiero (Base de Datos de facturación, entradas, socios, deportistas, contabilidad etc.) como desde el punto de vista de información, retransmisiones etc., donde las tecnologías multimedia ofrecen grandes posibilidades.

> La informática tiene un papel decisivo en la gestión de una entidad deportiva

Jugando virtualmente

Ya sabemos que hay gente que le da mucho apuro practicar el deporte "de verdad": es decir, calzándose zapatillas deportivas, colocándose el chándal, la gorra, las gafas de sol y saliendo a "campo abierto", bien sea jugando en un campo de fútbol situado en el parque más próximo, bien sea pedaleando en la bicicleta o simplemente corriendo por un camino campestre.

El Santa pierde ante Vilarcón

En un interesante partido muy disputado durante los 90 minutos, los jugadores del SANTA realizaron una exhibición de fútbol que no llevó absolutamente a ninguna parte.
En cambio, sus rivales del VILARCÓN emplearon una

táctica muy eficaz aunque soberanamente aburrida que les abrió el camino del gol.

El público no quedó muy satisfecho y tanto ante unos como otros pasó olímpicamente. Los asistentes al match se dedicaron a la cháchara y a comer palomitas como si

estuvieran en el cine. Al final del partido la banda de música de la localidad realizó un pasacalle. Nadie sabía el motivo de semejante evento.
Hasta aquí las notas manuscritas de nuestro corresponsal.

Baloncesto

El Club Deportivo BOLAÑOS pierde ante el ATLÉTICO de REDECILLAS

Hubo numerosas situaciones de empate pero en el último minuto una personal apuntada al equipo local permitió a los visitantes anotarse 3 puntos seguidos que les dieron la victoria.

El público que acudió masivamente se mostró muy deportivo y aplaudió con calor a los visitantes. La verdad es que ambos equipos merecieron la victoria.

Ahora hay que estar preparados para el

próximo encuentro de la Liga del Baloncesto donde el TUNANTES de Madrid lucharán contra el PERCEBE de Galicia mientras que BOLAÑOS se enfrentará al PROMESAS de Huesca.

El Diario del Pueblo

Fichajes que son multimillonarios

La mayoría de los fichajes más caros de la historia los han realizado clubes afiliados a la UEFA, y dentro de esta entidad, por clubes situados en la Eurozona o en el Reino Unido. El orden por defecto de la siguiente tabla muestra el montante del fichaje en euros corrientes, sin tener en cuenta la inflación. Por la existencia de fluctuaciones en el tipo de cambio, el orden puede no ser el mismo en libras. Los traspasos que tuvieron lugar antes de la adopción del euro se muestran en un montante aproximado en euros. La lista enumera los cincuenta traspasos más valiosos del fútbol profesional.

Hay cuatro jugadores que aparecen dos veces en la lista: Neymar, Cristiano Ronaldo, Romelu Lukaku y Ángel Di María. Todos los jugadores de la lista tienen su origen en Europa (UEFA), Sudamérica (CONMEBOL), Norteamérica (CONCACAF) o África (CAF). Después del traspaso de Christian Pulisic de CONCACAF en 2019, Asia (AFC) y Oceanía (OFC) son las únicas confederaciones sin jugadores en la lista.

De nuestra corresponsal Ana Medrano

ACTIVIDAD 10.2

Siguiendo estas instrucciones realiza el documento que se visualiza al final de las mismas.

CONFIGURACIÓN:

- Tamaño de papel: 26,67 cm de alto por 18,41 cm de ancho.
- Orientación horizontal.
- Establecer la impresión dos páginas por hoja.
- Márgenes: superior/inferior: 1,70 cm e interior/exterior: 1,55 cm.

CUERPO DE TEXTO:

- Fuente Tahoma 10 puntos.
- Sangría de la primera línea en 0,74 cm.

- Espaciado anterior y posterior 6 puntos.

- Interlineado múltiple en 1,3.

Crear un **estilo** denominado M1 con las siguientes características:

- Fuente Tahoma 14 puntos, negrita.

- Espaciado anterior/posterior, 6 puntos.

- Alineación izquierda.

- Interlineado múltiple en 1,3.

- Vincular dicho estilo al primer nivel de un esquema, estableciendo la alineación y la sangría en 0 cm y el número seguido de nada.

- Aplicar el estilo M1 a todos los títulos del documento (Introducción, El comercio electrónico…).

Crear un segundo **estilo** denominado M2 con las siguientes características:

- Fuente Tahoma 10 puntos, negrita.

- Espaciado anterior/posterior, 6 puntos.

- Interlineado múltiple en 1,3.

- Vincular dicho estilo al segundo nivel de un esquema, estableciendo la alineación y sangría en 0, y el número seguido de espacio en blanco.

- Aplicar el estilo M2 a los epígrafes del documento (La oferta, Características, Entrega del bien…).

Crear los **encabezados y pies** de página con fuente Tahoma 10 puntos.

En la primera página se han utilizado bordes, tabulación izquierda en 5 cm y sangría francesa en 5 cm (no se han utilizado tablas).

En la segunda página, se han utilizado los siguientes formatos:

- Texto elevado: 5 puntos.

- Texto doble tachado.

- Texto sombreado.

- Imagen: categoría Comunicaciones. Escala 71 % en ancho y alto.

- Insertar la nota al pie y modificar el separador de notas según se ve, con unas sangrías izquierda y derecha de 4 cm, y la línea tiene un grosor de 3 ptos.

En la tercera página se ha utilizado una tabla, y el símbolo tiene un tamaño de 40 puntos. Utilizar el efecto de letra *Contorno* donde sea necesario. Insertar la nota al pie.

En la cuarta página, insertar una tabla de contenido basada en los dos estilos M1 y M2.

INTRODUCCIÓN

Para ser un consumidor en Internet es necesario tener un conocimiento básico de esta tecnología antes de su utilizacion y, especialmente, de los términos de más frecuente uso que suelen ser de origen inglés.

INTERNET	Es la red de Redes en la que se conectan los ordenadores de cualquier parte del mundo
PÁGINA WEB:	Es un documento de hipertexto
NAVEGAR	"Pasearse", por la Red, visitar distintas páginas en busca de la información deseada.
ROUTER:	Es el aparato necesario para que la información de la red y del ordenador pueda viajar por vía telefónica.
CORREO ELECTRÓNICO (E-MAIL):	Es un sistema que permite el envío o recepción de mensajes a través de la Red.

Comercio electrónico

EL COMERCIO ELECTRÓNICO: UN INSTRUMENTO ÚTIL

El comercio electrónico es una nueva forma de comprar y vender productos o servicios, a través de Internet, que presenta ventajas tanto para el consumidor como para el empresario.

1 La oferta

Como cualquier otro tipo de compraventa, las ofertas de bienes y servicios a través de Internet tiene que ajustar su contenido según la Ley de Ordenación del Comercio Minorista:

- Nombre o razón social del oferente
- Características especiales del producto
- Precio del producto y de los gastos que se le añaden (impuestos, transporte, etc.)

2 Características

Son contratos ~~no presenciales~~. Se considera que el contrato está en vigor desde que hace clic en el icono de aceptación de la oferta. Emitica la aceptación, el oferente o prestador debe acusar recibo de dicha aceptación".

---

* Es importante tener presente que sólo quedan vinculadas a esta normativa las empresas radicadas en España.

---

3 Entrega del bien

En la oferta debe constar la fecha de realización de la prestación o entrega del bien contratado**.

CONSEJOS PARA UTILIZAR EL COMERCIO ELECTRÓNICO	
Compre en páginas donde se identifique el oferente o vendedor.	Antes de dar los datos de su tarjeta dae crédito, compruebe que es una página segura.
Antes de efectuar la compra, cerciórese de que dispone de toda la información necesaria.	Compruebe los plazos de entrega del producto o realización del servicio
Recuerde que pued erevocar el contrato en un plazo de 7 días, sin alegar causa alguna y sin gastos	

** Si no se indica ninguna fecha específica, el vendedor deberá cumplir el contrato en un plazo de 30 dias contar desde la recepción de la aceptación del consumidor

---

Comercio electrónico

TABLA DE CONTENIDO

ACTIVIDAD 10.3

Realiza las siguientes actividades utilizando Microsoft Word.

1. Abre un documento nuevo y copia, sin formato, la carta que figura al final de esta actividad. A continuación, establece en el membrete de la carta, la fecha y la dirección, los formatos de fuente y de párrafo correspondientes para que tengan el siguiente aspecto:

Gráficas **A**lfindén, S.A.

Pol. Ind. de la Puebla de Alfindén
C/ del Chopo, 74
50171 La Puebla de Alfindén (Zaragoza)

La Puebla de Alfindén, 10 de septiembre de 20xx

Pedro Morenés Gallego
Avda. del Cid, 124
46014 Valencia

2. Aplica en el texto de la carta las sangrías correspondientes para que su aspecto sea el siguiente:

Estimado cliente:

Acabamos de recibir su oferta número 125* y procedemos a enviarle nuestro pedido con las siguientes indicaciones:

    PRECIOS. Los indicados en su oferta, si bien los adhesivos redondos con referencia Z1254, solo debe enviarlas en caso de concedernos un descuento del 15%.
        ENVÍO. En el plazo máximo de 12 días.
        SEGURO. Envíenos por email el importe de la factura y el medio de transporte utilizado para contratar el seguro correspondiente.
        PAGOS. Aunque su oferta especifica el pago a 60 días, le efectuaríamos éste a los diez días de recibir la mercancía si el descuento fuese del 3%.
    EMBALAJE. Le agradeceríamos que pusiese especial cuidado en el flete y precinto de las cajas.

Las cantidades y referencias de los artículos que necesitamos son las siguientes:

3. Establece el formato de tabulaciones que se aprecia a continuación, en los párrafos dedicados a la descripción de los artículos del pedido. Aplica también el sombreado correspondiente.

REFERENCIA	ARTÍCULO	UNIDADES
Z1254	Adhesivos redondos	5.300
R8871	Blocs de notas wire-o	1.250
D2540	Carpetas automontables	2.790

4. Ve al asunto de la carta y establece la letra capital en texto de dos líneas de ocupación. Asimismo, en la frase de introducción a la carta establece una nota al pie para aclarar detalles de la oferta en la que se basa la carta de pedido. El texto de la nota será: «Fecha de la oferta: 30 de agosto de 20xx».

Asunto: Pedido.

Estimado cliente:

Acabamos de recibir su oferta número 125* y procedemos a enviarle nuestro pedido con las siguientes indicaciones:

5. Aplica el corrector ortográfico.

Gráficas **A**lfindén, S.A.

Pol. Ind. de la Puebla de Alfindén
C/ del Chopo, 74
50171 La Puebla de Alfindén (Zaragoza)

La Puebla de Alfindén, 10 de septiembre de 20xx

Pedro Morenés Gallego
Avda. del Cid, 124
46014 Valencia

Asunto: Pedido.

Estimado cliente:

Acabamos de recibir su oferta número 125* y procedemos a enviarle nuestro pedido con las siguientes indicaciones:

PRECIOS. Los indicados en su oferta, si bien los adhesivos redondos con referencia Z1254, solo debe enviarlas en caso de concedernos un descuento del 15%.
ENVÍO. En el plazo máximo de 12 días.
SEGURO. Envíenos por email el importe de la factura y el medio de transporte utilizado para contratar el seguro correspondiente.
PAGOS. Aunque su oferta especifica el pago a 60 días, le efectuaríamos éste a los diez días de recibir la mercancía si el descuento fuese del 3%.
EMBALAJE. Le agradeceríamos que pusiese especial cuidado en el flete y precinto de las cajas.

Las cantidades y referencias de los artículos que necesitamos son las siguientes:

REFERENCIA	ARTÍCULO	UNIDADES
Z1254	Adhesivos redondos	5.300
R8871	Blocs de notas wire-o	1.250
D2540	Carpetas automontables	2.790

En espera de sus noticias, le saludamos atentamente.

GRÁFICAS ALFINDÉN, S.A.

Fdo.: Luisa Medrano
Jefa de Compras

_____

* Fecha de la oferta: 30 de agosto de 20xx

ACTIVIDAD 10.4

Crea un nuevo documento en Microsoft Word que tendrá cuatro páginas: las dos primeras con orientación horizontal y las dos últimas con orientación vertical. Todos los márgenes estarán en 1,5 centímetros. La fuente utilizada es Calibri de 14 puntos.

En el pie de página, establece la numeración de páginas con alineación centrada.

Crea en la página 2 del documento una tabla de 8 columnas y 10 filas, estableciendo las combinaciones, divisiones de celdas y altos de fila correspondientes para que tenga un aspecto como el siguiente:

Aplica bordes y sombreado a la tabla para que tenga el siguiente aspecto:

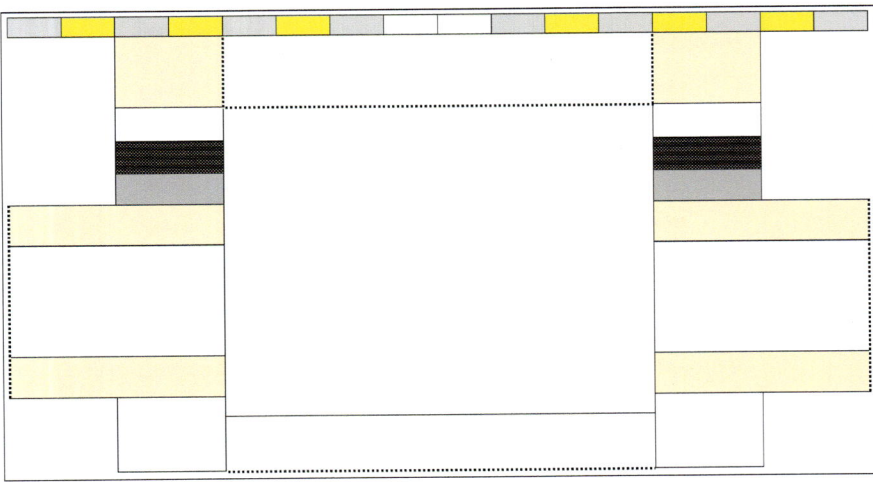

Inserta, antes de la tabla, un rótulo de WordArt tal y como se puede ver en la muestra disponible al final de la actividad.

En los dos cuadros grandes laterales, así como en el inferior, inserta el siguiente texto:

«Gracias a la inserción de Formas que ofrece Word, es posible diseñar logotipos sencillos para las organizaciones».

Inserta la siguiente ecuación en la celda central de la segunda fila:

$$z = \sqrt[4]{3x^2 + 10} + \frac{x^2}{4}$$

Realiza con *Formas* las composiciones siguientes, agrupado el conjunto y colócalas en las celdas de la tabla:

 Segunda celda de la segunda fila

Penúltima celda de la segunda fila

A través del icono *Imágenes en línea* inserta las siguientes imágenes en las celdas siguientes:

 Primera celda de la segunda fila

 Última celda de la segunda fila

 Segunda celda de la última fila

 Penúltima celda de la última fila

Diseña, fuera de la tabla, el logotipo central. Una vez que lo hayas realizado, agrúpalo y muévelo a la tabla.

El resultado final será algo como lo que se muestra en la siguiente imagen.

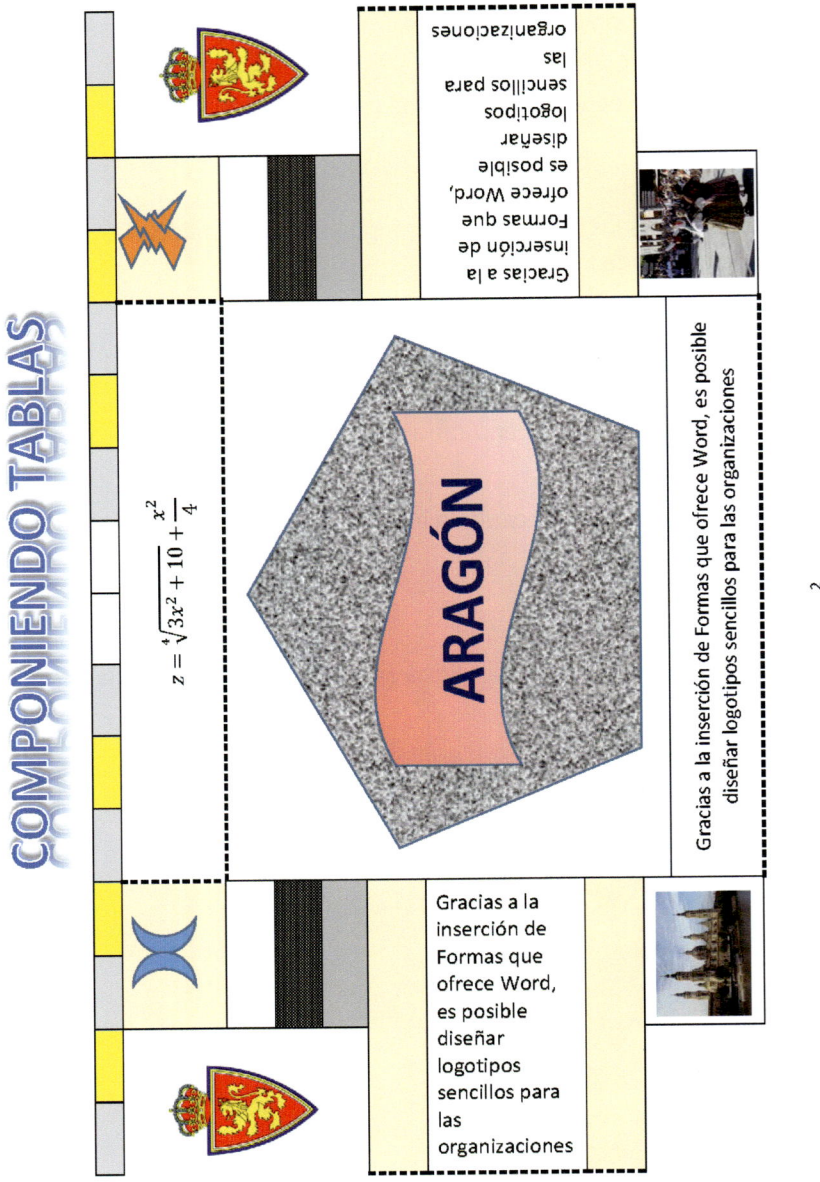

ACTIVIDAD 10.5

Copia el documento de dos páginas que te mostramos a continuación, dejándolo lo más parecido a lo que aparece en la muestra. Ten en cuenta que lo que está al final de la segunda página son tablas de ilustraciones.

EVALUACIÓN DE RIESGOS

INTRODUCCIÓN.

La evaluación de los riesgos laborales, que es obligatoria para todas las empresas a raíz de la entrada en vigor de la <u>Ley de Prevención</u> (febrero de 1996), ya estaba prevista en la Directiva de la CEE de 12 de junio de 1989 (Directiva 83/391), si bien en España no se había introducido en nuestra legislación positiva, hasta la promulgación de la ley mencionada.

Imagen 1

La importancia, desde el punto de vista de la seguridad e higiene laboral, <u>(Riesgos)</u> de llevar a cabo una evaluación de riesgos es fundamental.

Para que nos hagamos una idea de estos, resumiremos en el siguiente cuadro los extremos sobre los que todo empresario está obligado a realizar una evaluación de riesgos.

EXTREMOS A TENER EN CUENTA CUANDO SE HAGA UNA EVALUACIÓN DE RIESGOS LABORALES EN UNA EMPRESA	La naturaleza de la actividad que se desarrolla en el centro.
	Los puestos de trabajo con riesgos especiales que existen en la empresa.
	Los equipos de trabajo que se usan.

(Tabla 1)

Tras la evaluación, lo normal será que el empresario confeccione unas medidas de prevención a adoptar en el centro de trabajo.

ACTUACIÓN PREVENTIVA.

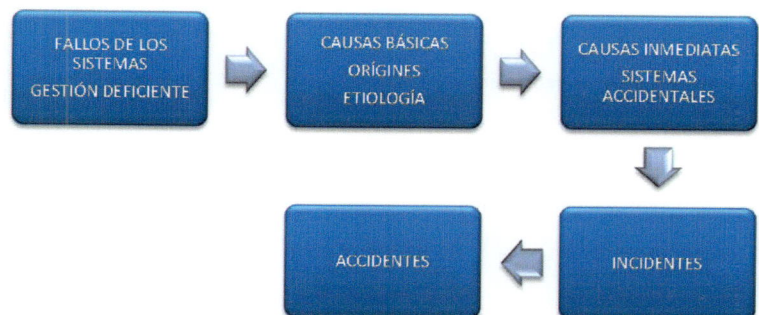

Ilustración 1

CONDICIONES DE TRABAJO.

<u>Al final</u>, en un sentido amplio, por Condiciones de Trabajo se entiende el conjunto de factores y circunstancias existentes en cada puesto de trabajo y que influyen sobre el bienestar físico y mental del trabajador que ocupa ese puesto de trabajo.

El artículo 4 apartado 6 de la Ley de Prevención de Riesgos Laborales define el concepto de Condiciones de Trabajo de la siguiente forma: "Se entenderá como condición de Trabajo cualquier característica del mismo que pueda tener una influencia significativa en la generación de riesgos para la seguridad y la salud del trabajador".

Imagen 2

Todas aquellas otras características del puesto de trabajo, incluidas las relativas a su organización y ordenación, que influyan en la magnitud de los riesgos a que está expuesto el trabajador.

Además, esta valoración no sólo se hace una vez, sino que hay que mantener la vigilancia y realizar controles periódicos, aún más si en el chequeo anterior se detectaron problemas o se modificaron

FASES DE UN PROCESO DE VALORACIÓN DE CONDICIONES DE TRABAJO.

Vamos, seguidamente, a establecer las fases a seguir en un proceso de valoración de las condiciones de trabajo:

Determinación de riesgos y daños. (Imagen 1).

En esta fase habrá de averiguarse qué riesgos son nocivos, cuantificarlos, establecer sus efectos y concretar los posibles daños que pueden ocasionar sobre los trabajadores.

Diagnóstico de la realidad laboral.

Se trata de analizar la situación de la empresa en cuanto a su contexto global de las condiciones de trabajo y las repercusiones que en ella va a tener la valoración de éstas.

Propuestas de mejora.

Tras las dos fases anteriores, se está en condiciones de proponer un Plan de Prevención acorde con las características de la empresa.

Puesta en marcha del Plan de Prevención elaborado.

Se comienza a experimentar el Plan, recogiéndose datos e información.

A la vista de estos datos pueden reelaborarse propuestas o modificarse aspectos parciales del Plan.

Examen y verificación del Plan de Prevención.

ACTIVIDAD 10.6

Con esta actividad vas a practicar los documentos maestros y los subdocumentos. Para ello, crea tres documentos diferentes que contendrán la siguiente información:

Documento 1

¿Para qué?

Una experiencia que se está generalizando de forma progresiva en nuestros centros es la tener una páginas web en la que reflejar la infinidad de cosas que nos ocupan y preocupan desde todos los ámbitos, o al menos así debería ser. Una de las cosas en que más tendríamos que pensar es en su carácter de «servicio». No es fácil conseguir en un centro, en el momento actual, que la página de Internet esté actualizada ya que requiere la atención y el tiempo de una persona y eso es muy complicado en la situación actual en la mayoría de los centros. Pero poco a poco veremos como esa necesidad se va imponiendo y habrá que hacerle frente. Una páginas web de un centro educativo debería ser ante todo y sobre todo soporte de comunicación y participación de todos los ámbitos de la comunidad educativa. En ella por tanto tendrían que tener hueco las aportaciones de los alumnos, los padres y los profesores, además de los contenidos propiamente didácticos.

Documento 2

La comunidad educativa

No tardaremos mucho en comprobar como la página web es reclamada por la comunidad educativa en su conjunto como un servicio necesario y al que poder acudir a consultar cosas como el horario de dirección o de atención del APA, las fechas de los exámenes y muchos más contenidos y más concretos quizá. Por ejemplo, se puede estimular la creación y mantenimiento de un servicio de información para profesores y alumnos que contenga referencias sobre artículos, libros, cursos, conferencias, programas informáticos, etc.

El contenido de las páginas elaboradas es algo que por definición del medio es cambiante, pero presenta unas ciertas tendencias y responde a un tipo de intereses. La mayoría de ellas se destinan a ofrecer a la comunidad una imagen del centro aportando informaciones de todo tipo sobre los medios, instalaciones, equipamiento, actividades, equipo directivo, docentes, etc. En no pocos casos se especifica incluso el Proyecto Educativo del Centro, lo cual puede ofrecer una más clara imagen de los planteamientos que sustentan la labor educativa. Es mucho más raro encontrar referencias al proyecto curricular, lo cual sería, bien es cierto, muy prolijo. Y lo mismo sucede con el Reglamento de Régimen Interno.

Documento 3

Contenidos

Los contenidos más diversos y en realidad los más atractivos de los diferentes centros son aquellos que hacen referencia a sus actividades, tanto dentro como fuera del aula y a las aportaciones de los alumnos. En bastantes casos se puede encontrar buenos materiales curriculares elaborados por los alumnos y por los profesores, que permiten su uso para la propia labor educativa. Claro está que ese material está de paso en la web y al cabo de un cierto tiempo va a ser sustituido por otro por lo que conviene rescatarlo si se quiere usar con posterioridad. Las excursiones, viajes o visitas realizadas, también ocupan un lugar importante y aportan gran cantidad de ideas para posibles actividades. Lo habitual es que exista algún comentario de los alumnos explicando en qué ha consistido la actividad y lo bien que se lo han pasado.

De estos tres documentos crea ahora un documento maestro. Prueba a realizar modificaciones sobre alguno de los documentos, y verás cómo se traslada al maestro.

11. Documentos profesionales

Introducción

Hay trabajos y operaciones en los que es preciso elaborar con mucha frecuencia documentos muy parecidos: por ejemplo, facturas, albaranes o presupuestos. Estos documentos poseen muchos elementos comunes, y solo existen, por lo general, pequeñas variaciones entre ellos: así, todas las facturas de una empresa poseen el mismo diseño, una serie de textos idénticos (fecha, número de factura, cliente, concepto, etc.). Es posible, además, que dichas facturas tengan unas especificaciones de página y otras características de formato fuera de lo común, como por ejemplo, márgenes más pequeños (o mayores) que los habituales.

Para no tener que repetir en cada factura todos estos elementos comunes, especificar cada vez diseños, márgenes y demás, podemos definir una plantilla de documento. Una plantilla es un documento que, al abrirlo, crea un documento nuevo con el contenido especificado en la plantilla. De este modo, podemos añadir, modificar y borrar elementos y a continuación guardar el documento como si se hubiese creado de cero.

Una de las ventajas de las plantillas es que facilitan la reutilización de los elementos entre diferentes personas. En internet, de hecho, pueden encontrarse multitud de plantillas para los más diversos usos, tanto en el campo del procesamiento de textos como en otros.

Contenido

11.1. Uso de plantillas y tareas automatizadas

Word emplea, si no se le especifica otra cosa, una plantilla por defecto en todo nuevo documento. Esta plantilla es la que especifica los márgenes, estilos y otros muchos elementos. Dicha plantilla se denomina *Normal*.

De todas formas, tal y como se ha explicado en apartados anteriores, cuando se abre un documento nuevo desde la ficha *Archivo,* el programa nos da la opción de crearlo a partir de una plantilla existente, e incluso nos permite buscar plantillas en internet (en línea).

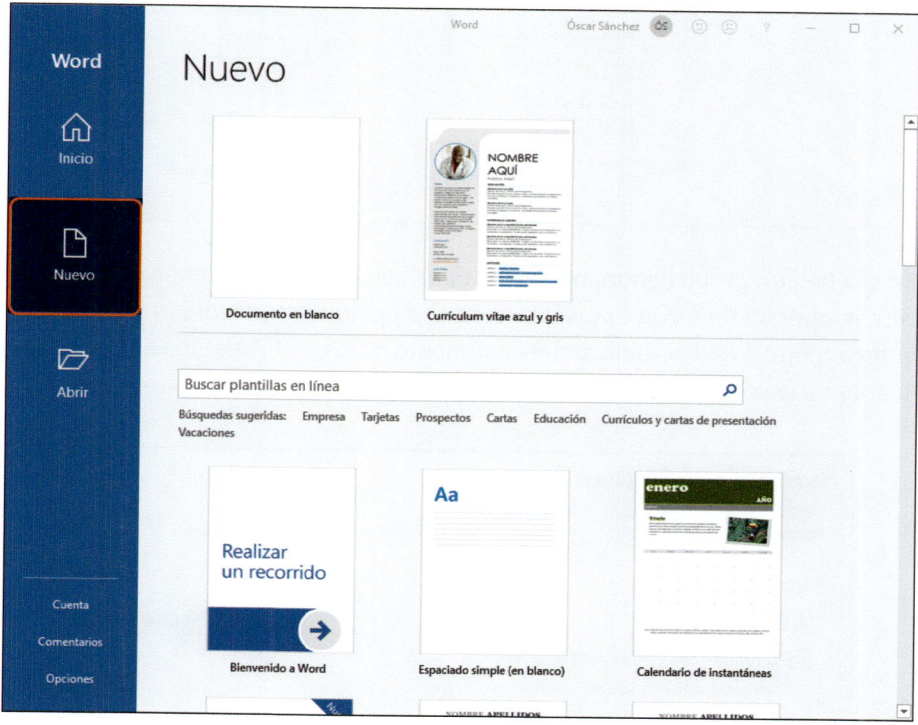

11.2. Creación, guardado y modificación de plantillas de documento

Para modificar las opciones de la plantilla *Normal*, debemos en primer lugar hacer que aparezca en la aplicación la ficha *Programador.* Lo haremos seleccionando *Opciones de Word* en el menú que se despliega al pulsar en la opción *Personalizar cinta de opciones,* marcar la casilla *Programador,* tal y como se puede ver en la siguiente imagen.

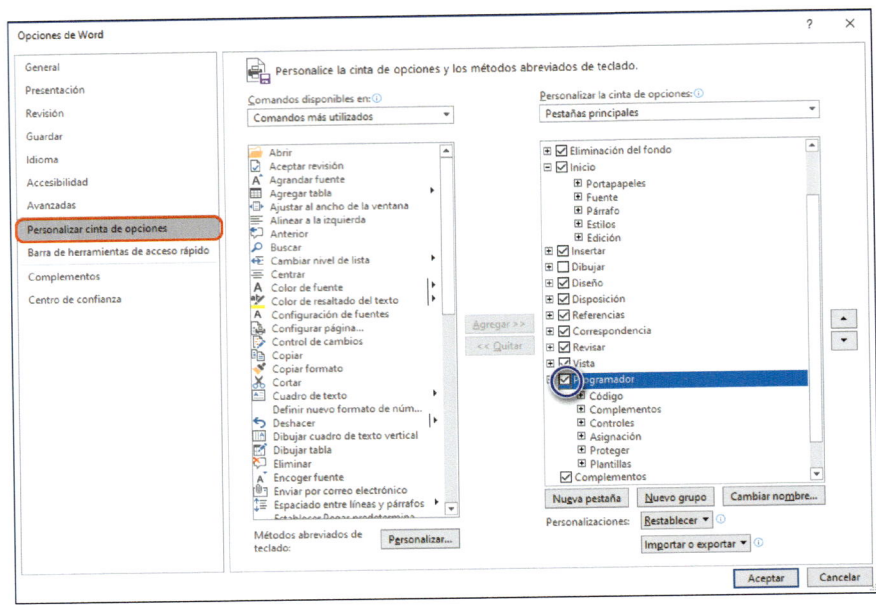

En ella hay un grupo denominado *Plantillas* con las que podremos gestionar diversas operaciones con estas. Marcando la opción *Actualizar los estilos automáticamente,* Word actualizará el documento para que los estilos empleados se adapten a la configuración de la nueva plantilla.

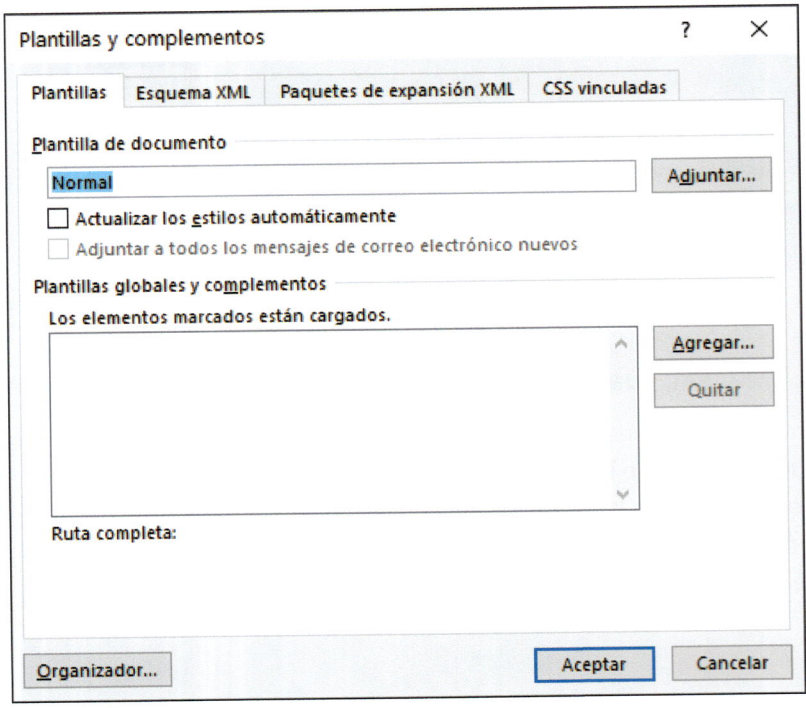

Crear una plantilla es una acción muy sencilla, ya que la tarea fundamental es decidir qué elementos se van a incluir en la misma.

Una vez que se haya decidido qué es lo que va a contener la plantilla, lo único que hay que indicarle a Word es que el tipo de documento es una plantilla, y esto se realiza seleccionando la opción *Plantilla de Word* en el cuadro de diálogo *Guardar como,* tal y como podemos ver en la siguiente imagen.

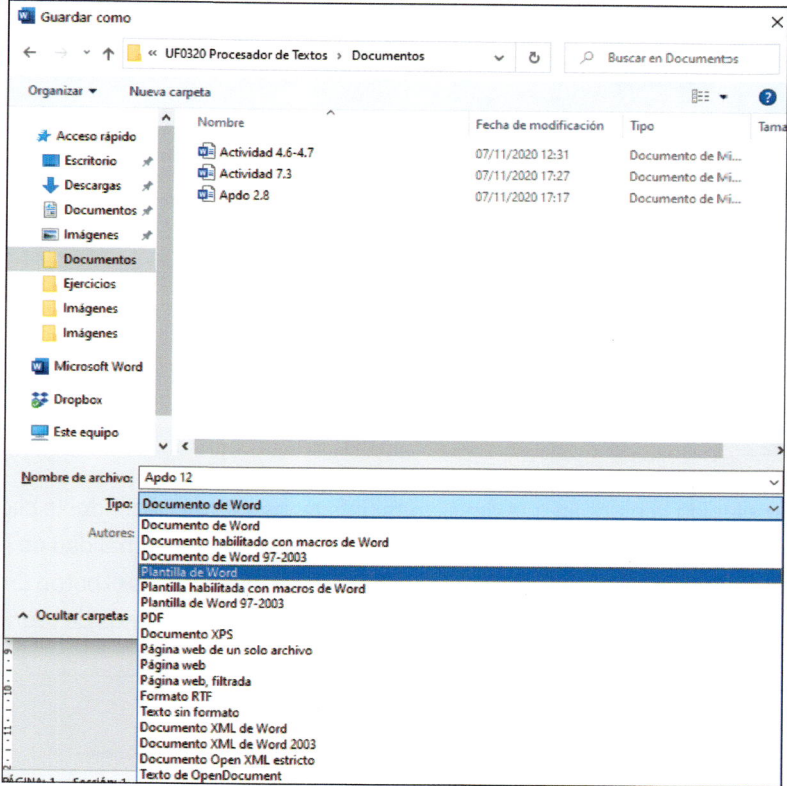

11.3. Creación de una agenda con el asistente

Hasta la versión 2007 Word disponía de asistentes para la creación de documentos a través de plantillas predefinidas, siendo una de ellas la de una agenda. Esos asistentes fueron eliminados de la aplicación.

No obstante, tal y como se ha explicado anteriormente, son muchas las plantillas disponibles en Word 2019 por lo que para crear una agenda, basta con buscarla a través del cuadro *Buscar plantillas en línea*, tal y como hemos visto en el apartado 1.

Al escribir la palabra *agenda* en el cuadro, nos aparecen todas las plantillas disponibles que tienen que ver con esta palabra, tal y como puedes ver en la siguiente imagen.

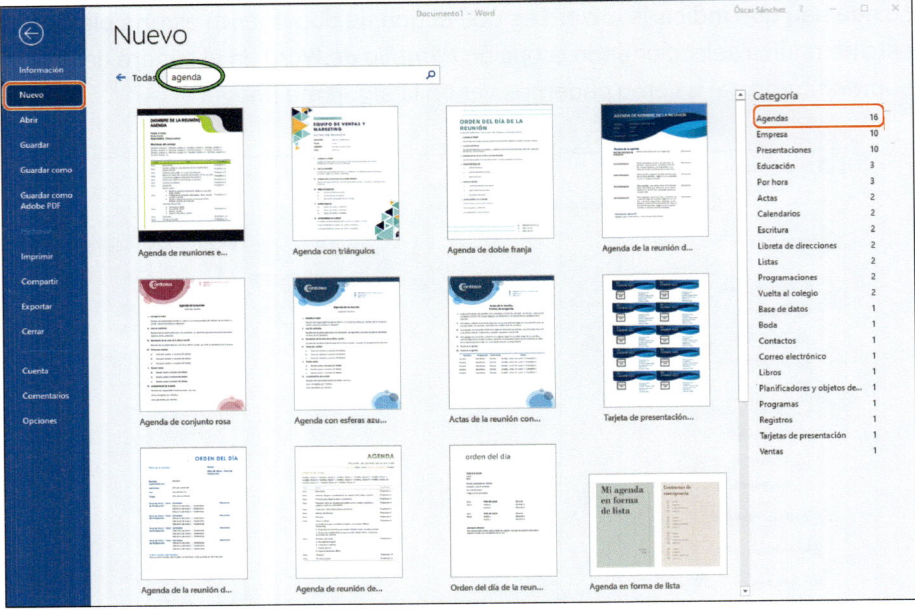

Una vez elegida la plantilla que deseamos utilizar, basta con hacer doble clic sobre ella, apareciéndonos un cuadro en donde nos explicará la funcionalidad de la mencionada plantilla. Si estamos de acuerdo con utilizarla, pulsaremos el botón *Crear* (en nuestro caso hemos elegido la primera plantilla que aparece, Agenda de reuniones).

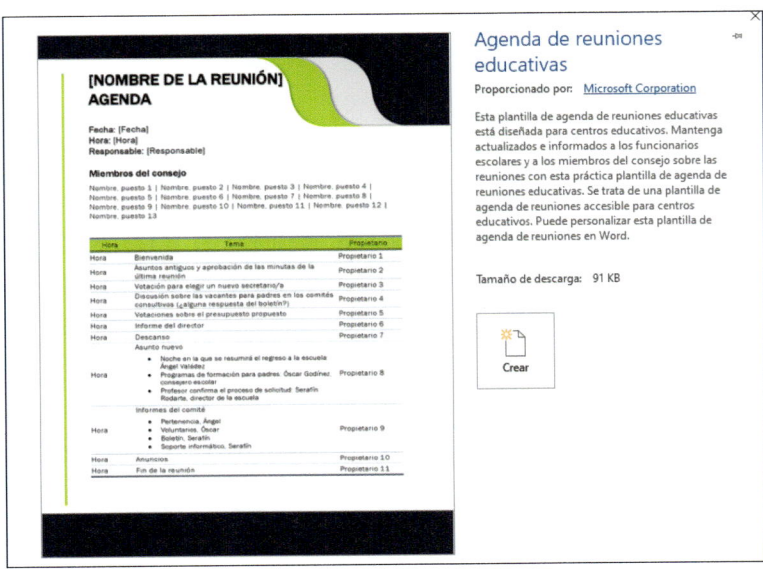

11.4. Creación de un informe personalizado

Un informe es un objeto de una base de datos, utilizados para presentar los datos o resultados obtenidos a partir de la información contenida en ella. Esta información se muestra en un formato fácil de leer, interpretar y comprender.

Los informes permiten controlar el resumen de la información, agrupar los datos y ordenarlos de la forma deseada, así como generar totales de los datos numéricos. También se pueden imprimir imágenes y otros gráficos.

11.4.1. Creación de un informe en Microsoft Access con el asistente

Para crear un informe mediante el asistente de Access debemos hacer clic sobre el botón *Asistente para informes*, en la ficha **Crear**, grupo **Informes**. El asistente consta de cinco pasos sucesivos:

- En el primero de ellos deberemos escoger la tabla o la consulta que servirá como base para la elaboración del informe. En nuestro caso, seleccionaremos la tabla *Empleados*. El informe empleará los campos *IdEmpleado*, *Apellido1*, *Sexo*, *Sueldo*, *FechaAlta* y *Categoría* de dicha tabla, con lo que pasaremos los mencionados campos a la lista de campos del informe con el botón con el símbolo mayor (>).

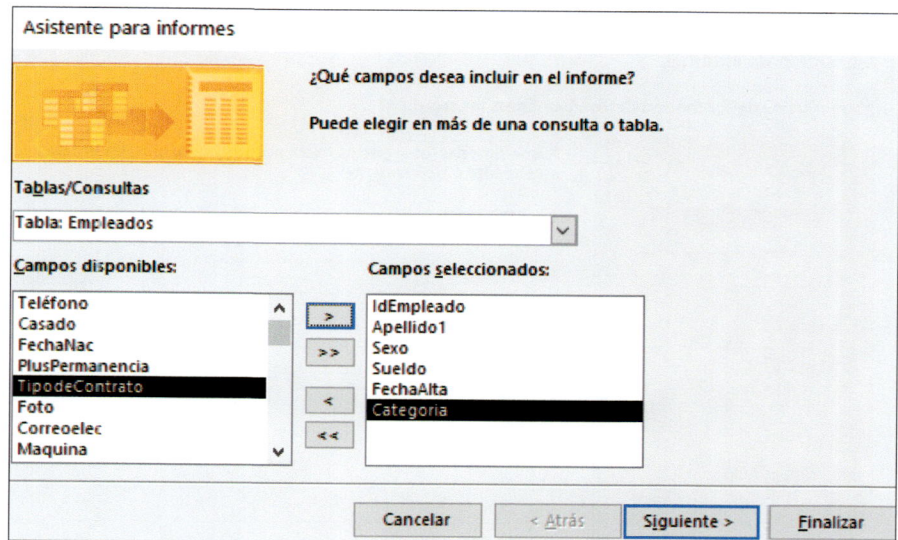

- A continuación, especificaremos el nivel de agrupamiento deseado. Esta opción nos permitiría agrupar los registros del informe según algún criterio (por ejemplo, según el sexo). En nuestro caso no especificaremos agrupamiento alguno.

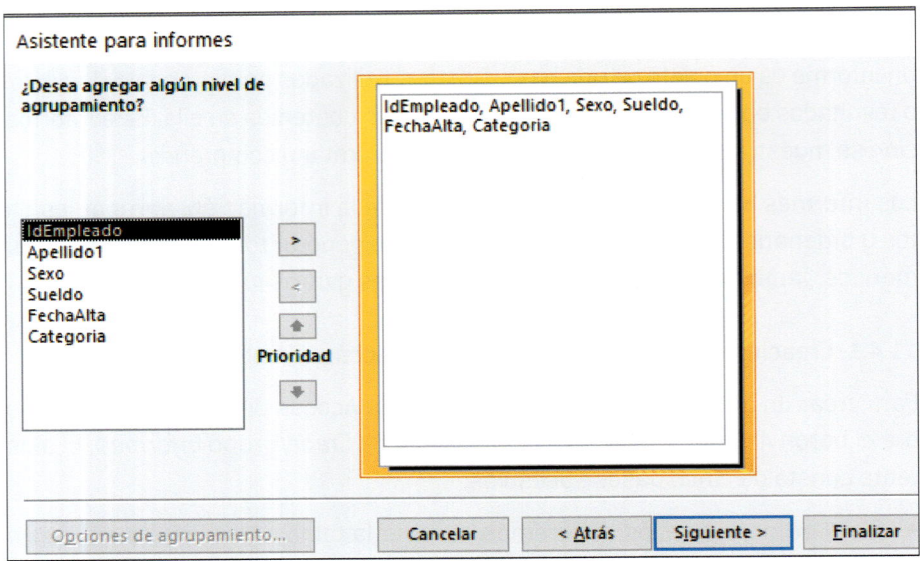

- En el siguiente paso habremos de especificar cómo se ordenarán los registros en el informe. Como siempre, se pueden especificar varios niveles de ordenación de los datos del informe. En nuestro ejemplo los ordenaremos simplemente según el *Apellido1*.

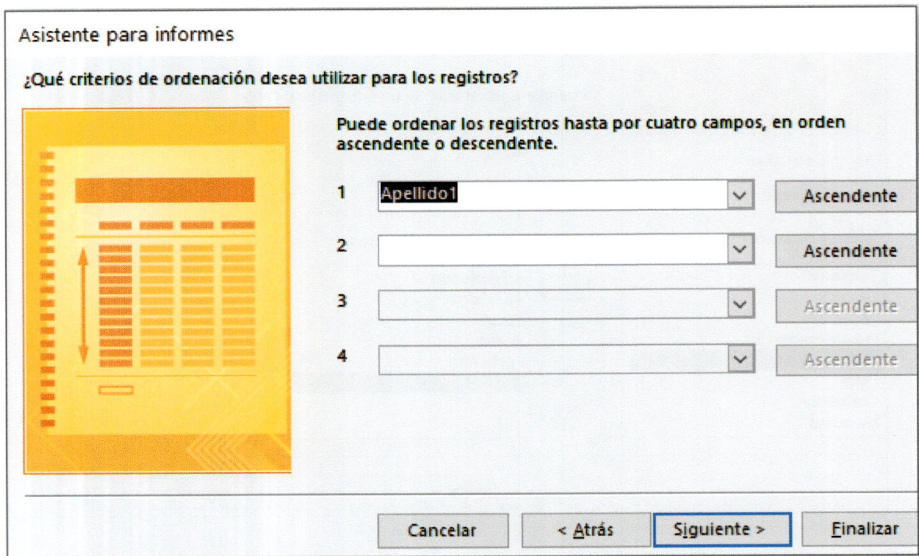

- Seguidamente seleccionaremos el formato del informe, especificando la distribución de los datos y la orientación de sus páginas.

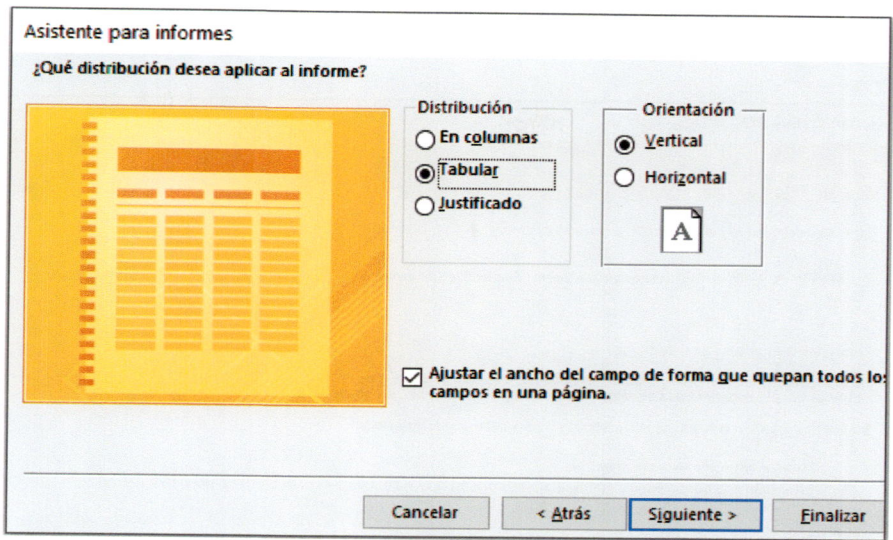

- El último paso es que introduzcamos el nombre del informe y que especificquemos si queremos abrirlo en *Vista Diseño* o visualizar directamente sus resultados. Pulsaremos el botón *Finalizar* para cerrar el asistente y ver o modificar el informe que hemos creado.

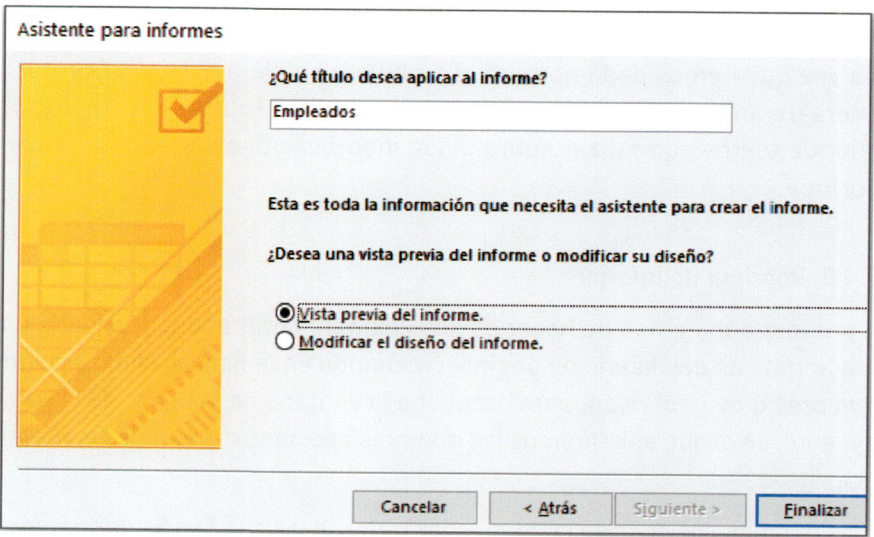

11.4.2. Publicación de informes en el procesador de texto para su mejora

Una vez que se ha realizado un informe, es posible traspasar este a Word. Para ello es necesario pinchar en el icono *Más* para seleccionar después la opción

Word, de la ficha *Vista preliminar,* lanzándose entonces un pequeño asistente para realizar la exportación, tal y como se muestra la siguiente figura.

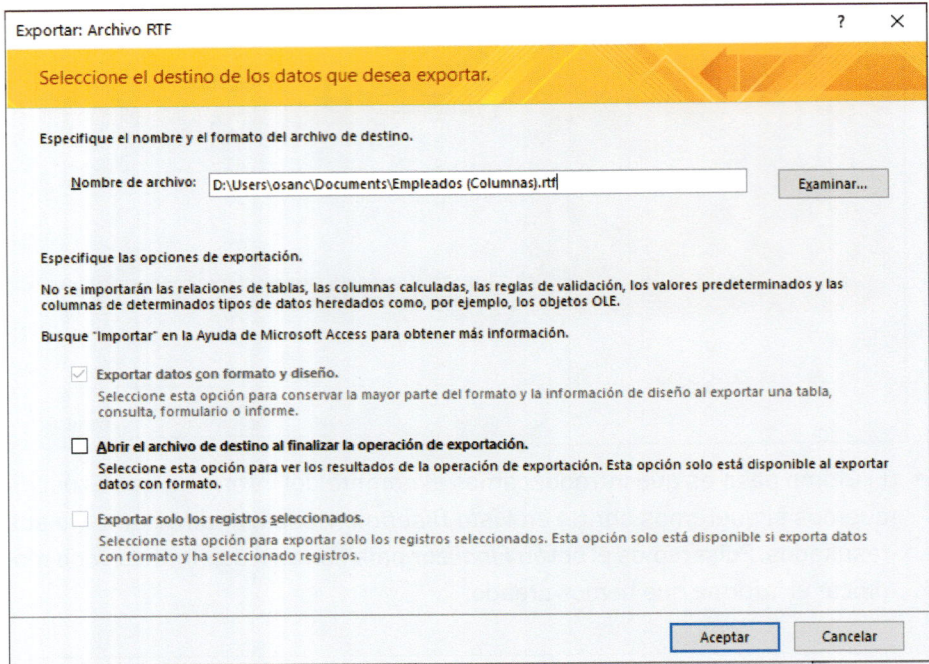

Una vez que hemos dado nombre al archivo y pulsado el botón *Aceptar,* se genera un archivo RTF para poder abrirlo con Word (o cualquier otro procesador de textos) y realizar sobre él las modificaciones que se consideren oportunas.

11.4.3. Imprimir un informe

Lo primero que hemos de hacer es seleccionar la impresora adecuada y las características del diseño de página, pinchando en la ficha *Archivo*, *Imprimir, Vista previa de impresión,* para acceder a la ventana de la figura de la página siguiente, en el que ajustaremos las distintas opciones disponibles a nuestras necesidades.

Estas mismas opciones se pueden realizar desde la ficha *Configurar página* en la *Vista Diseño* de un informe.

Una vez realizadas estas acciones, basta con seleccionar el icono *Imprimir* para sacar por impresora el informe seleccionado.

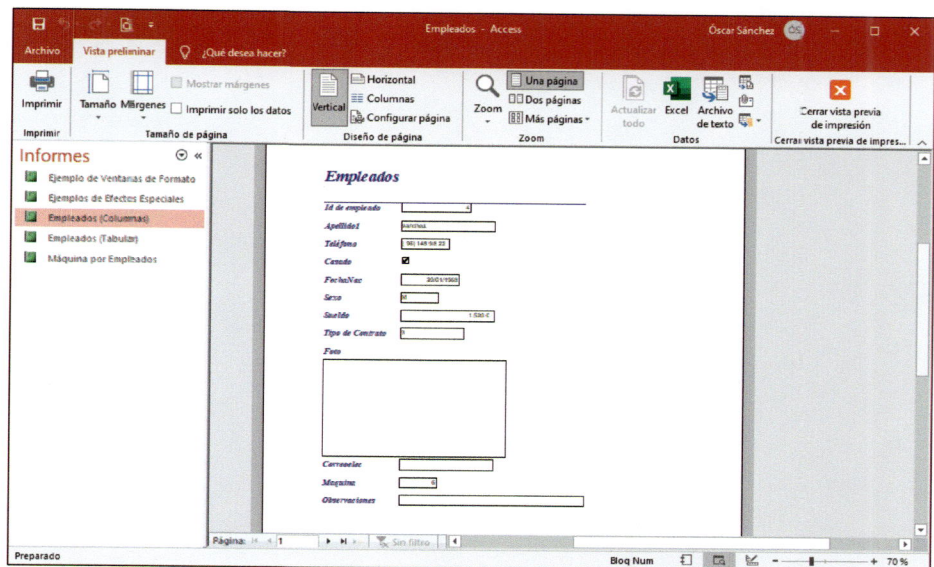

Ejercicios prácticos

ACTIVIDAD 11.1

Realiza una plantilla como la que se muestra en la siguiente imagen.

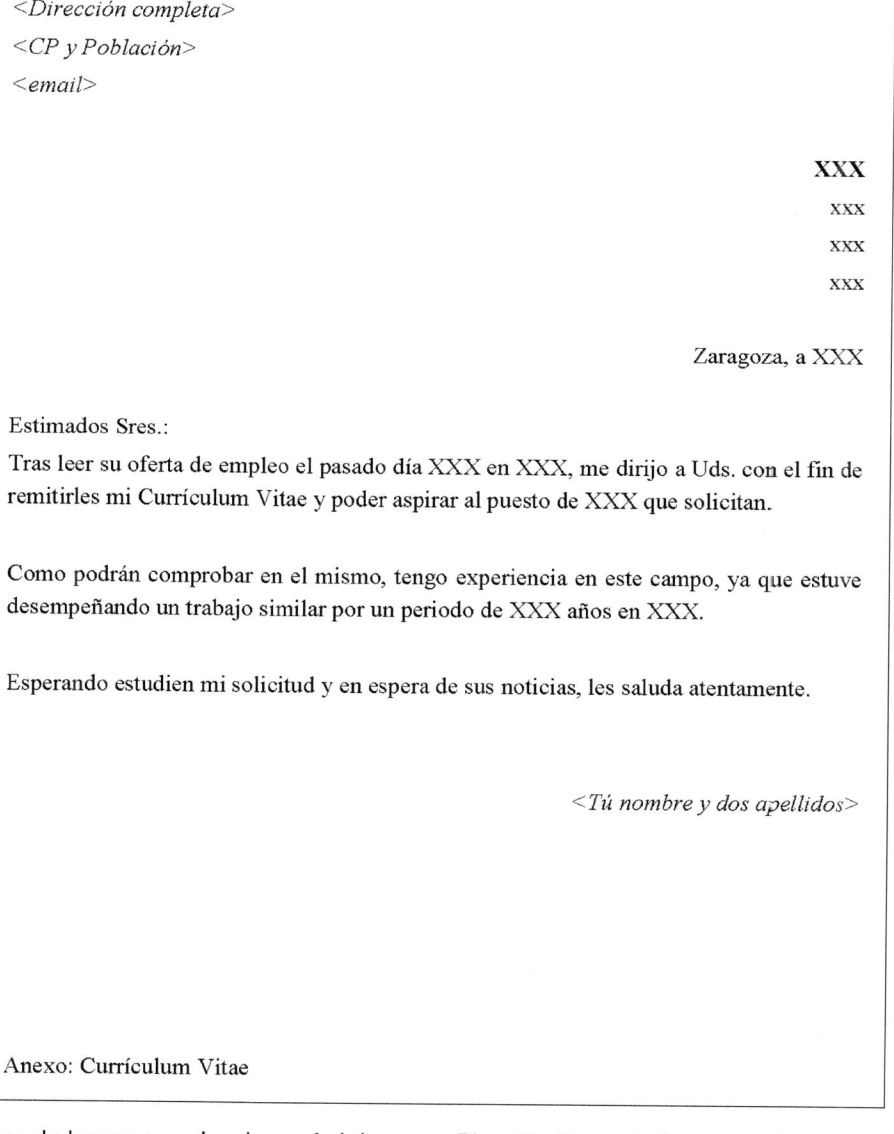

\<Tú Nombre y apellidos\>
\<Dirección completa\>
\<CP y Población\>
\<email\>

XXX

xxx

xxx

xxx

Zaragoza, a XXX

Estimados Sres.:

Tras leer su oferta de empleo el pasado día XXX en XXX, me dirijo a Uds. con el fin de remitirles mi Currículum Vitae y poder aspirar al puesto de XXX que solicitan.

Como podrán comprobar en el mismo, tengo experiencia en este campo, ya que estuve desempeñando un trabajo similar por un periodo de XXX años en XXX.

Esperando estudien mi solicitud y en espera de sus noticias, les saluda atentamente.

\<Tú nombre y dos apellidos\>

Anexo: Currículum Vitae

Cuando hayas terminado, guárdala como Plantilla Carta de Presentación.

ACTIVIDAD 11.2

Crea el documento que puedes ver en la siguiente imagen y guárdalo como si de una plantilla se tratara para poder usarlo en cualquier momento.

Utiliza las características que consideres oportunas para dejarlo lo más parecido posible a la muestra, pero ten en cuenta que en el documento hay:

- Todo el documento es una única tabla.
- Diferentes tipos de fuente.
- Elemento de WordArt.
- La columna Importe total es con fórmula, siendo la multiplicación de Cantidad por Precio unitario.

HERMANOS PÉREZ, S.A.			
		Teléfono: 976 57 58 59	
C/ Sauce, 90		Fax: 976 57 58 60	
50016 ZARAGOZA		E-mail: hermanosperez@gmail.com	
PEDIDO Número:	Fecha:		
DESTINATARIO			
CONDICIONES			
Forma de envío:	Portes pagados:		
Forma de pago:	Lugar de entrega:		
Otras condiciones:			

Cantidad	ARTÍCULO	Precio unitario	Importe total

Cuando hayas terminado, guárdala como Plantilla Pedido.

ACTIVIDAD 11.3

Realiza una plantilla como la que se muestra en la siguiente imagen.

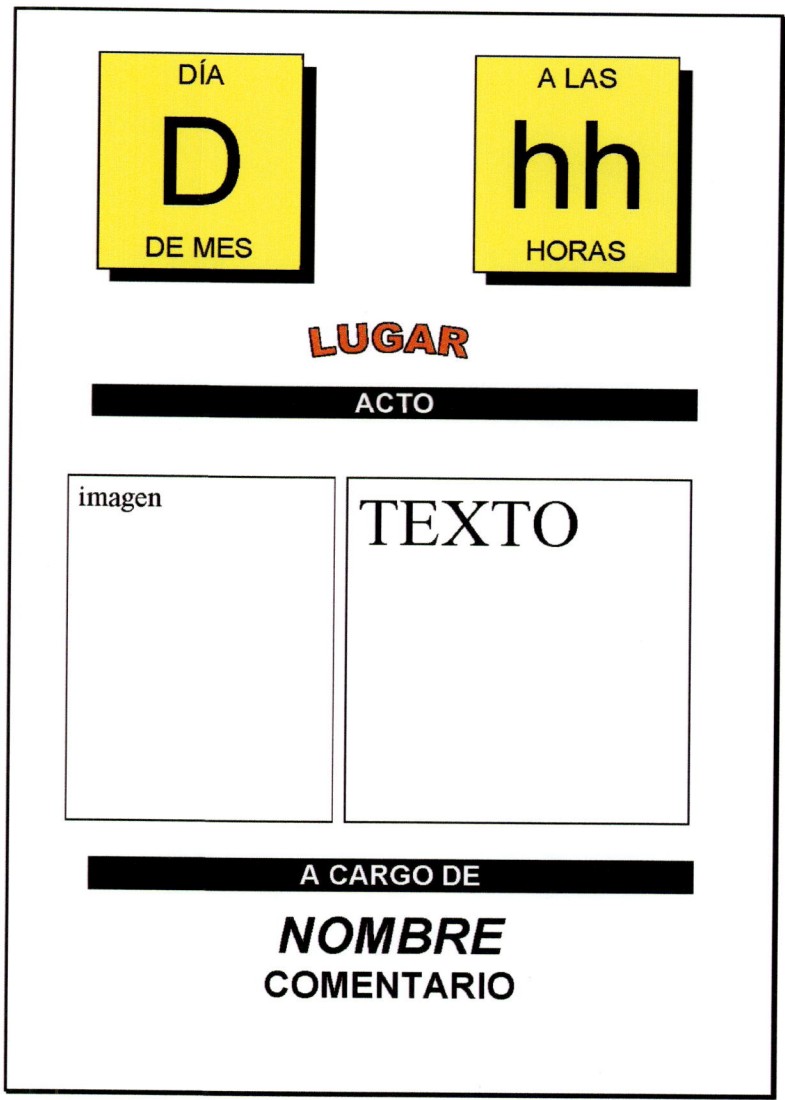

Cuando hayas terminado, guárdala como Plantilla Cartel.

12. Creación de formularios

Introducción

Un formulario es un documento con un diseño pensado para que el usuario introduzca datos de forma estructurada en campos que serán procesados en un momento posterior.

Todos hemos usado formularios en alguna ocasión: al matricularnos en nuestros estudios, al crear una cuenta de correo o para registrarnos en las redes sociales.

Aunque lo más habitual es crear formularios a través de una base de datos, Word también dispone de opciones para poder crearlos.

Contenido

12.1. Crear un formulario

Lo primero que debemos hacer para poder crear un formulario es mostrar la ficha *Programador*, tal y como te explicamos en la unidad anterior.

La creación de formularios en Word, en general, se realiza en los siguientes pasos:

1. **Creación de una plantilla** con los elementos que queramos que contenga el formulario: texto, imágenes, objetos, tablas… La creación de una plantilla la has visto en la unidad anterior.

2. **Introducción de los campos del formulario**, ya sean de texto, casillas de verificación o listas desplegables, entre otros.

3. **Proteger el formulario** para evitar que se puedan borrar los campos introducidos.

Las opciones disponibles en la ficha *Programador* se encuentran encuadradas dentro del grupo *Controles*, tal y como puedes ver en la siguiente imagen.

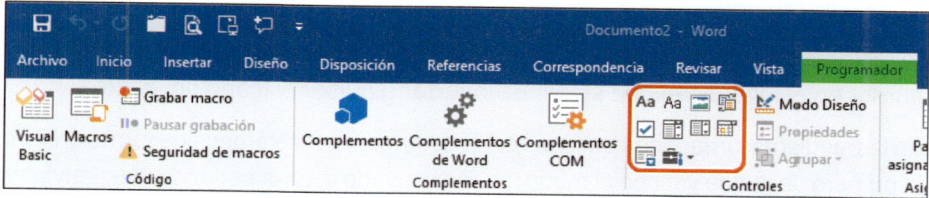

Antes de empezar a añadir controles, es recomendable seleccionar la opción *Modo Diseño*, ya que permitirá ver las etiquetas que identifican los mismos.

Las opciones disponibles, de izquierda a derecha y de arriba abajo, son:

- Texto enriquecido. Este control se utiliza para campos de texto en los que hay que dar formato al mismo (negrita, subrayado o cursiva), o si tiene que incluir varios párrafos y añadir otro contenido como tablas o imágenes.

- Texto sin formato. Se utiliza para campos de texto sencillos (nombre, apellidos, población…). Es preciso que tengan en cuenta que las opciones de formato para este son limitadas.

- Imagen. Se utiliza para insertar un archivo de imagen en el documento, como puede ser el logotipo de la organización o una fotografía.

- Galería de bloques de creación. Los bloques de creación son fragmentos de contenido reutilizables, como pueden ser la información empresarial, títulos, calendarios, bordes y anuncios almacenados en galerías.

- Casilla. Establece una casilla de verificación que permite elegir entre una serie de opciones establecidas por defecto.

- **Cuadro combinado**. En este tipo de control, los usuarios pueden elegir entre una lista de opciones definidas o bien escribir su propia información. Si se selecciona la casilla *No se puede editar el contenido* en las propiedades de este control, los usuarios no podrán añadir sus propios elementos a la lista.

- **Lista desplegable**. Los usuarios solo pueden elegir entre una lista de opciones definidas, sin posibilidad de añadir otras nuevas.

- **Selector de fecha**. Este control inserta un control de calendario que permite elegir una fecha.

- **Repetición de secciones**. Este control permite repetir una sección dentro de un formulario.

- **Herramientas heredadas**. A través de este control se pueden visualizar opciones que han sido heredadas de versiones anteriores de Word. Debes tener en cuenta que algunas de ellas pueden resultar útiles cuando se trabajan con formularios.

Insertar los controles no conlleva ninguna dificultad, basta con posicionar el cursor en el lugar en el que se desea insertar y pulsar el icono deseado.

En las siguientes imágenes puedes ver un documento con campos de formulario. En la primera se puede ver con el modo diseño activado y, en la segunda, desactivado.

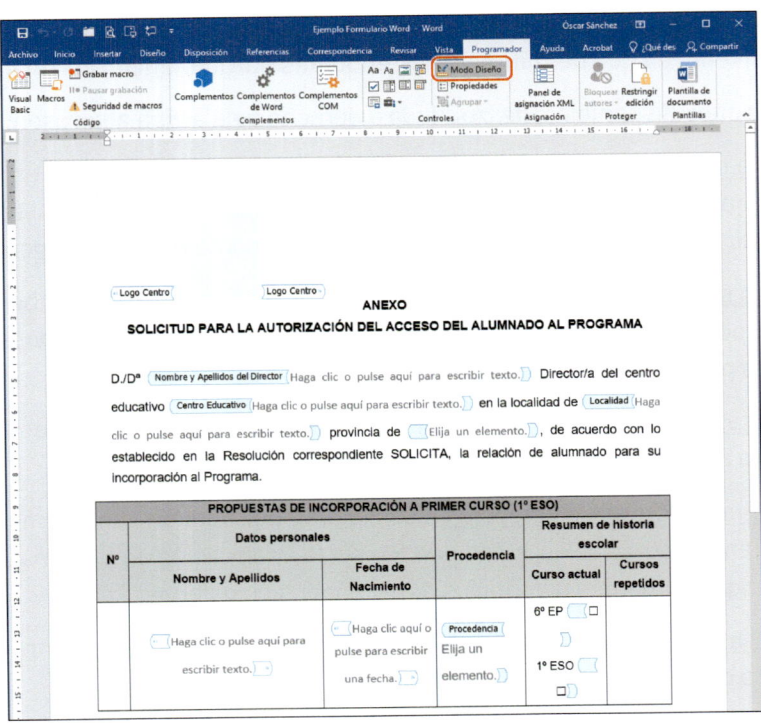

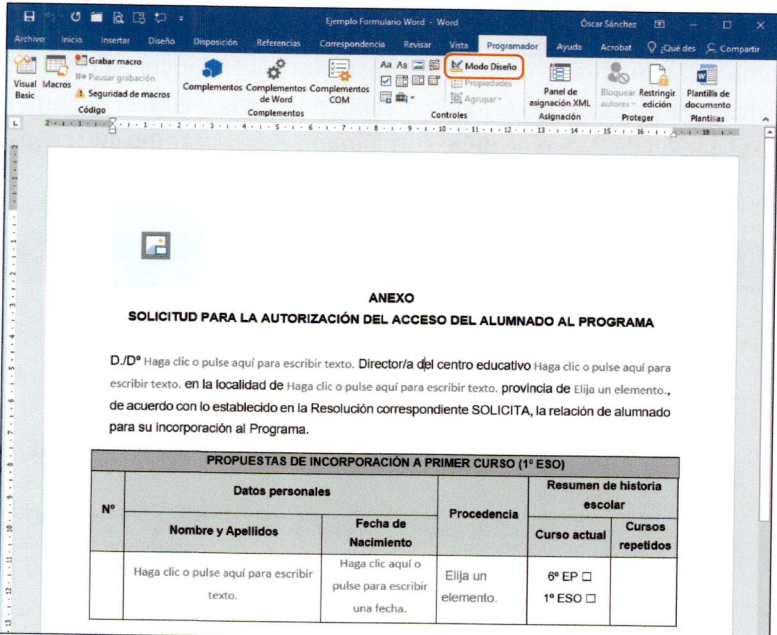

12.2. Propiedades de los controles de formulario

Cada control cuenta con un conjunto de propiedades, que varían en función de este. Para abrir el cuadro de propiedades, basta con seleccionarlo y pulsar en el botón *Propiedades* disponible en la ficha **Programador**, grupo **Controles**.

En la siguiente imagen puedes ver las propiedades de un control de texto enriquecido.

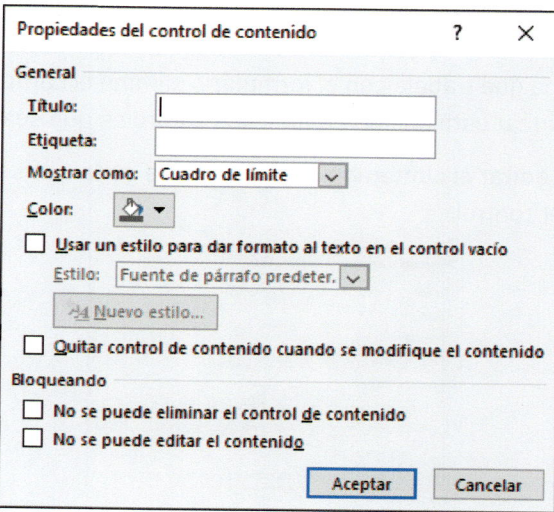

Las propiedades más importantes son las que a continuación se detallan.

12.2.1. Título

Tal y como se ha mostrado anteriormente, cuando se ha insertado un campo de formulario y tenemos activo el *Modo Diseño*, podemos ver en el documento una breve explicación de lo que se debe cumplimentar en el campo correspondiente.

Esto es así porque se ha establecido un **Título** al mismo.

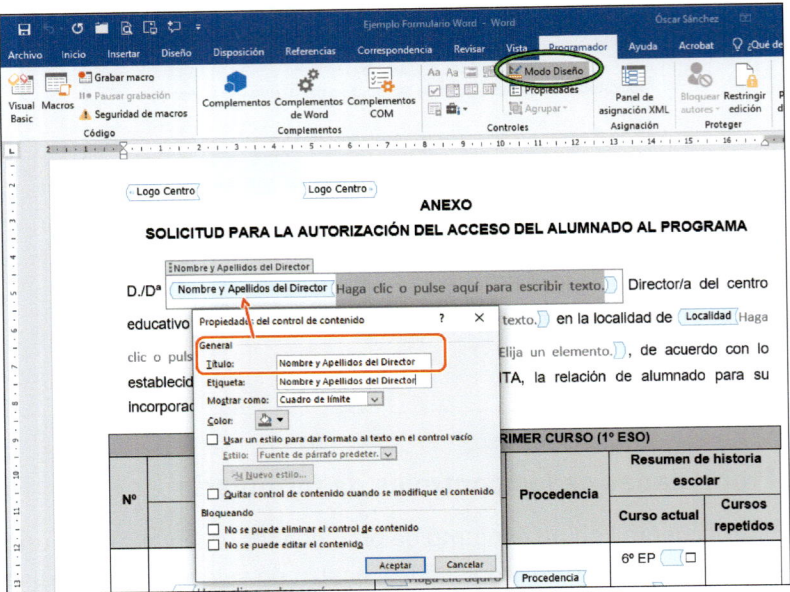

12.2.2. Bloqueo de controles

Las dos opciones disponibles son:

- **No se puede eliminar el control de contenido**. Al marcar esta opción, se evita que la persona que trabaja con el formulario elimine el control. Lo más aconsejable es marcar esta opción en aquellos controles que sean obligatorios.

- **No se puede editar el contenido**. Al marcarla, se evita que se pueda editar el contenido del control.

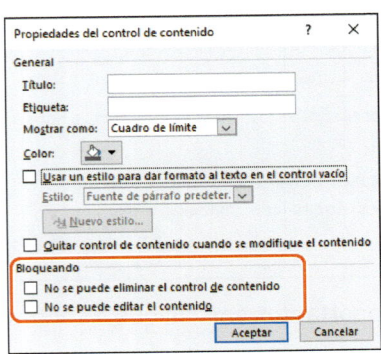

12.2.3. Dar formato

Al contenido que se escribe en el control se le puede dar formato automáticamente, eligiendo uno de los estilos disponibles, o creando un nuevo estilo.

Para ello, bastará con seleccionar la opción *Usar un estilo para dar formato al texto en el control vacío* y seleccionar el estilo en la lista desplegable que se habilita.

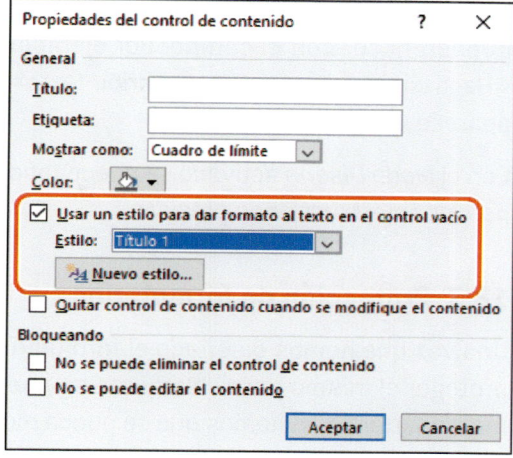

12.2.4. Crear una lista

Al utilizar el control de cuadro combinado o cuadro de lista, será preciso crear una lista que se desplegará al cumplimentar el formulario.

Esta lista se añade desde las *Propiedades de la lista desplegable,* pulsando el botón *Agregar*.

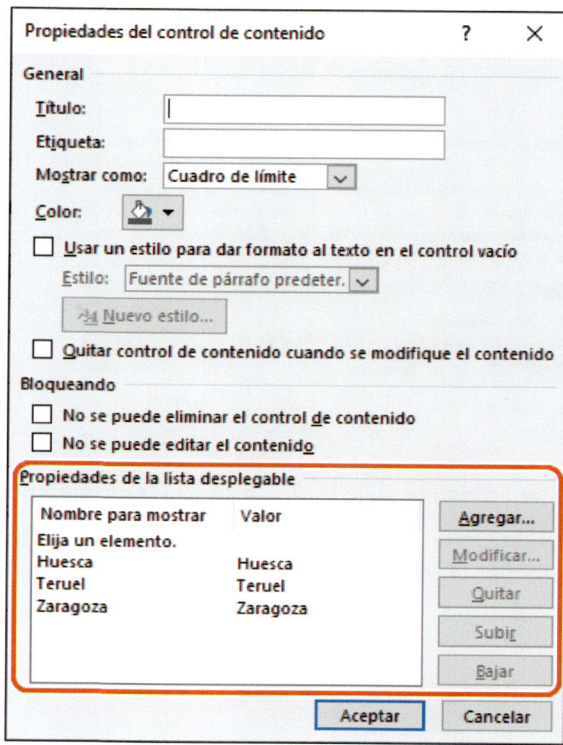

12.2.5. Añadir ayuda

Los campos de formulario incluyen instrucciones sencillas que indican lo que pueden hacer con el campo. Por ejemplo, en un campo tipo texto, aparece «Haga clic o pulse aquí para escribir texto», o en un campo de lista desplegable aparece «Elija un elemento».

Con el *Modo Diseño* activado se puede modificar este texto para que pueda proporcionar instrucciones precisas.

12.3. Protección de formularios

Una vez que hemos diseñado el formulario, nos queda el último paso, que es proteger el mismo para solamente se puedan escribir en los campos que hemos insertado y evitemos que se pueda modificar la estructura del documento.

La protección la activaremos desde la ficha *Programador*, grupo *Proteger*, botón *Restringir edición*. Al pulsar sobre él se nos abrirá el panel lateral derecho. Deberemos seleccionar las opciones que puedes ver en la imagen siguiente y, para finalizar, pulsar en el botón *Sí, aplicar la protección*.

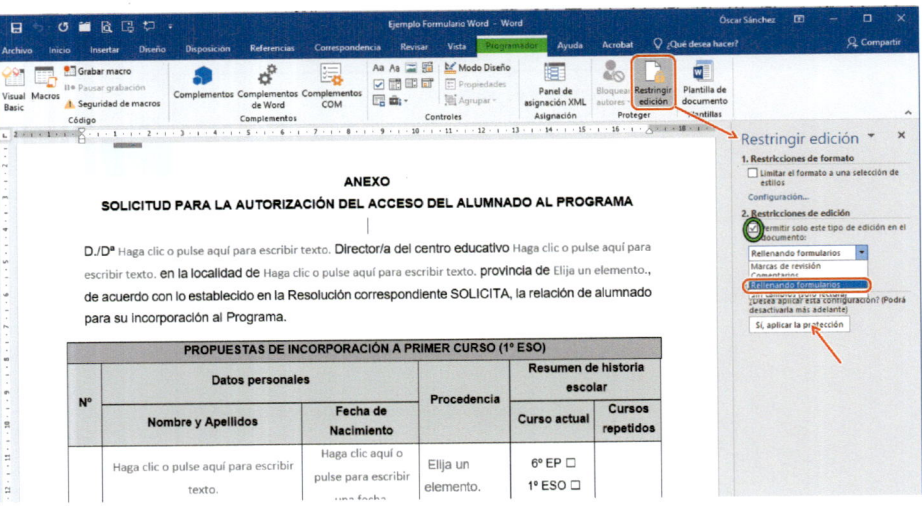

Como medida de seguridad te solicitará una contraseña, siempre y cuando quieras establecerla. De esta forma solamente aquellas personas que dispongan de ella podrán suspender la protección y modificar la estructura y contenido del documento.

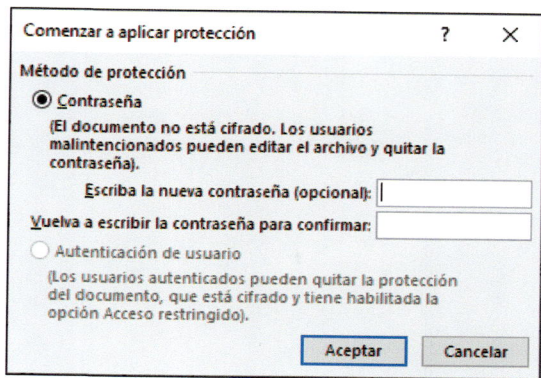

Podrás comprobar que puedes escribir sin problemas en los controles de formulario que has insertado, pero no podrás modificar nada más. Si quieres modificar algo, bastará con que pulses sobre el botón *Suspender protección*.

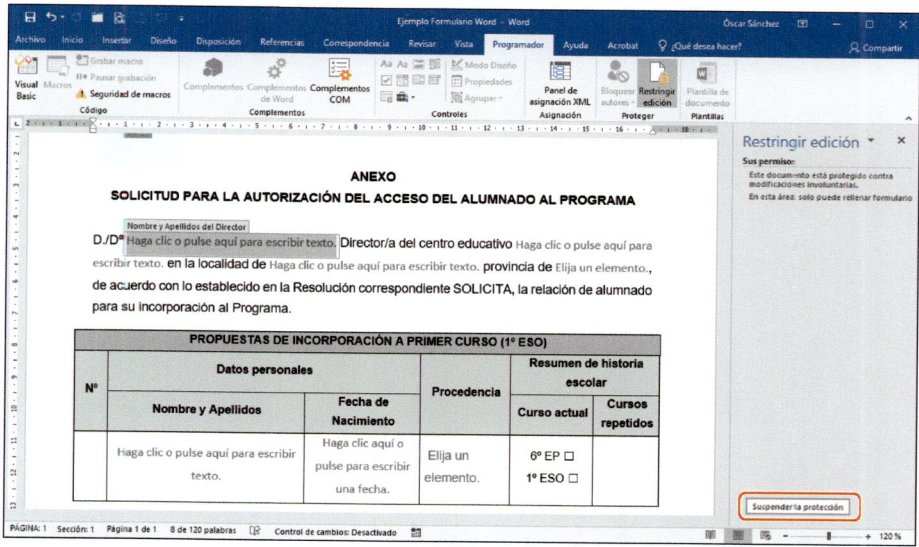

Ejercicios prácticos

ACTIVIDAD 12.1

En la unidad te hemos explicado el funcionamiento de los formularios con un ejemplo de anexo. Realízalo, insertando los campos siguientes:

- Logo centro: imagen.
- D./Dª: texto enriquecido.
- Centro educativo: texto sin formato.
- Localidad: texto enriquecido.
- Provincia: lista desplegable.
- Nombre y apellidos: texto enriquecido.
- Fecha de nacimiento: selector de fecha.
- Procedencia: cuadro combinado.
- Curso actual: casilla.

Cuando lo hayas terminado, protégelo sin contraseña.

13. Combinación de diferentes documentos de correspondencia

Introducción

La combinación de correspondencia es una herramienta que nos permite crear cartas, sobres o etiquetas a partir de una lista de destinatarios, que podemos incluir directamente en el programa o bien —la opción más interesante— tomar de una base de datos ya existente. Todo esto será lo que vas a aprender a lo largo del presente apartado.

Asimismo, debes tener en cuenta que una de las funciones más interesantes, y menos usadas en el trabajo diario de Word, es la posibilidad de realizar trabajos en grupo; la posibilidad de controlar los cambios que distintos usuarios han producido en un documento.

Imagina, por ejemplo, que coordinas un grupo de trabajo cuyos componentes os podéis ver físicamente muy pocas veces; queréis elaborar un documento para el que tú has hecho un planteamiento de partida, pero quieres que los restantes participantes hagan nuevas aportaciones. El trabajo es sencillo: se crea una cadena de difusión, de forma que tú le mandas el documento a una persona, hace sus aportaciones y lo remite al siguiente; al final, el último interviniente te lo devuelve.

En ese momento, comienza tu papel de coordinador, ya que puedes saber qué cambios se han introducido, quien lo ha hecho y aceptar o rechazar los cambios que se hayan producido, incluyendo a su vez los comentarios que consideres oportunos.

Contenido

13.1. Combinación de documentos. Técnicas básicas

Varios son los documentos modelo que se pueden crear para realizar un envío masivo, ya que podemos realizar cartas, sobres, etiquetas o mensajes de correo electrónico.

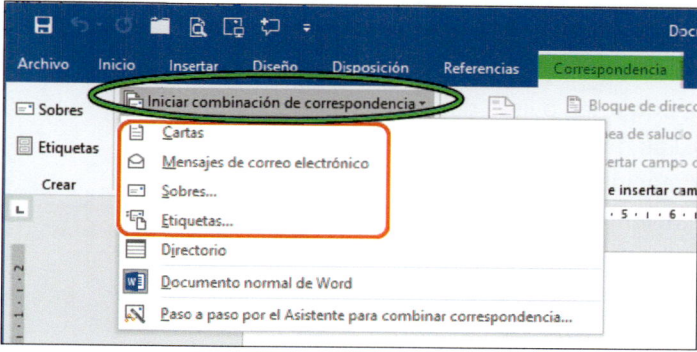

Aunque podemos utilizar cualquiera de estas cuatro opciones, disponibles desde la ficha *Correspondencia*, grupo **Iniciar combinación de correspondencia**, lo más habitual es usar el asistente, que te explicaremos en el siguiente apartado.

13.2. Uso de un asistente

Word 2019 proporciona un *Asistente para combinar correspondencia* que hace de esta tarea algo sencillo e intuitivo.

El *Asistente* se inicia en la ficha **Correspondencia** y en el botón *Iniciar combinación de correspondencia*, seleccionando en las diversas opciones que proporciona dicho menú la función *Paso a paso por el asistente para combinar correspondencia...*

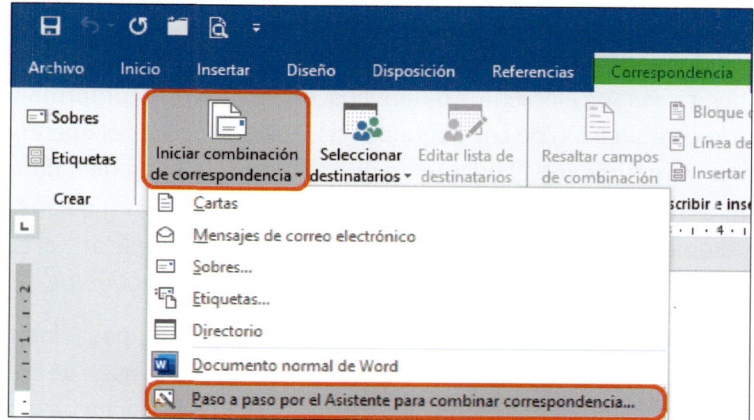

El *Asistente* abrirá su correspondiente panel *Combinar correspondencia* en la parte derecha de la ventana. El proceso consta de seis pasos:

1. En primer lugar, debemos seleccionar qué tipo de documento queremos elaborar. Podemos elegir alguno de los siguientes: cartas, mensajes de correo electrónico, sobres, etiquetas o lista de direcciones. Las más utilizadas suelen ser la creación de una carta en la que se incluirá un bloque con la dirección del destinatario y la de sobres o etiquetas con direcciones postales.

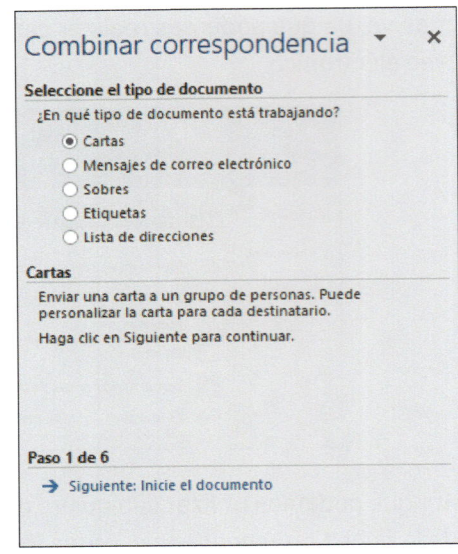

2. Si se seleccionan *Cartas,* se debe especificar si para la carta emplearemos el documento actual o habremos de crearla en un documento nuevo o bien partir de una plantilla existente. Si se seleccionan etiquetas o sobres, debemos seleccionar en las *Opciones de etiqueta* o en las *Opciones de sobre* los tamaños o denominación normalizada que vamos a emplear.

3. Para la selección de destinatarios podemos escribir una lista de contactos o bien tomar dichos datos de un elemento externo: bien la lista de contactos de Outlook o bien una base de datos de Microsoft Access. Si seleccionamos esta última opción, deberemos especificar el fichero y la tabla o consulta en la que Word habrá de basarse para extraer los datos.

4. A continuación debemos escribir la carta o elaborar las etiquetas o sobres. En una carta, escribiremos el contenido de esta, es decir, el texto que se repetirá en todas las cartas escritas. En el lugar deseado podemos asimismo introducir diversos elementos dinámicos, elementos que conforman la esencia de la combinación de correspondencia. Los principales elementos que se pueden introducir son el bloque de direcciones y la línea de saludo. En las etiquetas, una vez introducido el bloque de direcciones —y quizás algunos otros elementos que deseemos incluir— deberemos «replicar» el contenido de las etiquetas mediante el botón *Actualizar todas las etiquetas*.

   El bloque de direcciones se compone de una serie de campos (*Nombre, Apellidos, Dirección postal,* etc.). Cuando la aplicación lee la base de datos en la que se hallan almacenados los destinatarios, busca en dicha base de datos campos que tengan el mismo nombre para asociar los campos del bloque a los campos de la base de datos. Sin embargo, puede ocurrir que algunos campos de la lista de destinatarios no tengan nombres idénticos a los del bloque de direcciones. En este caso, pulsando el botón *Asignar campos* en el cuadro de diálogo del *Bloque de direcciones* se abre una ventana mediante la cual podemos asociar manualmente ambos elementos. El bloque de saludo posee un comportamiento similar.

5. Una vez elaborada la carta, sobres o etiquetas e introducidos el bloque de direcciones y/o el de saludo, en el siguiente paso podemos previsualizar las cartas o etiquetas ya con el contenido de cada uno de los destinatarios. En este paso podremos eliminar, si así lo deseamos, alguna carta o etiqueta individual.

6. Finalmente, el último paso *(Complete la combinación)* nos da la opción de imprimir las cartas, sobres o etiquetas o bien crear un nuevo documento a partir de ellas. Préstese atención a que, si escogemos la segunda opción, crearemos un documento «estático», es decir, un documento que contendrá las cartas o etiquetas creadas, pero que no se actualizará si la lista de destinatarios de la base de datos cambia. Por el contrario, el archivo en el que hemos efectuado la combinación de correspondencia sí lo hará. Si la lista de destinatarios cambia —si introducimos en ella nuevos registros o eliminamos otros—, al abrir de nuevo el fichero, este generará *dinámicamente* las nuevas cartas, sobres o etiquetas a partir del nuevo contenido de la lista.

13.3. Selección de destinatarios mediante creación o utilización de una fuente de datos

Ya hemos indicado anteriormente que el paso número 3 del asistente es la selección de los destinatarios. Estos pueden provenir de una lista ya existente, de los contactos de Outlook o bien podemos crear una lista nueva.

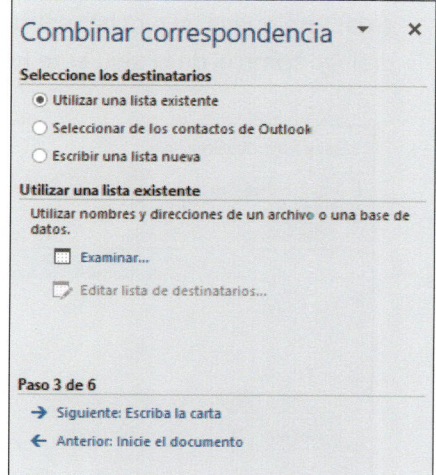

Vamos a ver cada una de estas tres opciones:

- **Utilizar una lista existente**. En este caso disponemos de la opción *Examinar* para buscar la lista que deseamos utilizar como lista.

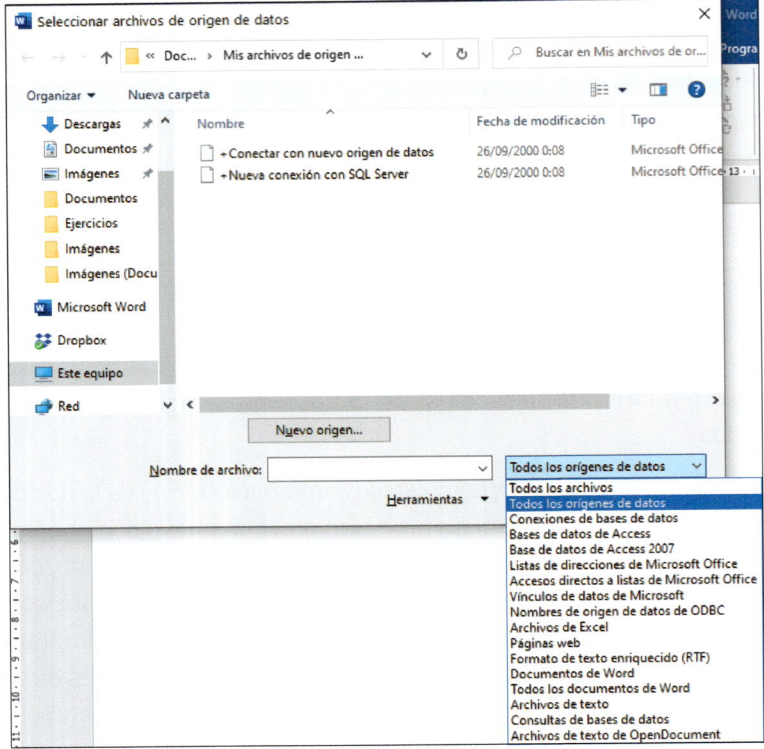

En la figura anterior podemos observar la multitud de orígenes de datos que podemos utilizar para realizar la combinación de correspondencia.

- **Seleccionar de los contactos de Outlook**. Desde esta opción podremos utilizar los contactos de Microsoft Outlook como destinatarios de la correspondencia.

- **Escribir una lista nueva**. Si no tenemos una lista de destinatarios, podemos crear una nueva. Al pinchar sobre la opción *Crear*, nos aparece un cuadro de diálogo como el de la siguiente figura.

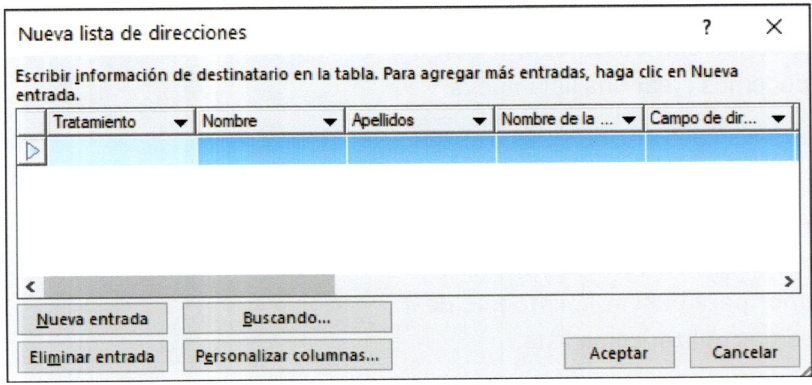

Por defecto aparecen una serie de columnas (campos) que son los que recogen la información de los destinatarios. A través del botón *Personalizar columnas* podemos añadir, modificar o eliminar alguna de ellas, tal y como puedes observar en la imagen siguiente.

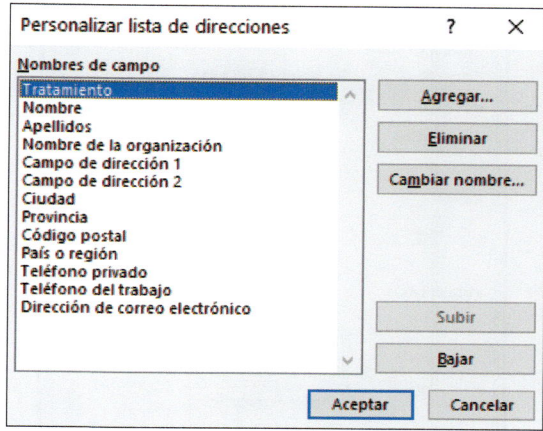

Una vez que hemos seleccionado la lista de destinatarios, podremos cambiarla sin ningún problema desde la opción *Editar lista de destinatarios* de la ficha **Correspondencia,** grupo **Iniciar combinación de correspondencia**.

13.4. Creación de sobres y etiquetas

13.4.1 Sobres

Al pinchar sobre el botón *Sobres* de la ficha **Correspondencia,** grupo **Crear,** nos aparece un cuadro de diálogo como el que se muestra a continuación.

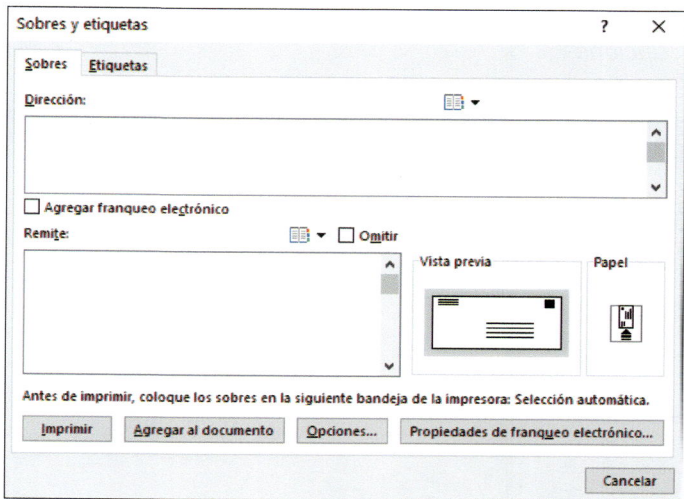

Si pinchamos sobre el botón *Opciones...* se nos abrirá el cuadro de diálogo que puedes ver en la siguiente imagen.

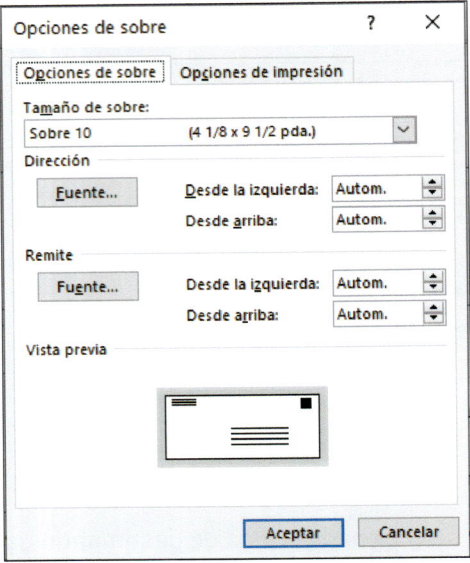

Desde la pestaña *Opciones de sobre* estableceremos todas sus opciones de configuración: tamaño, fuente de la dirección y del remite.

Asimismo, desde la pestaña *Opciones de impresión*, se establecerán sus opciones de impresión.

13.4.2. Etiquetas

Al igual que sucedía en el caso anterior, para la creación de etiquetas se hace necesario indicar cuál es el tamaño de las etiquetas, pudiendo modificarse desde el botón *Opciones*.

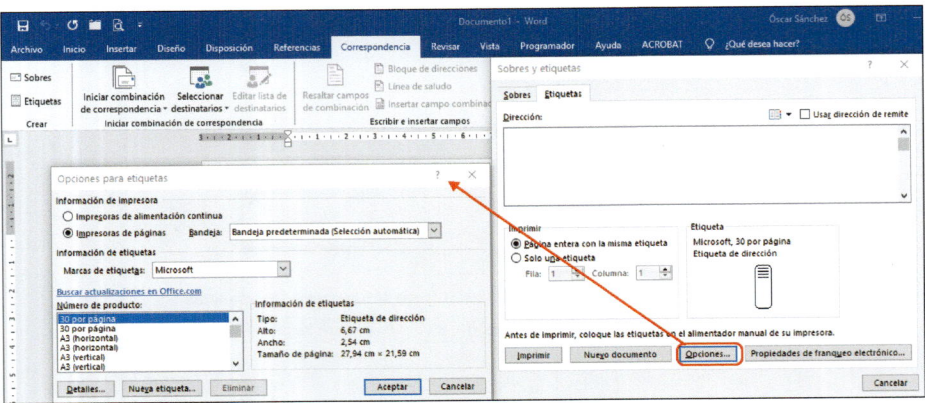

Si ninguna de las que vienen establecidas por defecto nos sirve, siempre podemos configurar una etiqueta nueva, pulsando sobre el botón destinado al efecto. En este caso, nos aparecerá un cuadro de diálogo en el que deberemos especificar las medidas que tiene la etiqueta que queremos dar de alta.

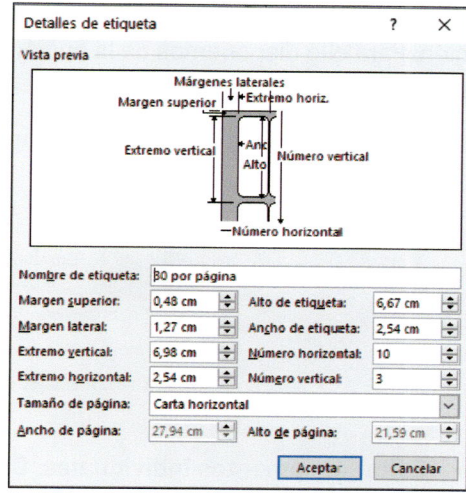

13.5. Combinación de correspondencia: salida a documento, impresora o correo electrónico

Una vez que hemos terminado de crear la carta, sobre, etiqueta..., ya estamos en disposición de terminar la combinación. Para ello, antes de nada, deberemos seleccionar a qué destinatarios de los que tenemos en la lista vamos a querer incluir en la combinación.

En la ficha *Correspondencia,* grupo *Iniciar combinación de correspondencia* tenemos el botón *Editar lista de destinatarios* que, al seleccionarlo, nos muestra un cuadro de diálogo como el siguiente, en el que podremos marcar o desmarcar aquellos que se incluirán en la combinación.

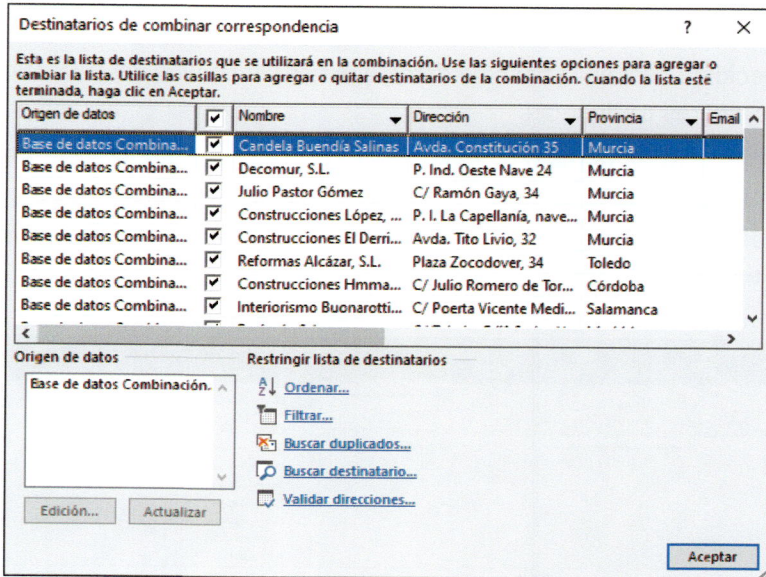

Una vez decididos los destinatarios, solamente nos queda finalizar la combinación. Para ello disponemos de la opción *Finalizar y combinar* de la ficha **Correspondencia,** grupo **Finalizar.**

Al pinchar sobre él nos aparecen las siguientes opciones:

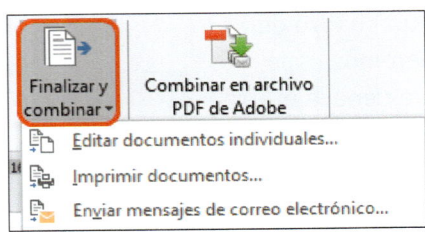

- **Editar documentos individuales**. Desde esta opción se generará un documento nuevo por cada destinatario.

- **Imprimir documentos**. Se mandarán los documentos a la impresora.

- **Enviar mensajes de correo electrónico**. Se abrirá el programa predeterminado de correo electrónico para mandar el mensaje a la lista de destinatarios.

13.6. Reglas en la combinación de correspondencia

Ahora que ya dominas la combinación de correspondencia, llega el momento de conocer cómo puedes aplicar algunos campos especiales que te harán más fácil el trabajo en algunas circunstancias.

Nos estamos refiriendo a **reglas** que podrás aplicar al documento. De todas formas, debes tener en cuenta que estas reglas solo las puedes usar una vez que has decidido cuál es la base de datos que usarás con los destinatarios de tus cartas, sobres o etiquetas.

En la ficha *Correspondencia*, grupo *Escribir e insertar campos*, encontrarás el botón *Reglas* con nueve opciones disponibles. No todas las reglas son exclusivas de combinar correspondencia, de hecho la mayoría las podrás usar en cualquier tipo de documento.

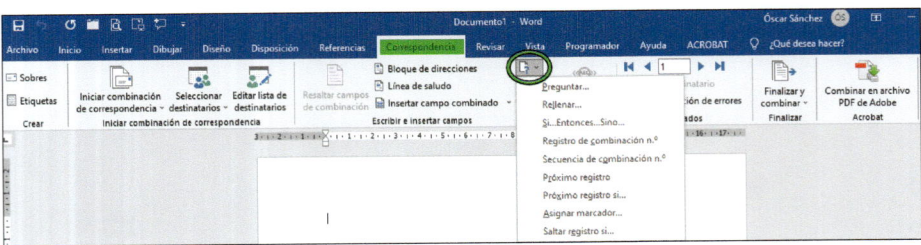

Debes recordar que el grupo *Escribir e insertar campos* no se activa hasta que no hayas enlazado el documento con los destinatarios.

Las opciones más útiles de entre las disponibles son:

- Si...Entonces...Sino... Se usa en caso de que necesites escribir un texto u otro dependiendo de alguna condición.

  ¿Cuántas veces has querido escribir «Profesor» o «Profesora» en función del sexo? Al final acabas recurriendo al clásico «Profesor/a...» Pues bien, si tienes un campo en la tabla de destinatarios que distinga el sexo, podrías automatizarlo con la regla *Si...Entonces...Sino...*

  Colocas el cursor en la posición donde te gustaría que apareciera Profesor o Profesora y entras en la regla Si...Entonces...Sino...

  Supongamos que tienes un campo en la tabla de destinatarios llamado «Sexo». Ese campo simplemente tiene escrito una «M» en caso de mujer y una «V» en caso de varón.

  En el cuadro de diálogo podrías hacer algo como lo que se muestra en la siguiente imagen:

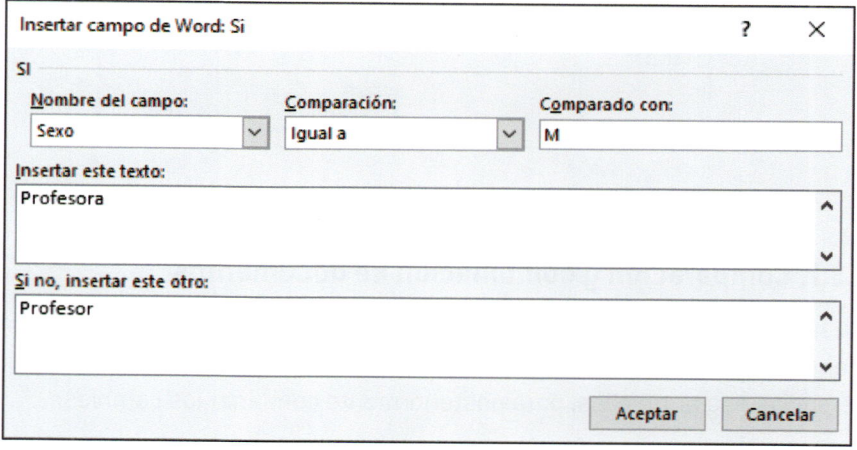

- **Próximo registro**. De manera natural, al combinar correspondencia, Word salta al siguiente registro cuando finaliza el texto y empieza otra vez la carta para un nuevo destinatario. Es decir, hace una carta para un destinatario, otra para otro y así sucesivamente.

  Si por cualquier motivo quieres que Word empiece con el siguiente registro en mitad de un documento puedes usar la regla *Próximo registro*. De hecho, cuando creas etiquetas, verás que es un campo que aparece al principio de cada de ellas.

«Nombre_y_Apellidos»	«Próximo registro»«Nombre_y_Apellidos»	«Próximo registro»
«Próximo registro»	«Próximo registro»	«Próximo registro»

- **Próximo registro si…** Esta regla es similar a la anterior, pero solamente se aplicará en el caso de que se cumpla una condición.

  Imagina que quieres crear etiquetas pero solamente del alumnado que reside en «Teruel». Tendrías que acceder a la reglas y establecer lo que puedes ver en la siguiente imagen.

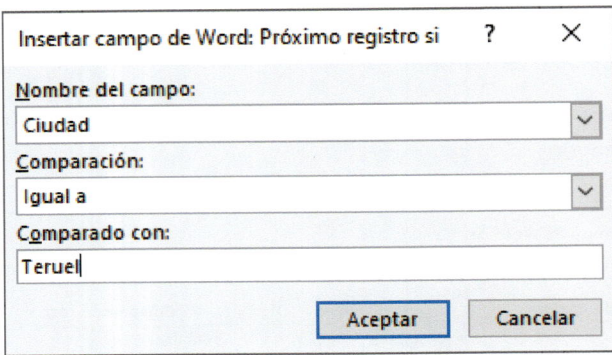

13.7. Comparación y combinación de documentos

La herramienta comparar y combinar documentos de Word se usa cuando se tienen versiones diferentes del mismo documento y se desea observar qué diferencias hay entre ellos, para posteriormente combinar los cambios.

13.7.1. Comparar documentos

Ya hemos explicado en el párrafo anterior cuál es la misión de estas dos opciones. Vamos a explicar la comparación de documentos a través de un ejemplo.

1. Iniciamos Microsoft Word 2019.

2. Crea los dos documentos que ves a continuación.

Google entrega 60.000 dólares a un *hacker* por detectar una vulnerabilidad en Chrome	Google entrega 60.000 dólares a un *hacker*
10 octubre	25 octubre
Parece que por estos días ser *hacker* tiene sus beneficios muy rentables. La prueba de ello son lcs 60.000 dólares que un tal Pinkie Pie se ha ganado en el marco de la «competencia» Pwniun2, en donde Google entrega cuantiosos premios en metálico a quienes detecten vulnerabilidades en su navegador.	Parece que por estos días ser *hacker* tiene sus beneficios muy rentables. La prueba de ello son los 60.000 dólares que un tal Pinkie Pie se ha ganado en el marco de la «competencia» Pwniun2, en donde Google entrega cuantiosos premios en metálico a quienes detecten vulnerabilidades en su navegador.
Es la segunda vez que Pinkie Pie gana el premio ofrecido por Google, la primera vez había sido a principios de año cuando ha tenido que compartir los créditos con el ruso Sergey Glazunov.	Pwniun2 ofrece un total de 2 millones de dólares en premios, de acuerdo al nivel de la vulnerabilidad descubierta. Por ello, los que descubran una falla inherente a Chrome recibirían más dinero que los que descubran que la falla no es de Chrome, sino de un tercero (por ejemplo, Flash).
No soy defensor de Google, pero si hay que reconocerles algo es la rapidez con la que sacan sus parches. No se han tardado ni siquiera 24 horas desde que la vulnerabilidad fue descubierta y el día de hoy ya han sacado una nueva versión de Chrome, la 22.0.1229.94, que ha sido corregida a raíz el «descubrimiento» hecho por Pinkie Pie.	No soy defensor de Google, pero si hay que reconocerles algo es la rapidez con la que sacan sus parches.

3. Una vez copiados los dos documentos, haz clic en la ficha **Revisar,** grupo **Comparar**.

4. Haz clic en el icono *Comparar.* Se desplegarán dos opciones, eli̱e la opción *Comparar*.

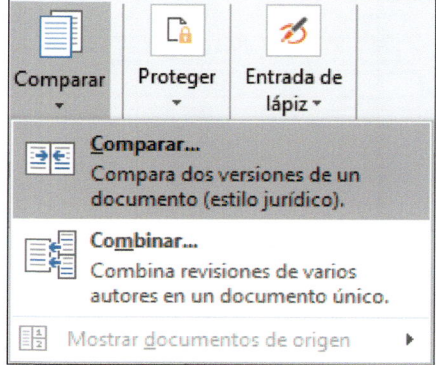

5. Aparecerá un cuadro de diálogo que nos permitirá seleccionar el documento original y compararlo con un segundo documento. Haz clic sobre los iconos de las carpetas para buscar los archivos que se van a comparar.

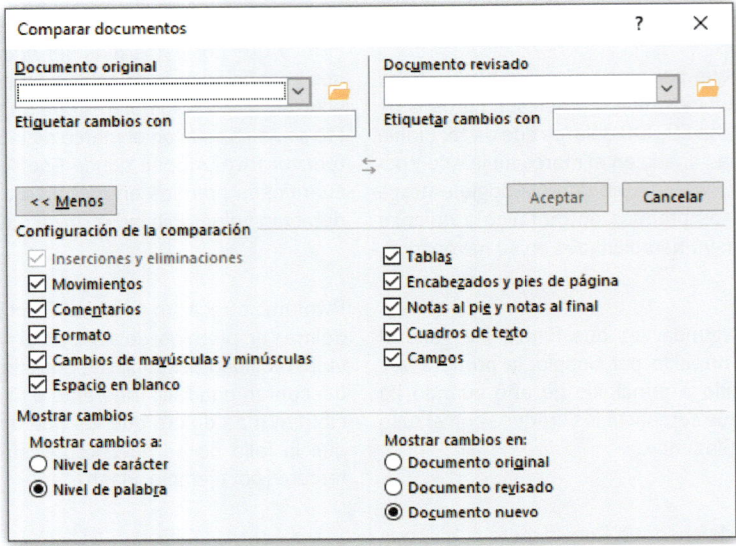

6. Una vez seleccionados los archivos, haz clic en *Aceptar.*

7. Aparecerán los siguientes elementos: *Revisiones, Documento comparado, Documento original* y *Documento revisado.* Las revisiones contienen todos los cambios o diferencias encontradas al comparar las versiones del documento, tal y como podemos ver en la siguiente imagen.

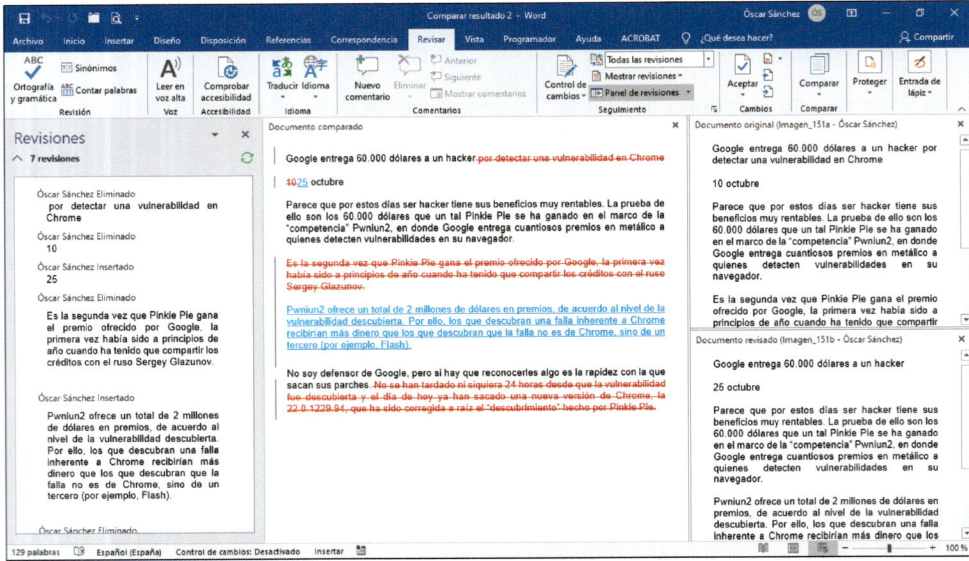

8. Tal y como se ha dicho en el apartado anterior, en la ficha **Revisar,** grupo **Cambios,** contamos con dos comandos, uno para *Aceptar* los cambios en el documento combinado y otro para *Rechazar* esos cambios. Acepta todos los cambios en el documento combinado haciendo clic sobre la flecha del comando *Aceptar* y seleccionar *Aceptar todos los cambios*.

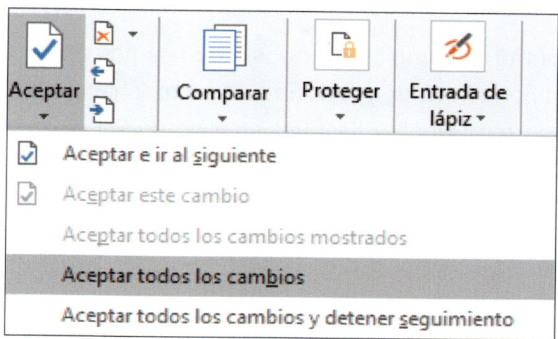

13.7.2. Combinar documentos

Esta opción ayuda a combinar los cambios realizados por varios autores en un mismo documento. Es decir, imagínate que se ha realizado una carta de reclamación que, antes de mandársela a un cliente, se desea que la revisen dos personas más. Una vez que estos han realizado la revisión, vuelven a pasar la carta con las sugerencias y correcciones que ellos consideren oportunas.

A través de esta opción, Word permite combinar todas esas sugerencias y correcciones en un solo documento.

El trabajo con esta opción se realiza de la misma forma que la comparación de documentos que se ha explicado anteriormente, solo que, en este caso, se selecciona la opción *Combinar* de la ficha **Revisar,** grupo **Cambios**.

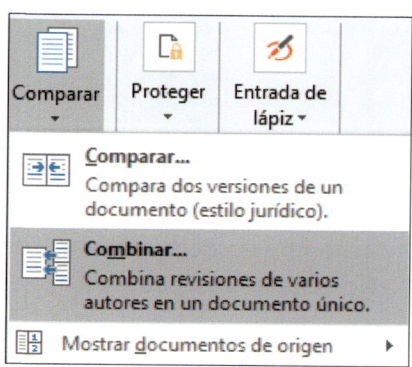

13.8. Control de cambios

Cuando varias personas revisan y modifican un documento en Word, se pueden controlar los cambios usando una característica de Word llamada *Control de cambios*, de tal forma que se puede deshacer las modificaciones, capturar las modificaciones de muchos revisores, controlar los comentarios de cada uno de ellos... El documento original se conserva hasta el momento de aceptar los cambios.

Para activar el control de cambios mientras modificamos un documento, es necesario entrar en la ficha **Revisar**, grupo **Seguimiento** y hacer clic en el iniciador de cuadros de diálogo, para pinchar después en el botón *Opciones avanzadas* las opciones disponibles en este botón que nos permite personalizar la forma en la que se mostrarán los cambios, tal y como se muestra en la figura de la página siguiente.

Las opciones de marca varían según el tipo de cambio, como puedes comprobar abriendo los desplegables. En cuanto a los colores, conviene configurarlos por autor si quieres asignar a cada autor un color, de todos modos, los documentos con cambios identifican a sus autores en la pantalla: al pasar el cursor sobre alguno de los cambios realizados y esperar unos instantes, verás que aparece una nota proporcionando información sobre los cambios.

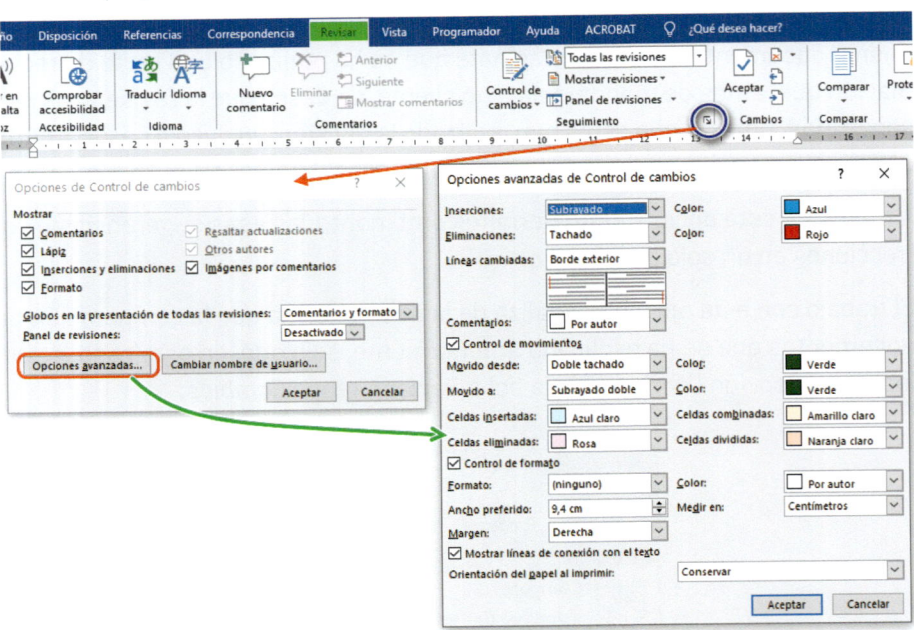

Una vez realizados los cambios en el documento, desde el grupo **Cambios** de la ficha **Revisar** se pueden *Aceptar* o *Rechazar* los cambios propuestos.

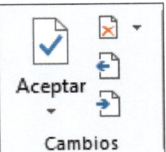

Word dispone de una utilidad, accesible desde la ficha *Archivo*, para poder visualizar el historial de las versiones que se han realizado en un documento. Sin embargo, debes tener en cuenta que esta opción solamente está disponible para todos aquellos que tengan una suscripción de Office y, además, es preciso que los documentos estén guardados en OneDrive.

13.9. Protección de un documento

Cuando preparamos una plantilla de documento para ser empleada por otra persona, puede que nos interese *proteger* sus elementos para evitar su modificación.

En Word 2019 existen diversas formas de proteger un determinado documento:

- La primera de ellas y la más sencilla y —por así decir— «bienintencionada» es recomendar abrir el documento como documento de solo lectura. Para ello accedemos a la opción *Guardar como* y en *Herramientas*, *Opciones generales*, *Recomendado solo lectura*. Con ello, cuando otra persona abra el documento, el sistema le sugerirá que lo abra como fichero de solo lectura; no obstante, esta opción no obliga a ello, sino que solo lo recomienda.

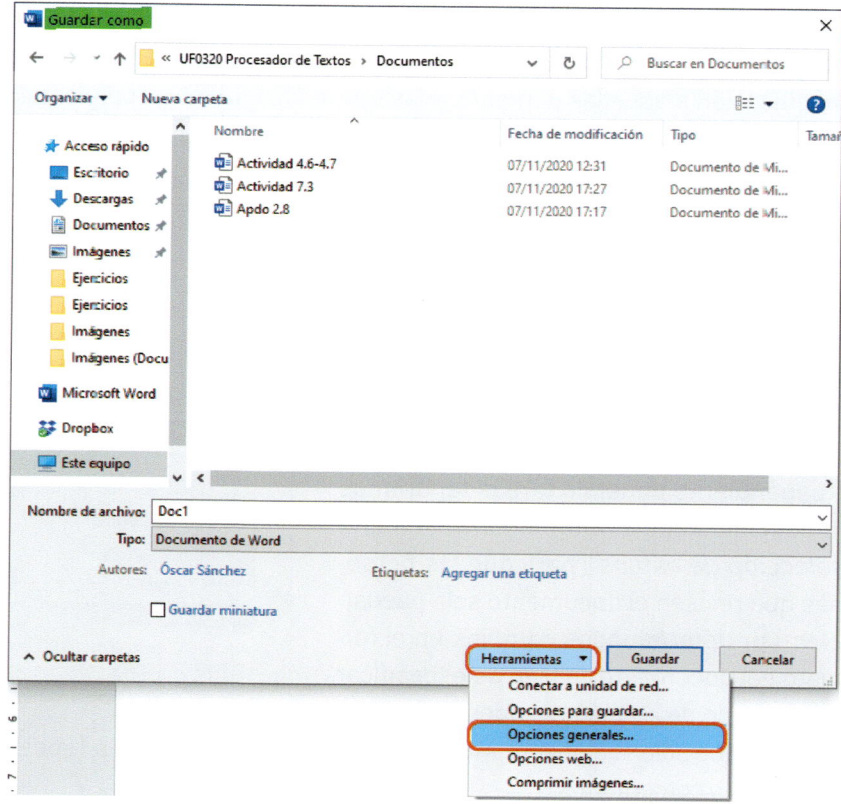

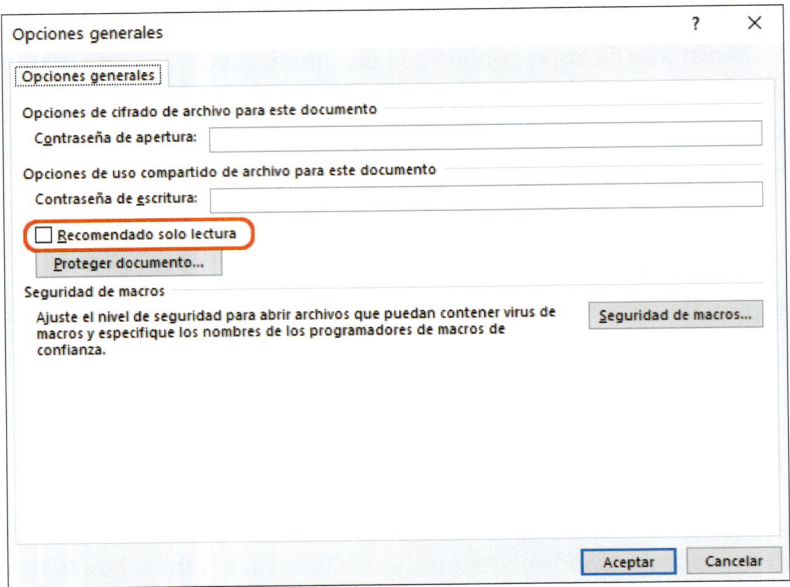

- Otra opción es *proteger* el documento mediante una *contraseña*. Siguiendo el mismo procedimiento que en el punto anterior, es posible establecer una contraseña de apertura y/o una contraseña de escritura en el documento. De este modo, podemos limitar el acceso a la lectura del documento o a su modificación a aquellas personas a las que les hayamos proporcionado las mencionadas contraseñas.

- Por último, es posible configurar un acceso *restringido* al documento, en el que las personas que accedan a él puedan efectuar unos cambios pero no otros. Para ello empleamos el botón *Proteger documento* situado en la ficha *Revisar* y, en el menú que se despliega al pulsarlo, escogemos la opción *Restringir formato y edición*; en el correspondiente panel de tareas tendremos la posibilidad de *Limitar el formato a una selección de estilos* (para que las personas que revisen el documento solo puedan efectuar determinados cambios en el formato del documento) o bien de especificar un solo tipo de edición del documento: por

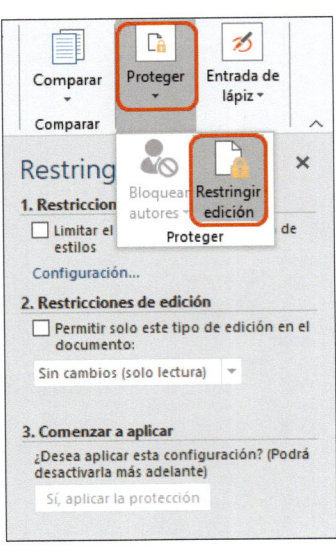

ejemplo, que solo sea posible introducir en él marcas de revisión (control de cambios) o comentarios.

Una vez escogido el tipo de protección, debemos pulsar el botón *Sí, comenzar a aplicar*. Word solicitará una contraseña para que solo quien conozca dicha contraseña pueda desactivar las restricciones del documento.

Ejercicios prácticos

ACTIVIDAD 13.1

Escribe el documento que puedes ver en la siguiente imagen. Utiliza los atributos que consideres oportunos para dejarlo lo más parecido posible a la muestra.

ALMACENES EL MONAGUILLO
Avda. Tenor Fleta, 90
50007 Zaragoza (Zaragoza)

«Nombre» «Apellido»
«Dirección»
«CódigoPostal» «Ciudad»
«Provincia»
«País»
«TeléfonoTrabajo»

Zaragoza, 28/03/20XX

Estimado Sr./Sra. «Nombre» «Apellido»:

No es grato comunicarle Sr./Sra. «Nombre» «Apellido» que el próximo día 18 de agosto va a dar comienzo el lanzamiento de la campaña de los nuevos productos para el invierno, con importantes descuentos si usted realiza las compras con la debida antelación.

No lo dude, venga y verá la exposición que estamos preparando para usted y su familia. Tenemos desde las botas de montaña especiales para la nieve, hasta los gorros de lana y chaquetas a juego. Además, podrá usted ver los últimos modelos de ropa "retro", que serán lo más chic en el próximo invierno.

Atentamente le saluda la dirección de El Monaguillo.

Utiliza el documento que has creado para una combinación de correspondencia con los siguientes datos:

NOMBRE	APELLIDO	DIRECCIÓN	CIUDAD	PROVINCIA	C.P.	PAÍS	TFNO. TRABAJO
Javier	Pinedo	Lima, 23	Caspe	Zaragoza	50000	Spain	(976) 30-00-00
Ana	Mayoral	Asia, 24	Graus	Huesca	22000	Spain	(974) 50-00-00
Roberto	Ferrando	Raluy, 40	Andorra	Teruel	44000	Spain	(977) 20-00-00
Isabel	Sanz	España, 12	Pastriz	Zaragoza	50000	Spain	(976) 10-00-00

ACTIVIDAD 13.2

Escribe el documento que puedes ver en la siguiente imagen. Utiliza los atributos que consideres oportunos para dejarlo lo más parecido posible a la muestra.

Cristian Joyería – Peletería
Avda. Juan Carlos I, 10
Badajoz, 06001
Tfno.: (924) 22-05-15
e-mail: julian@grupo-ros.es

ESPACIO PARA EL LOGOTIPO DE LA EMPRESA

Don / Doña «Nombre» «Apellido»
«Organización»
«Dirección1»
«Ciudad», «CódigoPostal»
«Provincia»
«País»

Estimado/a «Título» «Apellido»:

Ante la inminente llegada de la temporada de piel, la joyería – peletería Cristian tiene el placer de invitarle a conocer nuestra nueva colección de prendas de piel. Del mismo modo, nos es grato comunicarle que, en dicha visita, y con el simple hecho de presentar esta invitación, recibirá un regalo completamente gratis, sin necesidad de realizar ninguna compra.

En nuestra sección de joyería, nos gustaría mostrarle las últimas novedades de De Beers, entre las que se incluye una selección de alianzas con brillantes que se adaptan a todos los presupuestos. También destacar la gran variedad de pulseras italianas que seguro le fascinarán, así como una nueva sección de artículos de regalos, entre los que merece la pena resaltar el apartado de regalos para bebé.

Finalmente, recordarle que, como cada año, cualquier compra que efectúe le permitirá concursar en el sorteo de un viaje a la fábrica de diamantes más importante del mundo que se celebrará, ante notario, el día 15 del presente mes en Badajoz.

Quedando a la espera de su pronta visita, atentamente,

Cristina Alonso Franco
Diplomada en Gemología
Premio Extraordinario Instituto Gemológico Español 2020

Utiliza el documento que has creado para una combinación de correspondencia con los siguientes datos:

	Título	Nombre	Apellido	Puesto	Organización	Dirección1
1	Sr.	José	Casas Luengo	Director	Gráficas Pacense	Avda. Juan Carlos I, 10
2	Sra.	Cristina	Alonso Franco	Responsable de ventas	Cristian	Avda. Juan Carlos I, 8
3	Sr.	José María	Delgado Cabrera	Director Dpto. Ediciones	Grupo ROS	Avda. Antonio Masa Campos, 27
4	Srta.	Arancha	Caballero Naranja	Directora Dpto. Traducción	Grupo ROS	Avda. Antonio Masa Campos, 27
5	Sr.	Santiago	Morato Cordero	Responsable Finanzas	Anaya Multimedia	Juan Ignacio Luca de Tena, 15

	Dirección2	Ciudad	Provincia	C. P.	País	Teléfono casa	Teléfono trabajo
1		Badajoz	Badajoz	06011	España	(924) 251878	(924) 241587
2	Avda. Colón, 42	Badajoz	Badajoz	06011	España	(924) 247273	(924) 221748
3	Avda. Juan Carlos I, 10	Badajoz	Badajoz	06011	España	(924) 221413	(924) 241589
4		Badajoz	Badajoz	06011	España	(924) 221505	(924) 243020
5		Madrid	Madrid	28027	España	(91) 4134440	(91) 3931250

ACTIVIDAD 13.3

Escribe el documento que puedes ver en la siguiente imagen. Utiliza los atributos que consideres oportunos para dejarlo lo más parecido posible a la muestra.

NOTIFICACIÓN RESULTADO FINAL

«Nombre»
«Apellido»
«Dirección» «Localidad», «Código»

Estimados Señores de «Apellido», me complace comunicarles que su hijo/a «Nombre» ha obtenido, después de la evaluación final, la calificación global de «Nota».

Por tanto le felicitamos y le recordamos que siga así en el futuro.

Reciba un cordial saludo,

El tutor

Utiliza el documento que has creado para una combinación de correspondencia con los siguientes datos:

NOMBRE	APELLIDO	DIRECCIÓN	LOCALIDAD	CÓDIGO	NOTA
Manuel	Contreras	Plaza Mayor, 11	Vinalopó	46044	8
Juan	Diego	Fontanares, 2	Carlet	46012	4
Rosa	Vidal	Colón, 33	Alcudia	46041	5
Pepe	Rocatí	Popof, 41	Carlet	46033	6

ACTIVIDAD 13.4

Escribe el documento que puedes ver en la siguiente imagen. Utiliza los atributos que consideres oportunos para dejarlo lo más parecido posible a la muestra.

MUSEO NACIONAL

«Cargo»: «Nombre» «Apellido»
«Dirección»
«Localidad»

Estimado «Nombre»:

Me complace comunicarle que en fecha 07/11/2020 ya está disponible la novedad editorial de la que le informamos el mes pasado.

Contando con su respuesta positiva le saluda atentamente,

Ignacio Pérez
Director de Agencia

Utiliza el documento que has creado para una combinación de correspondencia con los siguientes datos:

CARGO	NOMBRE	APELLIDO	DIRECCIÓN	LOCALIDAD
Presidente	Manuel	Barragán	Paseo del Rey, 6	Valencia
Vicepresidente	Luisa	Prósper	Blasco Ibáñez, 102	Madrid
Director	Elisa	Martínez	Colón, 45	Valencia
Subdirector	Samuel	Roca	Joan Fuster, s/n	Valencia
Administrador	Juan	Sánchez	Ramón Llull, 18	Valencia
Secretario	Carmen	Melenas	Plaza del Mercado, 3	Barcelona
Jefe de sección	Raúl	Ortiz	Aragón, 6	Valencia
Conserje	Demetrio	González	Floresta, 5	Valencia
Vocal 1º	Carlos	Carmillo	Camino de Vera, 7	Valencia
Vocal 2º	Elena	Marimón	Albalat, 51	Santander

14. Impresión de textos

Introducción

Lo más habitual es que después de haber creado un documento, este se imprima. A lo largo de este apartado veremos cómo se realiza la impresión de este.

Contenido

14.1. Configuración de la impresora

Hemos de indicar que cada impresora tiene distintas opciones de configuración, por lo que los cuadros que aparezcan dependerán de la que tengamos instalada. La mayoría de ellas presenta un aspecto similar al que se muestra en las siguientes figuras.

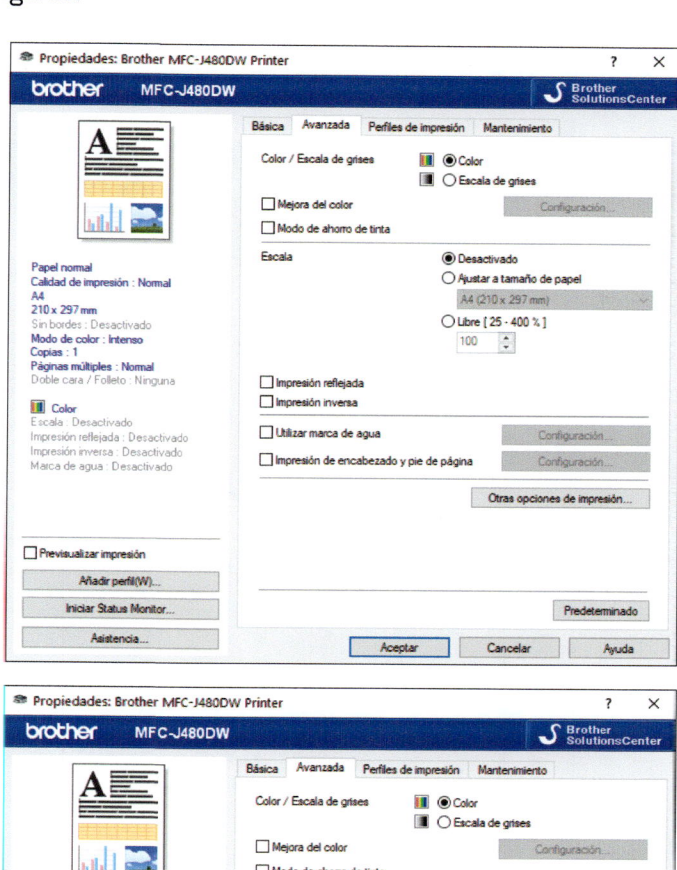

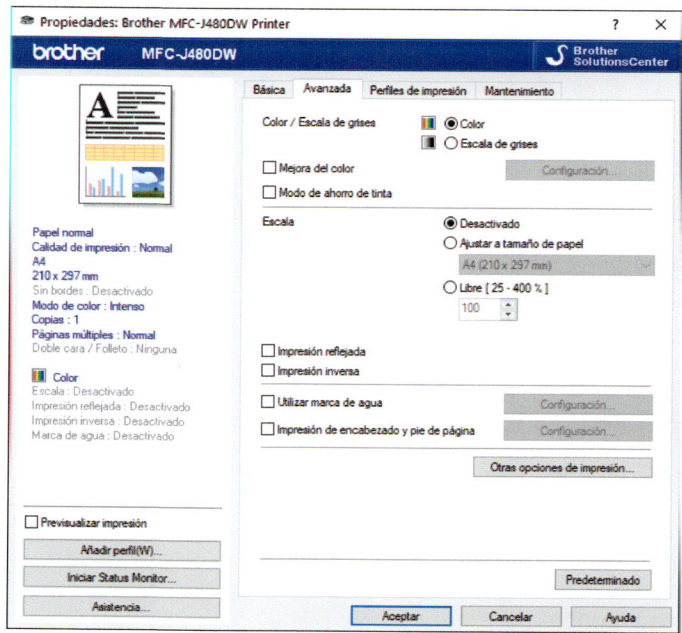

14.2. Inserción de saltos de página

Cuando terminamos un capítulo o sencillamente deseamos que no se escriba más en esa página, insertamos un salto de página que desplaza el texto a la siguiente página. Podemos utilizar la tecla *Intro* para introducir espacios en blanco.

Sin embargo, se puede insertar un salto de página a través de la ficha *Insertar*, grupo *Páginas*, botón Salto de página, o bien desde la ficha *Disposición*, grupo *Configurar página*, botón *Saltos*.

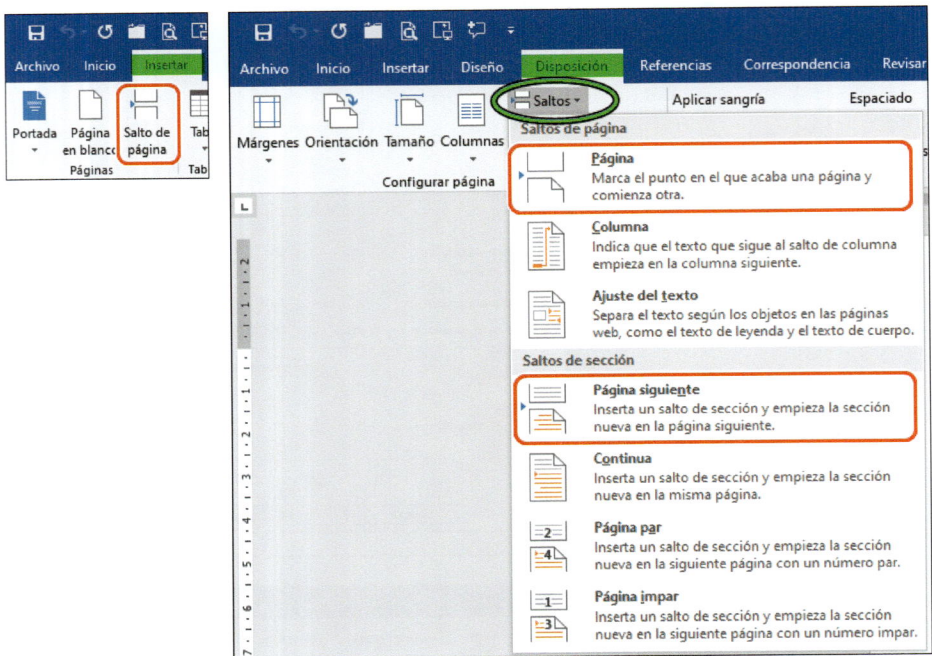

14.3. Reducción de la extensión de un documento

Hay varias opciones muy sencillas para reducir la extensión de un texto:

- Reducir el tamaño de la fuente de texto.

- Reducir los márgenes.

- Reducir el interlineado.

- Reducir la separación entre párrafos.

- Reducir el tamaño de los gráficos, imágenes u otros objetos que contengan el documento.

- Introducir guiones.

Todas estas opciones las hemos visto en los apartados anteriores Obviamente, si queremos aumentar el tamaño, las opciones son las mismas pero al contrario.

14.4. Control de impresión

Para imprimir un documento deberemos pinchar en la ficha *Archivo* y seleccionar la opción *Imprimir*. En la ventana que aparece, nos permite elegir las siguientes opciones:

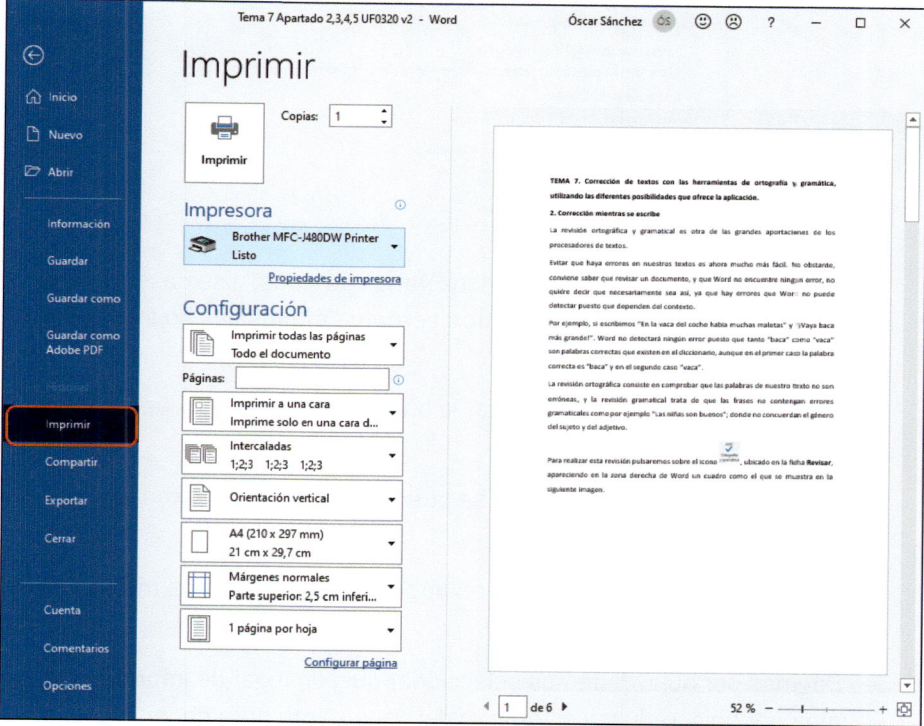

- Impresora. Habremos de seleccionar aquella que se quiere emplear de la lista de impresoras disponibles (las impresoras instaladas en nuestro sistema operativo). La configuración de la impresora se verá en el siguiente apartado.

- Configuración. Las opciones disponibles dentro de este epígrafe son:

  — Páginas a imprimir. A través de esta opción podremos seleccionar qué páginas se imprimirán, y si deseamos que aparezcan las revisiones o la información del documento, entre otras cosas.

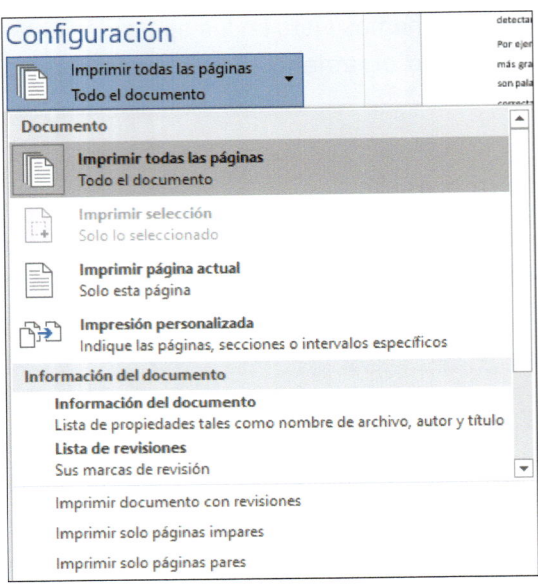

— Intercaladas. Si el documento tiene varias páginas, y se desean imprimir varias copias de ellas, esta opción permite definir si las hojas saldrán intercaladas o no.

— Orientación. Permite seleccionar la orientación de la hoja: vertical u horizontal.

— Tamaño del papel. Desde aquí se puede seleccionar el tamaño del papel en el que se imprimirá.

— Márgenes. Gracias a esta opción podremos modificar los márgenes del documento.

— Páginas por hoja. Podemos seleccionar que, en lugar de imprimir una página por hoja, reduzca el tamaño del documento para poder imprimir varias páginas en la misma hoja.

• Copias. Número de copias que queremos obtener.

• Imprimir. Al pulsar sobre este botón comenzará la impresión del documento en función de los parámetros que se hayan establecido en las opciones de *Configuración*.

14.5. Procedimientos de impresión de textos y archivos

Los procedimientos de impresión ya han sido ampliamente vistos. El procedimiento habitual es ir a la ficha **Archivo** y seleccionar la opción *Imprimir*.

15. Interoperaciones entre aplicaciones

Introducción

Puesto que las aplicaciones integrantes de un paquete ofimático están diseñadas por el mismo fabricante y dado que en ocasiones el trabajo para que se hace uso del ordenador requiere funciones de cada una de esas aplicaciones, los desarrolladores dotan a sus programas de interactividad entre ellos.

Contenido

15.1. Con hojas de cálculo

Como hemos visto anteriormente, Word permite insertar tablas; estas ayudan a colocar datos en la hoja para distribuirlos por filas y columnas.

Si se realiza algún cálculo en la tabla, Word no actualiza esos cálculos cuando se modifica un valor que afecta a una fórmula, por lo que puede ser que los datos que presente la tabla no sean correctos.

Por otro lado, Word no ofrece la gran variedad de posibles funciones de cálculo que ofrece Excel, por lo que algunos cálculos habría que hacerlos manualmente o mediante otro programa, lo que conllevaría esfuerzo y tiempo extra.

Para evitar estos dos inconvenientes, Word incorpora la posibilidad de añadir tablas de Excel en sus documentos. Esto significa que dentro de un texto de Word se pueden incluir hojas de cálculo con toda la potencia y funcionalidad que suministra Excel en sus documentos.

Para realizar esta tarea, en lugar de emplear la opción habitual de creación de tablas, dentro del grupo *Tablas* de la ficha *Insertar,* tenemos la opción *Hoja de cálculo de Excel*.

Cuando se pincha sobre esta opción se pone en marcha Excel para permitir el uso de todas sus funciones dentro del cuadro que aparece.

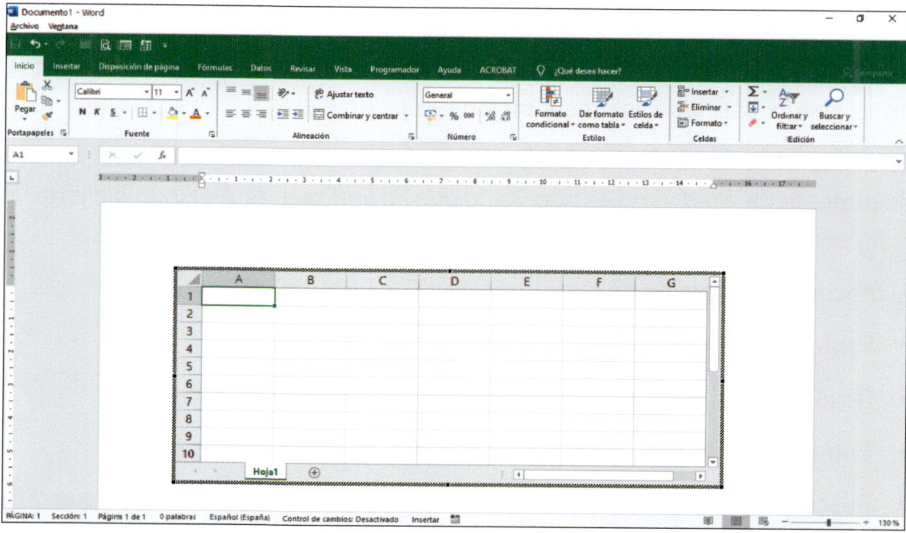

Una vez realizadas todas las operaciones deseadas en las celdas, se hace clic fuera del marco que las contiene para salir y la tabla queda incrustada en el texto con el aspecto que se haya aplicado a dichas celdas (bordes, tramas, color de texto, etc.).

Si se desean realizar modificaciones en el contenido o en el aspecto, basta con hacer doble clic en la tabla para que Excel vuelva a ser activado y se realicen esas modificaciones.

Al igual que sucede en Word, las líneas de las celdas que no se dibujen no se verán impresas en papel, si bien en pantalla se ven en color gris para que el usuario tenga claro qué celdas hay en la tabla y cuál es su extensión.

Además de poder insertar una hoja de cálculo dentro de Word, es posible utilizar un archivo de Excel como destinatarios para una combinación de correspondencia, aunque lo más habitual es utilizar Access para realizar esa combinación.

15.2. Con bases de datos

La principal interrelación existente con estas dos aplicaciones es en la combinación de correspondencia, que ya ha sido vista anteriormente.

Cuando el asistente nos solicita la base de datos desde la que se van a extraer los datos para mezclarlos con el texto de nuestra carta (sobre o etiqueta) hemos podido realizar una base de datos con Access desde donde se obtenga la información deseada.

15.3. Con presentaciones

Además de lo visto hasta ahora, es posible insertar como objetos presentaciones de PowerPoint en documentos de Word, de forma que, al hacer doble clic sobre el objeto insertado, la presentación se ejecuta.

Si la inserción se ha hecho como presentación incrustada, se almacena en el documento de Word, y no es necesario que PowerPoint esté disponible para ver la presentación, cosa que no ocurre con las presentaciones vinculadas.

El proceso de inserción es el siguiente:

- Ponte en el lugar de destino de la inserción.
- Desde la ficha *Insertar,* grupo *Texto* selecciona la opción *Objeto*.
- Entra en la pestaña *Crear desde un archivo* y abre *Examinar*.
- Busca la carpeta en la que se encuentra el archivo de PowerPoint que quieres insertar y selecciónalo.
- Puedes verificar las casillas mostrar como icono (aparece la muestra del icono que se insertará en el documento) y vincular al archivo, si quieres que la presentación se vincule, pero no se incruste.

- Acepta, comprobarás que aparece el icono en el documento. Para ejecutar la presentación, hay que hacer doble clic sobre el icono y ya está. Pulsando, por ejemplo, avance de página, podrás recorrer la presentación.

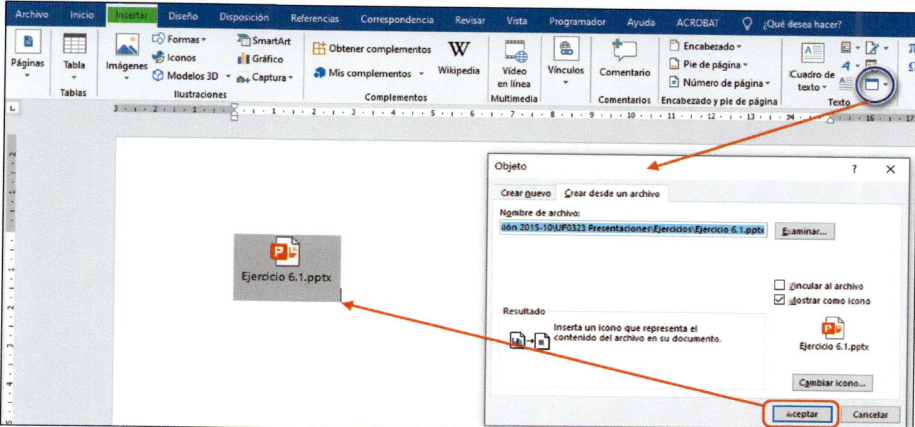

16. Creación de macros

Introducción

Una macro es un conjunto de operaciones rutinarias que se almacenan para ser ejecutadas en una sola acción. Al igual que las plantillas, permiten ahorrar trabajo y tiempo automatizando la ejecución de ciertas tareas comunes. Habitualmente, en las aplicaciones de procesamiento de textos empleamos, aun sin saberlo, multitud de macros que ya están programadas y que sirven para ejecutar tareas comunes.

Contenido

16.1. Grabadora de macros

Word posee un lenguaje de programación de macros basado en el lenguaje Basic; mediante la programación de macros podemos efectuar toda clase de operaciones avanzadas, personalizando la aplicación y añadiéndole nuestras propias características y funcionalidades. La programación de macros, sin embargo, queda fuera del alcance del contenido de este capítulo.

Existe, no obstante, una forma sumamente sencilla de crear una macro: *grabar* o *registrar* los pasos que la componen. El *grabador de macros* funciona como una grabadora de vídeo o de sonido: una vez activada, efectuaremos las acciones que queremos incluir en dicha macro, con lo que la aplicación «traducirá» dichas acciones a comandos del lenguaje de programación de macros y la macro quedará grabada y repetirá cuando la ejecutemos el bloque de acciones que le hayamos indicado.

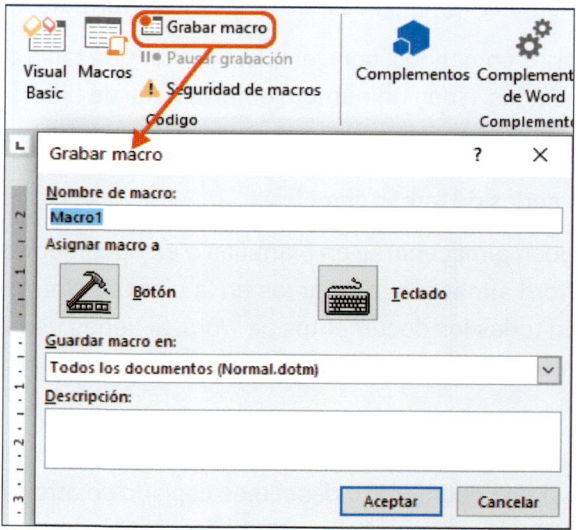

En Word 2019, accedemos a la grabadora de macros mediante la ficha *Programador;* en el grupo *Código,* pulsaremos el botón *Grabar macro*; en el cuadro de diálogo que puedes ver en la imagen anterior podemos escoger varias cuestiones:

- Tenemos la posibilidad de asociar la macro a un botón de alguna de las fichas de la aplicación o bien a una combinación de teclas, para acceder a la macro más rápidamente. En cualquier caso, aunque no efectuemos dicha asociación, la macro estará siempre disponible en el botón *Macros* de la ficha *Programador*.

- Es posible guardar la macro en la plantilla *Normal*, para que pueda usarse en todos los documentos, en la plantilla en la que se base el documento actual (si se basa en otra plantilla en lugar de en la *Normal*) o bien en el propio documento. En este último caso, la macro solo quedará disponible para ser usada en el documento en el que la hayamos grabado.

- Finalmente, una vez que hayamos asignado un nombre a la macro —conviene proporcionarle un nombre preciso y que denote de manera clara su cometido— veremos que en el bloque correspondiente de la ficha *Programador* aparecen dos botones: *Detener grabación* y *Pausar grabación*. Efectuaremos las acciones que deseamos incluir en la macro y detendremos la grabación una vez finalizadas estas. A partir de entonces, la macro quedará disponible para su uso posterior.

16.2. Utilización de macros

Algunos usos típicos de las macros son:

- Acelerar las tareas rutinarias de modificaciones y formatos.

- Combinar varios comandos, por ejemplo, insertar una tabla con un tamaño y bordes específicos, y con un número determinado de filas y columnas.

- Hacer que una opción de un cuadro de diálogo sea más accesible.

- Automatizar series de tareas complejas.

Las macros pueden almacenarse en plantillas o en documentos. De forma predeterminada, Word almacena las macros en la plantilla Normal para que puedan utilizarse en todos los documentos de Word. Si tienes pensado utilizar una macro en un único documento, almacénala en dicho documento, pero no en la plantilla.

Puede ocurrir que tengamos hecho un proyecto macro (un conjunto de macros) o una macro para un documento y deseemos copiarlo en otro o en una plantilla, esto podemos hacerlo merced al organizador siguiendo el procedimiento:

1. En la ficha *Programador,* grupo *Código*, haz clic en *Macros*.

2. Selecciona *Organizador*.

3. Elige el proyecto macro que deseas copiar de cualquier lista y haz clic en *Copiar*. Word mostrará en la lista de la izquierda los proyectos macro utilizados en el documento activo y, en la lista de la derecha, los proyectos macro de la plantilla *Normal* del documento.

Ejercicios prácticos

ACTIVIDAD 16.1

En un documento llamado «Ejercicios macros» (guárdalo antes de empezar a escribir), crea una macro llamada MiPrimeraMacro que escriba tu nombre en color rojo, con fuente Verdana, negrita, cursiva y a tamaño 14. Guarda la macro en el documento Ejercicios macros.

ACTIVIDAD 16.2

Crea dos documentos diferentes llamados, respectivamente, «Ventas» y «Directores». En el documento **Ventas** incluye la tabla siguiente:

EMPRESA	VENTAS	ACTIVIDAD
EXXON	48.630	PETRÓLEO
GENERAL MOTORS	47.181	AUTOMOCIÓN
FORD	228.865	AUTOMOCIÓN
TEXACO	4.456	PETRÓLEO
MOBIL OIL	334.456	PETRÓLEO
I.B.M.	34.284	ELECTRÓNICA

En el documento **Directores**, la siguiente:

NOMBRE	APELLIDOS	POBLACIÓN
JULIO	FERNÁNDEZ LÓPEZ	BARCELONA
ROSA	ROMERO TROPAS	MADRID
TRINIDAD	HUERTAS FORNER	BARCELONA
ROSA	GÓMEZ PÉREZ	ALMERÍA
JOSÉ	LLUCH REBOLLO	CÁDIZ
MIGUEL	GARCÍA PRADO	BARCELONA

Lleva a cabo las siguientes instrucciones sobre estos documentos:

1. En el documento Ventas, crea tres macros que ordenen los elementos de la tabla en función, respectivamente, del nombre de la empresa, del importe de las ventas (de mayor a menor) y de la actividad de la empresa.

2. Incluye los dos documentos creados en un documento maestro y llámalo «Datos sobre empresas».

Actividades de repaso

ACTIVIDAD 17.1

Escribe el texto que aparece al final de la actividad siguiendo estas instrucciones:

Diseño de página:

Margen superior:	5 cm
Margen inferior:	3 cm
Margen izquierdo:	2 cm
Margen derecho:	2 cm
Encabezado:	1,25 cm
Pie de página:	3 cm
Tamaño del papel:	DIN A4
Orientación vertical	

Encabezado de las páginas:

Texto debajo de la línea: Times New Roman 10

Casillero de clave personal: Times New Roman 10

Archivo de imagen: búscalo por internet (si no lo encuentras, inserta alguno similar)

Pie de página:

Texto: Times New Roman 10

Cuerpo del documento:

Título:	Courier New 12
Texto:	Arial 11
Texto de la tabla central:	Arial 10
Sangría izquierda:	1 cm
Sangría derecha:	0,5 cm
Separación entre párrafos:	6 puntos
Tabla numerada insertando un título	

AJUNTAMENT DE TORRENT

Número de clave personal:

ORDENANZA FISCAL REGULADORA DE LA TASA POR EL APROVECHAMIENTO ESPECIAL DEL DOMINIO PÚBLICO LOCAL CON OCUPACIÓN DEL SUBSUELO, SUELO Y VUELO DE LOS TERRENOS DE USO PÚBLICO.

La cuantía de la tasa regulada en esta Ordenanza será la siguiente:

Para las empresas explotadoras de servicios de suministro que afectan a la generalidad o a una parte importante del vecindario, la cuantía de la tasa regulada en esta Ordenanza consistirá en todo caso y sin excepción alguna en el 1,5 por 100 de los ingresos brutos procedentes de la facturación que obtengan anualmente dichas empresas.

Para la ocupación del subsuelo, suelo y vuelo por personas o entidades distintas, será la fijada en las tarifas contenidas en el apartado dos.

Las tarifas de la tasa serán las que se muestran en la tabla número 1.

NORMAS DE GESTIÓN

1. Las tarifas correspondientes al epígrafe C2 del artículo 4º 2 anterior, se aplicarán ajustándose a lo que a continuación se dispone:

1.1. Para obtener la superficie de vuelo de la torre-grúa se medirá en proyección horizontal el vuelo de su pluma sobre la /s vía /s y /o espacios públicos sobre los que se proyecte el mismo midiendo en m² el segmento /s circular /es o semicirculares ocupados.

1.2. Para calcular esta superficie será imprescindible conocer los siguientes datos correspondientes a las características técnicas de la grúa instalada.

1.2.1. Emplazamiento exacto del lugar que ocupa la base de la grúa dentro del solar.

1.2.2. Proyección horizontal del vuelo sobre las vías y espacios públicos colindantes y la superficie en m² del segmento o segmentos ocupados en cada una de ellas.

1.3. Medida de longitud de la pluma desde su eje de radio de la circunferencia de vuelo de la grúa.

2. Distancia desde el eje a cada una de las vías o espacios públicos con linde el solar.

Categoría de calles		
	1ª	2ª	3ª
Subsuelo	634	476	190
Suelo	952	714	285

Tabla nº 1 Calles

276

ACTIVIDAD 17.2

Siguiendo las instrucciones que se dan a continuación, realiza el ejercicio que puedes ver al final de la actividad.

FORMATO DE DOCUMENTO:

Márgenes:

> Superior: 3,25 cm
>
> Inferior: 2,5 cm
>
> Izquierdo: 3 cm
>
> Derecho: 4 cm

Encabezado (situado a la derecha de la hoja):

> Imagen:
>
> - Tamaño de imagen: 2,3 cm por 1,8 cm
>
> Ubicación de la imagen:
>
> - Horizontal: 17,8 cm desde borde de página
> - Vertical: 6,1 cm desde borde de página
>
> Cuadro de texto:
>
> - Letra Monotype Corsiva, 50 puntos
>
> Establecer una numeración de páginas, que comenzará en el número 22

TEXTO DE LA PÁGINA:

Títulos:

> Monotype Corsiva 95 y 25 puntos, negrita

Columnas:

> Espacio entre columnas 1,5 cm
>
> Letra Arial 14 puntos
>
> Letra capital:
>
> - Distancia desde el texto 0,4 cm
> - Letra Monotype Corsiva. Aplicar los formatos adecuados

Autoformas con texto:

- Realizar una vinculación de los tres cuadros de texto
- Letra Arial Narrow 13 puntos, versales

África

Reinos y Estados en la Edad Media

as huestes romanas llegaron a Egipto cuando Augusto era emperador. En los albores de la época cristiana, el poderío romano en África se expandió desde el litoral del mar Rojo a las orillas del Atlántico. Los límites australes quedaron fijados por el emperador Adriano en el siglo II d.C., en el extremo norte del desierto del Sáhara. De esta manera, el resto del continente quedó excluido de un proceso de romanización que fue muy intenso en todo el litoral mediterráneo, y donde la penetración de la civilización romana caló incluso más hondo que en vastas regiones de Europa.

> DESPUÉS DE APLASTAR A LA PODEROSA CIUDAD DE CARTAGO EN LAS GUERRAS PÚNICAS, EL IMPERIO ROMANO PUSO EL PIE EL ÁFRICA EN EL SIGLO II A.C.

> A PARTIR DE ESA FECHA, SU EXPANSIÓN LLEGÓ HASTA EL LEGENDARIO EGIPTO DE LOS FARAONES.

historia. 54

ACTIVIDAD 17.3

Realiza las dos páginas de esta actividad, que puedes ver al final de la misma, teniendo en cuenta las siguientes indicaciones:

- Los márgenes son:

    — Superior: 2,5 cm

    — Inferior, izquierdo y derecho: 2 cm

- En el encabezado, solamente de la primera página, figura un gráfico SmartArt.

- En el apartado «ACCESO A LOS ESTUDIOS DE PRIMER Y DE SEGUNDO CICLO» se insertar una tabla de contenido.

- El esquema numerado (1., 1.1., 1.1.1.,…) está basado en los estilos Título 1, Título 2 y Título 3, siendo sus características las siguientes:

    — Título 1: fuente Bookman Old Style de 12 puntos, en negrita y cursiva.

    — Título 2: fuente Arial de 12 puntos, en negrita.

    — Título 3: fuente Comic Sans Ms de 10 puntos, en cursiva.

- Salvo lo indicado anteriormente, el resto del texto está escrito con fuente Arial de 10 puntos, con sangría de primera línea de 1,25 cm (donde sea preciso).

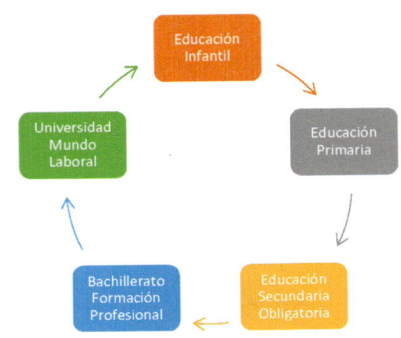

ACCESO A LOS ESTUDIOS DE PRIMER Y DE SEGUNDO CICLO

La siguiente normativa será de aplicación subsidiaria a lo dispuesto en el Real Decreto 69/2000, de 21 de enero.

1. PRIMER CICLO

1.1. REQUISITOS DE ACCESO

1.1.1. Acceso a estudios estructurados en dos ciclos

(Primero y segundo) hay que haber superado el Bachiller y las pruebas de aptitud para el acceso a la Universidad (selectividad), o bien estar exento de realizar la selectividad por encontrarse en alguno de los siguientes supuestos:

PLANES ANTERIORES A LA LEY 30/1974.
a) Haber superado el COU con anterioridad al curso académico 1974/-75.
b) Haber aprobado las pruebas de madurez del curso preuniversitario.
c) Haber cursado el bachillerato en planes de estudio anteriores a 1953.

TITULADOS
a) Estar en posesión de un título de Maestro de Primera Enseñanza.
b) Estar en posesión de un título de Ayudante Técnico Sanitario.
c) Estar en posesión de un título de Graduado del Ministerio de Trabajo.

1.1.2. Acceso a estudios de sólo primer ciclo

Hay que cumplir alguno de los requisitos señalados anteriormente (1.1.1.), o bien alguno de los siguientes:
a) Haber superado el Bachiller.
b) Haber aprobado los estudios de Formación Profesional de Grado Superior de la rama o especialidad que da acceso para cada título.

1.1.3. Podrán acceder

A la matrícula con preinscripción previa los alumnos y alumnas que:

Inician estudios con "límite máximo de admisión" (en adelante LMA).
Quieren continuar los mismos estudios, vienen de traslado desde otra Universidad y no tiene el primer curso completo aprobado o el total de créditos correspondientes a la caga lectiva asignada al primer curso en el plan de estudios.

1.1.4. Se podrán matricular sin preinscripción

Los alumnos y alumnas que:

Inician estudios sin LMA.
Tengan superada la prueba de mayores de 25 años para cada estudio en concreto.

1.2. CRITERIOS DE ADMISIÓN

Para el ingreso en los estudios de la Universidad se estará a lo dispuesto en el RD 1005/1991, R.D. 1060/1992.

2. SEGUNDO CICLO

2.1. REQUISITOS DE ACCESO

2.1.1. Para acceder a enseñanzas

Que son continuación directa del primer ciclo que está cursando o ha superado el alumno, se tendrán que cumplir los requisitos establecidos en el plan de estudios.

2.2. LA UNIVERSIDAD

Por acuerdo de la Junta de Gobierno y en función de la capacidad docente, podrá solicitar el establecimiento de límite de admisión en los correspondientes estudios de segundo ciclo.

Para la ordenación y adjudicación de plazas se establece la siguiente distribución por cupos:
o Alumnos y alumnas de distritos universitarios en los que no se imparta el segundo ciclo de que se trate. A este grupo le corresponde hasta el 10% de las plazas.
o Para los alumnos y alumnas que no se encuentren en ninguno de los casos anteriores, hasta el 5%.

2.3. FECHA PREINSCRIPCIÓN

	LUNES	MARTES	MIÉRCOLES	JUEVES
09:00 a 12:00	Aula C01, C02, C03		Aula F14	Au a A05
12:00 a 15:00	Aula A08, A09	Aula B11	Aulas C12, C13, C14	

ACTIVIDAD 17.4

Realiza la actividad que puedes ver al final teniendo en cuanto las siguientes indicaciones:

Configurar página:

Márgenes:

Izquierdo	2,5 cm	Derecho	2,5 cm
Superior	3 cm	Inferior	3 cm

Orientación: vertical

Encabezado y pie de página: 1 cm

Encabezado:

Pon tu nombre y apellidos y la fecha, Arial 12 ptos.

Combinación de correspondencia:

Establece los campos que figuran en el modelo e invéntate dos registros.

Otra información:

- El tipo de letra del documento es Verdana de 12 puntos, salvo el título, que tendrá un tamaño de 18 puntos.
- El interlineado es de 1,25 líneas.
- Los dos párrafos de la carta tienen una sangría de primera línea de 1,3 cm.
- Déjalo lo más parecido posible a la muestra.

Imagen:

Las características de la imagen son:

- Busca esa misma, u otra parecida, a través de la opción *Imágenes en línea*.
- El alto es de 1,5 cm y el ancho es de 1,65 cm.
- Ubícala en el mismo lugar que aparece en el documento.

LIBRERÍA NACIONAL

«Cargo»: «Nombre» «Apellido»
«Dirección»
«Localidad»

Estimado «Nombre»:

Me complace comunicarle que con fecha de hoy 08/11/2020 ya está disponible la novedad editorial de la que le informamos el mes pasado, por lo que ya puede realizar, si lo desea, el pedido.

Contando con su respuesta positiva, le saluda atentamente,

Ignacio Pérez
Director de Agencia

ACTIVIDAD 17.5

Copia el texto que puedes ver en la imagen siguiente. Aplica los atributos que consideres necesarios para dejarlo lo más parecido posible a la muestra. No te olvides de pasar el corrector ortográfico.

	MATERIA / MÓDULO		
	CURSO	*TEMAS*	
	EXAMEN Nº		

Apellidos: _____   NOTA:

Nombre: _____   Fecha: _____

1. Operar y reducir:
   a) $\left(\sqrt[3]{2} \cdot \sqrt{2}\right)^6$

   b) $\dfrac{(a \cdot b^2)^3 \cdot (a^4 \cdot b^{-1})^5}{a^6(a^7 \cdot b^3)^{-1}}$

2. El profesor Mike Irwin, del Instituto de Astronomía de la Universidad de Cambridge ha descubierto recientemente una nueva galaxia satélite que gira alrededor de la Vía Láctea y se encuentra a 300.000 años luz de la Tierra. Esta galaxia es muy ténue porque sólo contiene unos 50 millones de estrellas, comparada con los quinientos mil millones que posee aproximadamente la Vía Láctea. ¿A cuántos km de la Tierra está la nueva galaxia? (Recuerda que un año luz es la distancia que recorre la luz en un año y que la luz recorre 300.000 km en un segundo). ¿Cuántas veces hay más estrellas en la Vía Láctea que en esa nueva galaxia?

3. Factorizar los polinomios:
   a) $x^4 - x^3 - 43x^2 + x + 42$ 　　　　　 b) $x^4 - 3x^3 - x^2 + 9x - 6$

4. Hallar el valor de a para que el polinomio que te mostramos a continuación sea divisible por $(x - 3)$
   $$x^4 - 4x^3 + 5x^2 + ax + 21$$

5. Calcular y simplificar, si se puede:
   a) $\dfrac{2x}{x-3} - \dfrac{2x}{x+3} + \dfrac{18-6x}{x^2-9}$

   b) $\dfrac{\frac{x-y}{x+y}-1}{\frac{x-y}{x+y}+1}$

6. Indica cuál de las siguientes fórmulas no es correcta:

Media Aritmética:
$$\bar{X} = \frac{\sum_{i-1}^{n} x_i}{n}$$

Media Armónica:
$$\frac{1}{H_y} = \frac{1}{n} \sum \frac{1}{Yj}$$

Derivada:
$$\frac{dy}{dx} = \lim_{\Delta x \to 0} \frac{\Delta y}{\Delta x}$$

Varianza:
$$S^2 = \frac{\sum X^2 - n\bar{X}}{n-1}$$

Desviación Stándard:
$$s = \sqrt{\frac{\sum(X_i - \bar{X})^2}{n-1}}$$

Fórmula cuadrática:
$$x \frac{-b \pm \sqrt{b^2 - 4ac}}{2a}$$

Asimetría:
$$S = \frac{n}{(n-1)(n-2)} \sum \left(\frac{xj-\bar{x}}{s}\right)^3$$

Kurtosis o Curtosis:
$$K = \left\{\frac{n(n+1)}{(n-1)(n-2)(n-3)}\right\} \sum \left(\frac{x_j-\bar{x}}{s}\right)^4 \frac{3(n-1)^2}{(n-2)(n-3)}$$

Covarianza:
$$Cov(X,Y) = \frac{1}{n}\sum_{j-1}^{n}(xj - \mu_x)(y_j - \mu_x)$$

Coeficiente de correlación simple:
$$r = \frac{n(\sum XY) - (\sum X)(\sum Y)}{\sqrt{[n \sum x^2 - (\sum X)^2][n \sum Y^2 - (\sum X)^2]}}$$

ACTIVIDAD 17.6

Realiza la actividad que puedes ver al final teniendo en cuanto las siguientes indicaciones:

Primera página:

- Se configurará un esquema de tres niveles, con las siguientes características:

  — Nivel 1: Arial 12 ptos. en negrita. Espaciado posterior: 0,2 cm.

  — Nivel 2: Times New Roman 12 ptos. Espaciado posterior: 3 ptos.

  — Nivel 3: Comic Sans MS 11,5 ptos.

- Se establecerá una tabulación con relleno a 8,25 cm con relleno, y se utilizará para los números que se ven alineados a la derecha.

- Modificar las tabulaciones de los niveles que se considere necesario para que el documento alcance el aspecto de la muestra.

- Se creará el encabezado, que se aplicará solamente en la primera página, como en la muestra. Para ello se utilizará una fuente Times New Roman tamaño 20 y con los atributos de sombra y versalitas. Se añadirá la imagen (que está insertada como *Imágenes en línea*) que se presenta y el borde inferior de párrafo.

- Se creará la línea de dibujo que se presenta. Dicha línea tendrá un grosor de 6 puntos y el atributo de sombra.

- Se creará el gráfico que se puede visualizar. Los datos que contiene son:

  — Zaragoza: 10

  — Cádiz: 8

  — Pontevedra: 5

  — Toledo: 5

  — Valencia: 4

  — Gerona: 2

Segunda página:

- Los tipos de fuente serán: Times New Roman de 12 y 14 ptos., Courier de 12 y 10 ptos. y Arial de 12 ptos., con los atributos que se consideren precisos.

- Se creará una tabla de una columna y tres filas, con los bordes y rellenos que se consideren precisos.

- Por **último** se creará la tabla de la parte inferior y se añadirán los campos de combinación de correspondencia en los lugares indicados.

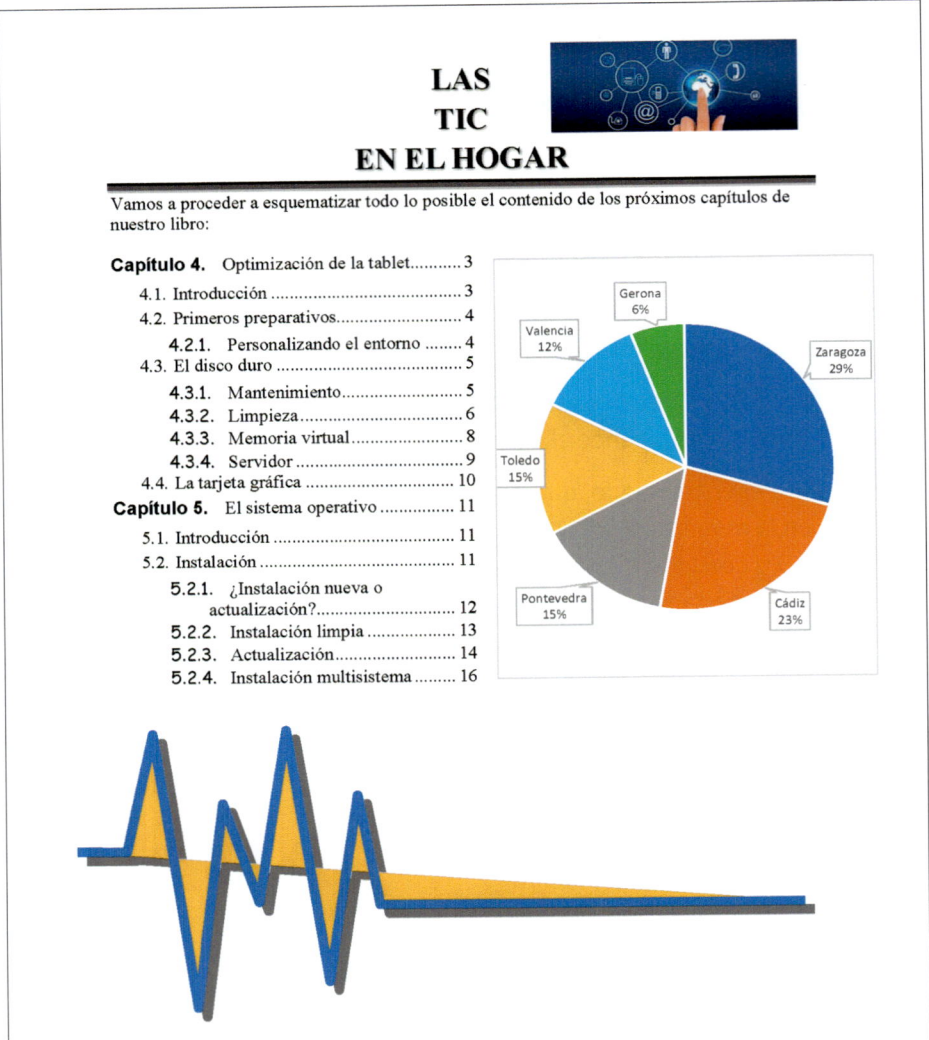

LAS
TIC
EN EL HOGAR

Vamos a proceder a esquematizar todo lo posible el contenido de los próximos capítulos de nuestro libro:

COMO ACTUALIZAR EL NAVEGADOR INCLUIDO CON WINDOWS (MICROSOFT EDGE)

SELECCIONAR COMPONENTES

De forma predeterminada, Microsoft Edge se actualiza automáticamente al reiniciar el explorador. Sin embargo, hay situaciones en las que es posible que deba descargar manualmente una actualización.

Le recomendamos que siempre esté al día para mantener el explorador seguro y funcionando correctamente.

Para empezar a trabajar rápidamente y sin problemas con Microsoft Edge,

```
Windows Update
Windows está configurando
los siguientes elementos:
  > Servicios
  > Herramientas
  > Seguridad
  > Otros
```

importe los datos del explorador desde Internet Explorer o desde Microsoft Edge (versión anterior). Para obtener más información sobre cómo importar los datos del explorador, vea Importar favoritos en Microsoft Edge o vea el vídeo Microsoft Edge Tutorial importar datos del explorador.

Nombre: «Nombre»

Dirección: «Dirección»   **Nº:** «Nº» **Piso:** «Piso»

Población: «Población»   **C.P.:** «CPostal»

Provincia: «Provincia»   **Teléfono:** «Teléfono»

ACTIVIDAD 17.7

Realiza la actividad que puedes ver al final teniendo en cuanto las siguientes indicaciones:

CONFIGURACIÓN DE PÁGINA				
Márgenes:				Tamaño papel:
Superior: 1,5 cm; Inferior: 1,5 cm	Encabezado: 0,5 cm			A4
Izquierdo: 3,5 cm; Derecho: 2,5 cm	Pie de página: 0,5 cm			
Encuadernación: 0 cm	Orientación: vertical			
Disposición:	Empezar sección: continuo	Encabezado y pie de página:		Pares e impares diferentes
	Alineación vertical: superior			Primera página diferente
Tabulaciones predeterminadas:	1 cm			

PÁRRAFO «PAPELERÍA EL FLECHAZO»	
Fuente:	Comic Sans MS 22 ptos., negrita y cursiva
Espacio entre caracteres:	Escala: 95 %. Espacio: expandido de 0,1 pto. Posición: normal
Párrafo:	Alineación horizontal: centrada

PÁRRAFO «ESTIMADO...»				
Fuente:	Verdana 12 ptos.			
Espacio entre caracteres:	Escala: 105 %. Espacio: expandido de 1,1 pto. Posición: normal			
Sangría y espacio:	Alineación: Izquierda	Sangría: Izquierda y derecha: 0 cm Especial: ninguna	Espaciado: Anterior: 0 pto. Posterior: 6 pto.	Interlineado: Múltiple en 1,1
Combinación de correspondencia:	Aparecerá la palabra «Estimado» cuando la carta vaya dirigida a un varón y «Estimada» en caso contrario	Los datos de la combinación son los siguientes:		

Los datos de la combinación son los siguientes:

Nombre y apellidos	Participación	Sexo
Óscar Moreno	25	V
Ana Merino	14	M
Luisa Andrade	17	M
Lucía Bartolomé	11	M
María Zardoya	33	M

PÁRRAFO «3. Resultados del período»

Fuente:	Times New Roman de 14 ptos.			
Sangría y espacio:	Alineación: izquierda	Sangría: Izquierda y derecha: 0 cm Especial: francesa en 1,3 cm	Espaciado: Anterior: 0,5 pto. Posterior: 0,5 pto.	Interlineado: Mínimo en 10 pto.
Líneas y saltos de página:	Paginación: control de viudas y huérfanas. Conservar con el siguiente. No dividir con guiones			
Tabulaciones:	Posición: 1,3 cm; tabulaciones predeterminadas: 1 cm; alineación: izquierda			
Numeración y viñetas:	Nivel: 1; formato de número: 1; empezar en: 3			
	Posición del número: izquierda; alineación: 0 cm; posición texto: sangría 1,3 cm			
Bordes:	Valor cuadro; estilo: puntos (el 2°); color: negro; ancho: ¾; aplicar a: párrafo			
	Opciones: desde el texto: superior 2 pto.; inferior 2 pto.; izquierda 4 pto.; derecha 4 pto.			
Sombreado:	Relleno: gris 10 %			

HOJA DE CÁLCULO

Inserta una hoja de cálculo en el documento que tendrá las siguientes características:

1. Los valores de las columnas B, C, D, y G se escriben manualmente.

2. En la columna E tenemos que calcular el IMPORTE TOTAL de los productos que pedimos, lo calcularemos multiplicando las UNIDADES por el PRECIO FÁBRICA.

3. El proveedor nos aplica un descuento del 10 % por volumen, calculado sobre el IMPORTE TOTAL, en las compras superiores a 100 unidades. En la columna F calculamos el PRECIO CON DESCUENTO, es decir, el PRECIO FÁBRICA menos ese descuento, siempre y cuando se cumpla la condición de compra superior a 100 unidades.

4. En la columna H, debemos calcular el BENEFICIO UNITARIO, siendo diferencia entre el PRECIO UNIDAD y el PRECIO FÁBRICA.

5. La fila 9 representa el total de la columna F.

6. Las filas 10 y 11 representan el PRECIO UNIDAD máximo y mínimo, respectivamente.

7. Utiliza la fuente Arial de 11 ptos.

8. En Word, establece a la hoja de cálculo una sangría izquierda de -1,5 cm.

PÁRRAFO «Índice...»

Fuente:	Arial Black tamaño: 11 ptos, subrayado solo palabras			
Sangría y espacio:	Alineación: izquierda	Sangría: Izquierda y derecha: 0 cm Especial: ninguna	Espaciado: Anterior: 0,5 pto. Posterior: 0,3 pto.	Interlineado: sencillo
Tabulaciones:	1ª Posición: 2,75 cm. Alineación: izquierda 2ª Posición: 7 cm. Alineación: centrada 3ª Posición: 11 cm. Alineación: izquierda			

PÁRRAFOS (0...; 1...; 2...)

Fuente:	Arial de 10 ptos.			
Sangría y espacio:	Alineación: izquierda	Sangría: Izquierda y derecha: 0 cm Especial: ninguna	Espaciado: Anterior: 0,3 pto. Posterior: 0,1 pto.	Interlineado: sencillo
Tabulaciones:	1ª Posición: 3,25 cm. Alineación: izquierda 2ª Posición: 7,5 cm. Alineación: centrada 3ª Posición: 13 cm. Alineación: decimal			

NOTAS AL PIE

Formato de n.º	Arábigo (1,2 ...)	Fuente:	Times New Roman 8 ptos.	Nota al pie:	Final de página
Numeración:	Autonumeración	Iniciar en:	2	Numeración:	Continua

PÁRRAFO «LE RECORDAMOS...»

Fuente:	Comic Sans MS de 10 ptos.			
Sangría y espacio:	Alineación: justificada	Sangría: Izquierda y derecha: 0 cm Especial: ninguna	Espaciado: Anterior: 3 pto. Posterior: 3 pto.	Interlineado: sencillo

GRÁFICO

Realiza el gráfico que puedes ver, en el cual se compara las ventas (IMPORTE TOTAL) con el beneficio (BENEFICIO UNITARIO).

Debes tener en cuenta que es un gráfico con eje secundario.

PAPELERÍA EL FLECHAZO

Estimado «Nombre_y_Apellidos», nos complace ponernos en contacto con usted para darle a conocer los resultados de las ventas de la primera quincena del mes.

3. Resultados del período

PRODUCTO	UNIDADES	PRECIO FÁBRICA	IMPORTE TOTAL	PRECIO CON DESCUENTO	PRECIO UNIDAD	BENEFICIO UNITARIO
Bolígrafos	95	2,00 €	190,00 €	190,00 €	3,00 €	1,00 €
Lapiceros	1.025	0,60 €	615,00 €	553,50 €	0,90 €	0,30 €
Atril	50	95,00 €	4.750,00 €	4.750,00 €	140,00 €	45,00 €
Pegamento	150	0,70 €	105,00 €	94,50 €	1,00 €	0,30 €
Papel	50	1,50 €	75,00 €	75,00 €	2,25 €	0,75 €
Cartulina	850	0,50 €	425,00 €	382,50 €	1,10 €	0,60 €

TOTAL   6.160,00 €
P. MÁXIMO   140,00 €
P. MÍNIMO   0,90 €

Índice	Estrategia[2]	Nº Observaciones[3]
0	No diversifica	35.209,65
1	Diversificación relacionada	1.495,4154
2	Diversificación no relacionada	2.175,145

Le recordamos que su participación en la empresa es del «Participación»%. A continuación puede visualizar el gráfico comparativo:

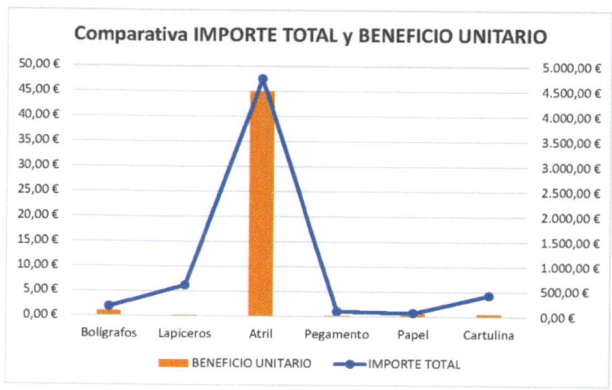

Comparativa IMPORTE TOTAL y BENEFICIO UNITARIO

[2] No se incluye la unión de las dos últimas
[3] Millones

ACTIVIDAD 17.8

La Presidenta de la Junta General de Accionistas, Dª Ana María Torralba Montero, escribe una carta a todos/as los/as socios/as de la empresa para enviarles el Informe de Gestión del primer trimestre del año, e informarles de que el próximo día 3 de mayo se va a realizar la Junta General con el siguiente orden del día:

Uno.   Aprobación, si cabe, de los gastos realizados durante el año 2022.

Dos.   Deliberación sobre si interesa o no la adquisición de un nuevo concesionario en Zaragoza y Teruel, y decidir sobre el precio que estaríamos dispuestos a pagar, en el caso de que fuese interesante adquirir la concesión de estos dos municipios.

Tres.   Incorporación en la base de datos de nuevos clientes potenciales.

Cuatro. Ruegos y preguntas.

En la carta habrá que indicarles que confirmen la asistencia por e-mail.

Invéntate a varias personas destinatarias de la carta. Además, deberás tener en cuenta que el saludo de la misma está realizada con una regla de combinación de correspondencia, figurando dos posibles expresiones: «Estimada socia» o «Estimado socio», en función del sexo.

El Informe del primer trimestre del año 2023 deberás trascribirlo tal y como aparece en las siguientes imágenes, estableciendo un ancho de página vertical de 18 centímetros.

Además, deberás tener en cuenta que lo establecido en el apartado INGRESOS Y GASTOS se ha realizado insertando una hoja de cálculo Excel.

D./Dª «Nombre» «Apellido1» «Apellido2»

«Dirección»

«CódigoPostal» «Ciudad»

(«Provincia»)

Estimada Socia:

Adjunto le remitimos el Informe de Gestión correspondiente al primer trimestre del año, a través del cual podrán visualizar la evolución de la sociedad.

Asimismo, aprovecho la oportunidad para convocarle a la Junta General que se celebrará e próximo día 3 de mayo de 2023, con el siguiente Orden del Día:

Uno.   Aprobación, si cabe, de los gastos realizados durante el año 2022.

Dos.   Deliberación sobre si interesa o no la adquisición de un nuevo concesionario en Zaragoza y Teruel, y decidir sobre el precio que estaríamos dispuestos a pagar, en el caso de que fuese interesante adquirir la concesión de estos dos municipios.

Tres.   Incorporación en la base de datos de nuevos clientes potenciales.

Cuatro. Ruegos y preguntas.

Debido a que los asuntos a tratar son de elevada importancia le agradeceríamos que confirme su asistencia enviándonos un e-mail.

Atentamente.

Fdo.: Ana María Torralba Montero

Presidente de la Junta General

1.- INGRESOS Y GASTOS.

	ENERO	FEBRERO	MARZO	TOTAL
RLDOS. BRUTOS				
Ingreso de ventas	179.600	219.500	159.600	558.700
Coste de ventas	-112.250	-137.188	-99.750	-349.188
Ganancia bruta	67.350	82.313	59.850	209.513
GASTOS				
Sueldos	10.000	10.000	11.250	31.250
Publicidad	15.000	11.250	17.500	43.750
Gastos totales	25.000	21.250	28.750	75.000

2.- ACUERDOS.

    2.1.- Intentar Disminuir los Gastos de Publicidad.

    2.2.- Para este año 2023, incremento salarial del IPC, para que no se disparen los sueldos.

3.- CLIENTES POTENCIALES.

    Los dos clientes potenciales que están introducidos en la base de datos, con su correspondiente volumen de negocios (ventas), son:

Nº	RAZÓN SOCIAL	DIRECCIÓN	LOCALIDAD	VENTAS (EN MILES)
1	ASTILLEROS MIGUELÓN	C/ Blasón, 23	Zaragoza	2,75
2	SUMINISTROS RUIPÉREZ	C/ Miravete, 34	Teruel	4,355

4.- RENTABILIDAD.

La Rentabilidad Financiera de la empresa, durante el presente ejercicio ha sido del 24'81%, lo que supone, un incremento con respecto al año anterior del 35%, por lo que se espera que la vida a corto plazo de la empresa sea muy favorable.

Esta Rentabilidad Financiera ha sido calculada a través de la siguiente expresión:

$$R_E = \int_1^\infty \left(F_P + \sqrt{\frac{P_L}{P_C}} \right) \, dx$$

TABLA DE CONTENIDOS